MW00682150

# 111 preguntas sobre Correo Electrónico

MP Ediciones S.A., Moreno 2062, 1094 Buenos Aires, Argentina
Tel. 4954-1884, Fax 4954-1791

ISBN 987-526-004-5



Primera edición impresa en Montevideo, en junio de 1999, en Imprenta Rosgal S.A. Mariano Moreno 2708, Uruguay.

*Dedico este libro a las personas más significativas en mi vida.*
*A mis padres, Susana y Jorge, que tanto me apoyaron durante todo el desarrollo, no sólo del libro sino también de mí mismo.*
*A mis abuelos, Fela y Mauro, los mejores que alguien podría pedir.*
*Por último, a mis amigos de la escuela, de la facu y el trabajo; por su apoyo, colaboración y fuerzas para continuar.*


*Agradecimientos*

*Quiero hacer un especial agradecimiento y homenaje a todas las personas que me acompañaron en el (difícil) desarrollo de éste, mi primer libro.*
*Alvaro Ghisolfo, Julia Garibaldi, Julián Krakov, Nicolás Miceli, la familia Lederkremer, Carlos Picasso, Tincho y los lectores de la revista son sólo algunos de los que contribuyeron con las preguntas que dieron origen a este libro.*
*Por su parte, Andrés Solvey, Fernando Casale, Gustavo Zahr, Male, Vicente Aquilino y otros me ayudaron con información, ideas y su apoyo.*
*Finalmente, quería hacer un especial agradecimiento a Martín Rodríguez Marat y Nicolás Di Candia, quienes colaboraron con algunas preguntas del libro; como también a Javier y Juan, de Target Computación, que me facilitaron sus computadoras, impresoras y acceso a Internet mientras me encontraba de vacaciones.*
*A todos, gracias.*

# SOBRE EL AUTOR

Lionel Jorge Zajdweber es estudiante universitario de la carrera de Ingeniería en Informática, en la UBA. A mediados de 1997 leyó un pequeño recuadro en un número extra de su revista favorita, donde se decía que necesitaban colaboradores para el PC Users Caffé, a realizarse en la exposición Computación 97. Tras pasar allí gratos momentos, envió su primera nota (ICQ, amigos on line), para luego tener una sección propia, más notas, notas de tapa y finalmente trabajar en la redacción de la revista, después de haber dejado su trabajo como webmaster de un proveedor de Internet.

Le gusta la computación, la Fórmula 1, intervenir en competiciones de karting, el ciclismo y escuchar música (su grupo favorito es Dire Straits).

# PRÓLOGO

Cuando le pregunté al jefe editorial cómo encarar la escritura del prólogo, me sugirió que hablara sobre mi experiencia en un proveedor de Internet, en PC Users Responde y que contara algunas anécdotas al respecto que viví. Eso es lo que les quiero comentar:

Casi al día siguiente de haber terminado la escuela secundaria, comencé a trabajar en un pequeño proveedor de Internet de Villa Crespo (Capital Federal). El dueño de este lugar era un antiguo profesor mío de computación (desde la Commodore 64).

Allí cumplí varios roles, incluidos el soporte técnico a los usuarios, instalaciones, cursos, y el de webmaster del proveedor (el que se encarga de controlar todo lo relacionado con los usuarios, servidores y demás).

Cuando hacía instalaciones, debía dar una idea a la gente sobre qué era y cómo se usaba Internet, y era el correo electrónico el tema sobre el que hacía mayor hincapié. Los usuarios, como era de esperarse, tenían cientos de preguntas sobre este tema, desde las más básicas a las más insólitas. Cuando les aparecían aún más dudas, me las enviaban por correo electrónico a la cuenta de soporte para que se las contestara.

En noviembre del 98, dejé mi trabajo en el proveedor para dedicarme a full a la revista (y a la facultad, claro está). Allí comencé a trabajar como redactor (había sido colaborador por casi un año), y una de las nuevas secciones que tuve a mi cargo fue PC Users Responde. Para los que no la conocen, esta es la sección adonde los lectores mandan sus dudas, opiniones y comentarios, siempre esperando que "milagrosamente" les solucionemos ese problemita que tienen con su computadora. La cantidad de cartas que recibimos es increíble: decenas y decenas de e-mails diarios, cientos de cartas al mes y un montón de fax. Es por eso que tenemos que seleccionar las que son de mayor interés para el público en general. Como se imaginarán, muchas de estas cartas estan relacionadas con el correo electrónico.

Una vez, cuando trabajaba como webmaster, me sucedió algo divertido. Los e-mails que estaban dirigidos a un usuario inexistente, o cuya dirección estuviese escrita erróneamente, iban a parar a mí. Un día, una mujer había querido mandar un mensaje a un amigo, escribiendo la dirección electrónica de esta manera: JuanCarlos @Compuciencia.com.ar (nótese el espacio). Como usuario "Carlos" no había, el mensaje rebotó. La llamé y le dije que debía escribir la dirección toda en minúsculas y sin espacios. Al día siguiente, cuando reviso la cuenta, me encuentro con que había vuelto a enviar la misma dirección electrónica equivocada, pero lo que realmente me sorprendió es que el mensaje (el texto que le enviaba a la otra persona) lo había escrito... ¡todo en minúsculas y sin espacios! Imagínense, algocomosiestuvieseescritodeestamanera. La verdad, algo muy gracioso; y, a pesar de que no esté en las dedicatorias, le dedico este libro también a ella y todos los usuarios que contribuyeron con sus cientos de preguntas (incluidos ustedes, lectores, por supuesto). A todos, gracias.

Lionel Zajdweber
lionel@mponline.com.ar

# EN ESTE LIBRO

El libro está dividido en diversos capítulos, cuyo tema central es siempre el correo electrónico.

Los *primeros 5 capítulos* son principalmente teóricos. Usted aprenderá en ellos (si aún no lo sabe) qué es el correo electrónico, cómo funciona y también cómo usarlo, a grandes rasgos. Por otra parte, conocerá con cuál PC podrá conectarse a Internet y con cuál no, qué es un módem y cómo instalarlo. Si aún no posee una cuenta de correo electrónico, sabrá cómo conseguirla, qué datos debe dar y pedir a un proveedor y cuánto le van a costar con exactitud la cuenta y el teléfono. Por último, aprenderá a reconocer una dirección de correo electrónico y a manejarse con ellas.

El *6to. capítulo* es importante, ya que le permitirá saber qué programa de correo usar, cómo conseguirlo, instalarlo y, lo que es esencial, cómo configurarlo. No lo saltee.

Entre el 7mo. y el 9no. capítulo está lo más importante del libro, ya que en ellos aprenderá cómo enviar y recibir mensajes (archivos adosados incluidos). Estos capítulos son la base para los que vendrán. En los siguientes, aprenderá a escribir mensajes a varias personas a la vez, cómo hacerlo utilizando Word, sabrá cómo leer su correo si está de vacaciones o cómo enviar una foto a sus familiares en el exterior.

Sin embargo, si el libro finalizara allí, quedarían muchísimas bondades del e-mail sin explicar. Es por eso que en el 10mo. capítulo se optimizan los conocimientos con trucos que explican cómo distribuir los mensajes en carpetas, borrarlos, imprimirlos, buscarlos o hacer que se organicen por sí solos (sí, leyó bien, todo es posible).

El capítulo 11, le sacará el jugo a la Libreta de direcciones, y aprenderá cómo aprovecharla.

Los capítulos de *Herramientas avanzadas* y *Productividad* permitirán al usuario medio y avanzado conocer muchas opciones y utilidades que brinda el correo electrónico, como la de poder buscar la dirección de correo de una persona, enviar mensajes hablados, en colores, o ver una página web por e-mail. También conocerá cuáles son las teclas de método abreviado del programa de correo y algo muy interesante: cómo conseguir una cuenta de correo electrónico estándar gratuita.

*Del capítulo 14 al 16* se tratan los temas de privacidad, seguridad y errores comunes que suelen ocurrir a los usuarios. Si tiene algún inconveniente, no dude en pasar por ellos.

Los capítulos 17 y 18 están dedicados a dos derivaciones muy interesantes del correo electrónico: el WebMail y las listas de correos. Ambos le serán de mucha utilidad.

Por último, está el *capítulo 19*, con otras preguntas frecuentes que quedaron en el tintero, pero no por eso menos interesantes.

Espero que les agrade.

# ÍNDICE

## 5-LAS DIRECCIONES



## 6-CÓMO CONFIGURAR TODO



## 7-ENVIAR MENSAJES



## 8-RECIBIR MENSAJES

## 9-ARCHIVOS ADOSADOS



## 10-ORGANIZANDO LOS MENSAJES



## 11-LA LIBRETA DE DIRECCIONES



## 12-HERRAMIENTAS AVANZADAS

## 13-PRODUCTIVIDAD



## 14-SEGURIDAD Y PRIVACIDAD



## 15-ERRORES Y PROBLEMAS COMUNES



## 16-MENSAJES REBOTADOS

## 17-CORREO ELECTRÓNICO VÍA WEB (WEBMAIL)



## 18-LISTAS DE CORREO



## 19-OTRAS PREGUNTAS FRECUENTES

## INFORMACIÓN ÚTIL

# INTRODUCCIÓN

Este libro, de la colección PC Users Responde, tiene ciertas características particulares en cuanto a la forma en que debe ser leído y utilizado.

La idea de organizarlo en preguntas, y adoptar el nombre de PC Users Responde, vino a raíz del gran auge que tiene esa sección dentro de la revista. Los lectores envían decenas y decenas de e-mails, fax y cartas diarias, para que nuestros especialistas las respondan.

La gente tiene dudas específicas, que van desde lo más básico (¿qué es el correo electrónico?) hasta lo más impensado (cuando imprimo los mensajes la letra está muy chiquita y no la leo, ¿cómo la puedo cambiar?), por lo que contestarlas de esta forma nos pareció lo más adecuado. Sin embargo, el libro no se limita a responder preguntas específicas, sino que cualquier usuario que quiera incursionar/aprender sobre el tema podrá hacerlo, siguiendo pregunta por pregunta.

## Cómo usar el libro

Las preguntas, aparte de estar numeradas y agrupadas por temas, están clasificadas en básicas y avanzadas. Las primeras no requieren muchos conocimientos previos para ser resueltas, mientras que las segundas profundizan un tema o tratan sobre sus aspectos menos conocidos.

Otro recurso que se utilizó es el de los *links* (enlaces). Estos generan cierta hipertextualidad en el texto, mediante la cual, la persona que prefiera retroceder a algo más básico o adentrarse más en un tema, podrá "saltar" rápidamente a la pregunta correspondiente.

Este libro está orientado a todos los usuarios, de todos los niveles; de la misma forma que PC Users lo está. Si usted es un novato en el mundo del correo electrónico, puede comenzar leyendo las preguntas del primer capítulo (Lo básico), para luego ir avanzando y aprender a conseguir su cuenta y utilizar este servicio. Si usted ya supera los conocimientos básicos del correo electrónico, puede descubir cosas nuevas y sacar más provecho a su programa de correo en capítulos como Herramientas avanzadas o Productividad.

Nivel Avanzado.

Nivel Básico.

Diríjase a la(s) pregunta(s) nro. XX para profundizar el tema.

Vuelva a la(s) pregunta(s) nro. XX si quiere enterarse de cuestiones previas.

## Por último

Mientras escribía este libro, varios me preguntaron si el correo electrónico "daba para tanto". La verdad es que da para mucho más. El e-mail se ha desarrollado de forma increíble, así como lo ha hecho su popularidad. Lea, y lo descubrirá.

Antes de terminar, quería introducirlos a un personaje que los acompañará durante todo el libro: Juan Carlos Varela (Juanca para los amigos). Esta persona inventada (o no tanto), los representará a ustedes, en su aprendizaje sobre el correo electrónico.

Una cosa importante: si ya tienen instalado el programa de correo (Outlook Express) en su PC, les pediría que antes de ir a preguntas sobre cómo usar el e-mail, se den una vuelta por la pregunta 26: ¿Qué más tengo que configurar?, para poner el programa a punto para ser usado.

Espero que el libro les resulte interesante, y no duden en enviar sus consultas, dudas, sugerencias y especialmente críticas. Hasta la próxima página.

Lionel Jorge Zajdweber
lionel@mponline.com.ar

## SOBRE LA EDITORIAL

MP Ediciones es una editorial argentina especializada en computación. Además de diversas colecciones de libros, edita las revistas PC Users, PC Juegos/PC Gamer, Insider y el curso Aprendiendo PC.
Para conocer más sobre nuestros productos, puede contactarnos de las siguientes maneras:
Web: www.mp.com.ar
E-mail: libros@mponline.com.ar
Correo: Moreno 2062 - 1094 Capital Federal
Fax: (11) 4954-1791
Teléfono: (11) 4954-1884 int. 131 (Servicio de atención al Lector)

CAPÍTULO 1

# LO BÁSICO DEL CORREO ELECTRÓNICO

**En este capítulo usted podrá comprobar los grandes beneficios que tiene el uso de esta herramienta, ya sea para optimizar su trabajo o bien para darle fluidez a sus comunicaciones. Ofrece un desarrollo exhaustivo de los conocimientos básicos y las claves de su funcionamiento.**

1. ¿Qué es el correo electrónico?
2. ¿Cómo funciona el correo electrónico? ¿Cómo lo uso?
3. Si tengo la PC apagada ¿los mensajes que me mandan me van a llegar igual?
4. ¿Qué diferencia tiene con el correo estándar, el teléfono, fax y otros servicios?

## 1. ¿Qué es el correo electrónico?

Vaya pregunta para empezar. El correo electrónico o e-mail (de electronic mail, pronúnciese "imeil") es el servicio más utilizado de Internet. Su objetivo, aunque parezca demasiado evidente, es intercambiar mensajes entre computadoras, en forma similar al correo entre las personas. Aunque, claro, evitando las desventajas del correo común, como la demora de un par de días en el arribo de los mensajes. Usando el e-mail usted puede enviar cartas (mensajes) a, por ejemplo, Asia, que llegarán en apenas unos segundos. Puede, incluso, recibir la respuesta en unos cinco minutos, en caso de que la otra persona haya leído y contestado el mensaje, algo medio difícil por la diferencia horaria.

El correo electrónico no es sólo instantáneo, también es barato (o gratuito, según de donde se lo mire), ecológico, ya que no usa papel ni ningún otro medio material, es fácil de utilizar (si lee este libro, claro está), es digital y muy flexible a cualquier necesidad.

Sin embargo, para entender un poco cómo se llega al correo electrónico, habría que pensar en la evolución del correo en sí. Hace ya mucho tiempo, los mensajes eran transmitidos de voz en voz. El papel (hasta hace unas décadas, el medio por excelencia para trasmitir información) no existía. Luego, comenzó el correo postal. Los mensajes eran primero llevados a caballo, luego en carruajes, y más tarde, la "revolución" del tren y el automóvil cambiaron por completo las cosas. Después vino el avión, que permite enviar información de un lado al otro del planeta en pocos días. También fueron inventados el teléfono, el telegrama y el fax. Pero tal vez el medio más revolucionario y avanzado de todos (al menos hasta ahora, no sabemos lo que el futuro nos puede deparar) sea el e-mail. Continúe con el libro y entérese cómo podrá aprovecharlo.

## 2. ¿Cómo funciona el correo electrónico? ¿Cómo lo uso?

El funcionamiento del correo electrónico es muy similar al del correo común. Repasemos lo que hacemos al usar el correo: si queremos mandar una carta, primero la escribimos, luego ponemos la dirección del destinatario en un sobre y por último vamos a la oficina del correo y la dejamos para que nos la lleven. ¿Y si queremos saber si nos llegó alguna carta? Simplemente miramos nuestro buzón.

Para enviar un mensaje por correo electrónico debemos escribirlo y conocer la dirección electrónica del destinatario del mensaje. Una vez ingresada, **enviamos el mensaje** y nuestro programa de correo (que podría representar a una especie de cadete en nuestra analogía con el correo convencional) se encarga de llevar el mensaje a nuestro servidor de correo (la oficina postal). Éste luego hará llegar el mensaje al **servidor de nuestro destinatario**, depositándolo en su casilla (buzón). Cuando nuestro amigo revise su **casilla de correo electrónico** verá nuestro mensaje y lo llevará hasta su PC (casa) de forma automática. Ahora, si en el correo común enviamos una carta a una dirección que no existe, recibiremos un aviso de que nuestra carta no pudo llegar a destino y la razón. Esto también sucede con el correo electrónico, por ejemplo, si escribimos mal la dirección.

83

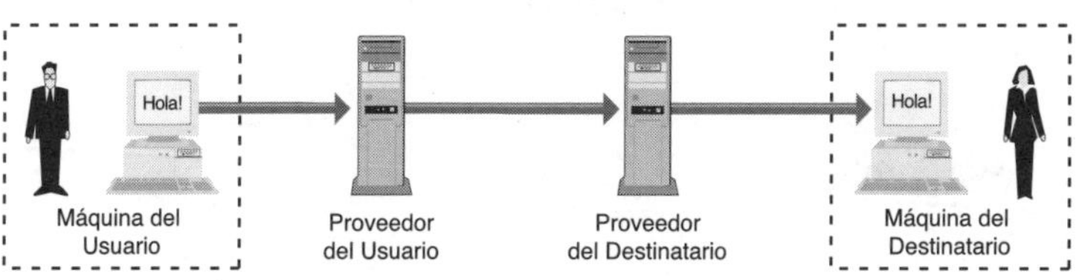


**Servidor, server o host**

Una computadora a la que se conecta un usuario o "cliente" para obtener un servicio. La computadora de nuestro proveedor de Internet es, entre otras cosas, un servidor de correo: uno de los servicios que nos presta es el de almacenar nuestros mensajes hasta que nos conectamos y los retiramos para posteriormente leerlos.

### ¿Cómo uso el correo electrónico?

Esta es la pregunta que se responde a lo largo del libro.

Sin embargo, hay ciertas acciones que usted hará comúnmente.

Recuerde que, para poder utilizar el correo electrónico, necesitará un programa específico. Como Word le permite escribir documentos y Paint dibujar, el programa de correo electrónico (también conocido como cliente), es el que le permitirá redactar, enviar, recibir y leer correo. Y muchas cosas más, que con la lectura del libro irá descubriendo.

Una sesión típica que usted realizará con el correo electrónico, sería ésta:

**1)** Abre su programa de correo y se conecta para recibir los nuevos mensajes que le hayan enviado.

**2)** Una vez recibidos los mensajes, se desconecta para no seguir usando la línea telefónica.

**3)** Lee los mensajes recibidos, los contesta y (si quiere) redacta los suyos.

**4)** Se vuelve a conectar para enviar los mensajes que respondió y creó.

Para poder trabajar de este modo, no deje de pasar por la pregunta 26 (¿Qué más tengo que configurar?) para poner a punto el programa de correo.

***Qué pasa si lo llaman cuando está conectado.***

Mientras esté conectado, a todas las personas que intenten llamarlo **les dará ocupado**. Esto se debe a que usar Internet es lo mismo que hablar por teléfono a la esquina.
Si posee llamada en espera, cuando las demás personas llamen sonará **como si no hubiese nadie en casa**. Sin embargo, a usted se le ralentizará la comunicación, que puede llegar a cortarse. En ese caso, sólo deberá volver a conectarse.

## 3. Si tengo la PC apagada ¿los mensajes que me mandan me van a llegar igual?

Por supuesto que sí. Muchos usuarios creen que cuando la PC se encuentra desenchufada, desconectada o en el service, los mensajes que les envíen en ese tiempo nunca les llegarán, al "no estar allí para recibirlos". Esto es absolutamente incorrecto. Veamos por qué.

Cuando a usted le envían un mensaje, éste va a parar al buzón o casilla electrónica de su proveedor. Permanecerá allí por todo el tiempo necesario, hasta que lo “traiga” (baje, descargue) a su computadora. De esta forma, aunque no posea siquiera una PC, los mensajes que le envíen no se perderán. Sólo tendrá que, con cualquier computadora (puede ser la de un amigo o la de un cibercafé), bajar el o los mensajes que posea en su buzón el proveedor de Internet. Una alternativa de esto es el Webmail.

## 4. ¿Qué diferencia tiene con el correo estándar, el teléfono, fax y otros servicios?

El correo electrónico tiene beneficios y deficiencias frente a los demás servicios de comunicación actuales. Pero lo que lo diferencia es que es puramente digital. No existen elementos físicos como el sobre, el papel, etcétera. Veamos qué otras diferencias presenta:

| | *E-mail* | *correo* | *Fax* | *Teléfono* |
|---|---|---|---|---|
| No interrumpe nuestra actividad | X | X | X | |
| Queda archivado en la PC | X | | | |
| Es inmediato | X | | X | X |
| Permite el envío de imágenes | X | X | X | |
| Permite el envío de archivos | X | X | | |
| Es ecológico (no utiliza papel) | X | | | X |
| Es barato para comunicaciones de larga distancia | X | X | | |

Estos son sólo los beneficios del correo electrónico “básico”. Más adelante podrá sacarle el máximo provecho y descubrir lo productivo que puede ser.

## Con lo que aprendió en este capítulo, usted conoce:

- Qué es el correo electrónico.
- Cómo funciona el correo electrónico.
- Que aunque no tenga la PC prendida o conectada los mensajes le llegarán igualmente.
- Que el correo electrónico es más beneficioso que el correo estándar, el fax o el teléfono.

Luego de este capítulo, usted tiene los conocimientos básicos para entender el correo electrónico.

# CAPÍTULO 2

# LA MÁQUINA

**Tener correo electrónico ya no es un mito. Atrévase a leer este capítulo y sabrá lo accesible que es. No es necesario tener una máquina súper potente, y uno mismo puede instalar los componentes necesarios. Además, todos los datos indispensables para elegir lo que necesita sin que le vendan un buzón.**

## 5. ¿Qué PC necesito para acceder al correo electrónico? ¿Cuánto cuesta?

Antes de ver qué PC necesita para acceder al correo electrónico, no está de más saber qué otras cosas también le hacen falta:

**1)** Una PC
**2)** Línea telefónica (preferentemente con salida cerca de donde irá la PC)
**3)** Un módem

6

**4)** Un proveedor de Internet

9

**5)** Programas específicos

9

**6)** Un libro (¿adivine cuál?)

Ahora, a lo nuestro. Si bien no es necesario tener una PC muy actualizada para poder utilizar el correo electrónico, sí es recomendable que cumpla ciertos requisitos. Si posee una computadora de ya más de cuatro años (una 386, por ejemplo), el correo electrónico será accesible para usted, pero con algunas limitaciones. Por lo tanto, si ya posee una PC y sólo desea incorporarle la función de enviar y recibir e-mails, probablemente no necesitará actualizarla. Eso sí: un módem será el elemento indispensable que la máquina deberá poseer.

Los requerimientos de la computadora tienen que ver antes

con los programas que se van a utilizar que con otra cosa. Si, por ejemplo, usted desea enviar y recibir correo electrónico bajo DOS (un antiguo sistema operativo), una XT será suficiente. Pero para poder sacarle todo el jugo al e-mail, es conveniente usar dignamente Windows 95 o 98.

El programa de correo que elegimos en este libro para explicar el funcionamiento del correo electrónico es Outlook Express. Viene incluido con el navegador Internet Explorer a partir de su versión 4. Los requerimientos para poder utilizar este programa son los siguientes:

| | *MINIMO* | *RECOMENDADO* |
|---|---|---|
| Procesador | 486 DX/66MHz | Pentium 166 Mhz |
| Memoria RAM | 16 MB | 32 MB |
| Disco rígido | 540 MB | 2 GB |
| Módem | 14.4K | 33.6K |
| Lectora de CD-ROM o DVD | Sí | Sí |
| Placa de sonido | No | Sí |

Habrá notado que ni siquiera los requerimientos recomendados son altos.

Si va a comprar una PC nueva, no se compre lo más caro que hay en el mercado, busque la mejor relación calidad/precio. Hoy en día puede conseguir un Pentium 2 (ojo, no Celeron) de 350 MHz, con 32 MB de RAM, disco rígido de 4.3 GB, kit multimedia (lectora de CDs, placa de sonido y parlantes), monitor, Windows 98 y demás, todo por mucho menos de 1000 pesos.

Tenga presente algo: lo que determina la velocidad de conexión a Internet **no es la máquina**, sino el módem y la calidad del proveedor.

## 6. Tengo que comprar un módem, ¿cuál elijo?

La cuestión es simple: sin módem no hay conexión; sin conexión no hay forma de enviar ni recibir correo. Es por eso que éste es un elemento imprescindible que Ud. deberá tener, junto con la PC. Su elección también es importante.

***Módem***

(MODulador/DEModulador). Aparato que utiliza el trazado telefónico para conectar dos computadoras remotas. Permite conectarse al proveedor de Internet por ese medio. Los hay de diversas velocidades y marcas. Funciona de forma similar a un teléfono.

Si usted compra una computadora nueva, ésta seguramente vendrá con un módem incorporado (consulte bien esto antes de adquirirla). Sin embargo, si ya posee una PC y no lo tiene, tendrá que comprar uno.

Comprar un módem nuevo de una velocidad menor a 56 Kbps es prácticamente ridículo (ver recuadro 56 K, pág.34), a menos que consiga uno más viejo pero mucho más barato (no influirá mucho en el correo electrónico, pero sí si lo que le interesa es también navegar por la WWW). Es muy importante que el módem, si es de 56K, cumpla con la norma V90, característica ofrecida por casi todos los nuevos modelos. La velocidad y la calidad del módem determinarán cuán rápido podrá bajar los mensajes desde las máquinas del proveedor (llamadas servidores) a su PC. Si bien la mayoría de los mensajes se descargan en cuestión de segundos con casi cualquier módem, si le envían un e-mail con archivos adosados pesados, la diferencia entre un módem de 14.4 Kps y uno de 56 Kbps se sentirá.

También deberá elegir si desea un módem interno o externo. El primero es el más utilizado y económico, pero un tanto más difícil de instalar; el segundo, más fácil, pero ocupa espacio y es más caro. Vea el recuadro ¿Módem interno o externo?

## Qué módem elegir

| *MARCA* | *CARACTERISTICAS* |
|---|---|
| US Robotics: | Uno de los módems más vendidos. Excelente calidad. Alta compatibilidad y soporte. Drivers fáciles de conseguir. Su precio oscila entre los 100 y los 150 pesos. |
| Motorola | No tienen tanto soporte como el anterior. Idem US Robotics. |
| Zoltrix, Genius y otros | Altamente económicos (se consiguen por menos de 50 pesos). Funcionan, pero son de menor calidad que los líderes. Pueden tener ciertas complicaciones de compatibilidad. |

| *¿Módem interno o externo?* | | |
|---|---|---|
| | Ventajas | Desventajas |
| Módem interno | Más barato. Ocupa menos espacio. Es el estándar. | Hay que abrir la PC para instalarlo. Puede ser un poco más difícil de configurar. |
| Módem externo 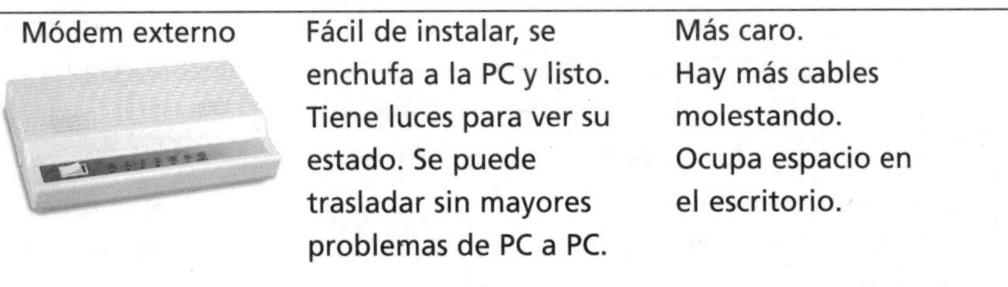 | Fácil de instalar, se enchufa a la PC y listo. Tiene luces para ver su estado. Se puede trasladar sin mayores problemas de PC a PC. | Más caro. Hay más cables molestando. Ocupa espacio en el escritorio. |

***56 K***

Para ser sinceros **56 K no existe**. Esto se debe a que el trazado de las líneas telefónicas, los ruidos en la línea y otros motivos, hacen que sea imposible alcanzar esa velocidad de conexión. A lo sumo (y con un poco de suerte) podrá conectarse a 49 K. Sin embargo, estos módems siguen siendo más rápidos que los de 36 K. Además, la diferencia de precio no es tan notoria.

## 7. ¿Cómo instalo un módem?

Si compra un módem para instalarlo en su PC, lo mejor es que lo hagan en el lugar donde lo adquirió. De esa forma, usted no tendrá ninguna responsabilidad si algo no funciona o es averiado durante la instalación (cosa que rara vez ocurre). Sin embargo, si no se lo quieren instalar en ese lugar, pretenden cobrarle una barbaridad, o es valiente y prefiere hacerlo usted mismo, anímese e instálelo en su casa, que de complicado no tiene mucho.

Lo mejor es seguir paso a paso lo que se indica en los manuales del módem. Sin embargo, si éstos son confusos o se encuentran en otro idioma, el procedimiento generalmente utilizado para instalar un módem interno (los más usados) en Windows 95/98, es el siguiente:

### Paso a Paso

1) Antes que nada, localice una entrada de teléfono en alguna pared cercana a la computadora. Si está lejos, deberá instalar una nueva (llame a un electricista) o comprar un cable telefónico más largo que el que se incluye.

2) Abra la caja del módem y saque los manuales (léalos), módem, cable telefónico y disquetes o CDs con los drivers y programas para el mismo.

3) Desenchufe la PC y abra el gabinete sacando los tornillos de la

parte posterior con un destornillador tipo Philips.

4) Encuentre un slot (ranura) libre que coincida a la perfección con los conectores de su módem. Saque toda cobertura que pueda tener. Tenga cuidado de no desconectar nada.

5) Inserte **muy cuidadosamente** el módem en la ranura, asegurándose de que haya calzado perfectamente. Atorníllelo.

6) Tape y cierre el gabinete con los tornillos que sacó antes.

7) Prenda la máquina. Si todo salió bien, Windows detectará automáticamente el módem y le pedirá los drivers de éste. Inserte el disquete o CD que haya venido y siga el procedimiento que aparece en la pantalla. Créase o no, ya tiene instalado su módem.

¿Vio que no era tan difícil? No deje de instalar los programas que hayan venido con el módem. Seguramente le serán de utilidad.

## 8. ¿Puedo conectarme con una Mac?

Si bien este libro está basado en cómo usar correo electrónico con una PC, es posible conectarse también con sistemas Macintosh, Unix, Linux, etcétera.

Las Mac tienen todo lo necesario para utilizar la gran mayoría de los servicios que ofrece Internet. Así que si tiene o piensa adquirir una, sepa que podrá utilizar el correo electrónico sin inconvenientes, y podrá intercambiar mensajes con personas que tengan cualquier tipo de computadora con acceso a la Red de redes. Incluso con las llamadas palmtops o handheld PCs (computadoras de bolsillo).

Sin embargo, si usted es habitual lector de nuestra revista (PC Users, por supuesto), sabrá que preferimos las PCs a las Macs.

## Con lo que aprendió en este capítulo, usted conoce:

- Que no necesita una computadora muy potente para usar el correo electrónico.
- Cómo diferenciar y elegir el módem que necesita.
- Cómo instalar por sí solo un módem en su PC.
- Que también es posible acceder al correo electrónico con una Mac u otros sistemas.

Luego de este capítulo, usted ya sabe qué computadora debe comprar y cómo instalar los elementos más importantes para el correo electrónico.

C A P Í T U L O 3

# CONTRATAR LA CUENTA

**El correo electrónico es el servicio más utilizado en Internet. Se lo puede contratar a través de un proveedor. Una vez realizada la contratación, podrá disfrutar de la conexión on-line en cuestión de minutos. Hágalo paso a paso siguiendo las instrucciones de esta sección del libro.**

## 9. ¿Cómo consigo una cuenta de correo?

Una cuenta de correo se brinda, casi siempre, junto al acceso a la Red de redes. Los que se encargan de esto son llamados **proveedores de Internet**.

Un proveedor es una empresa que se encarga de brindar a sus usuarios la posibilidad de conectarse a Internet. Todos los proveedores dan lo mismo: **acceso** (con todos se puede acceder a exactamente la misma información); lo que varía es la calidad de la conexión, los servicios extra que presta, el soporte técnico, la velocidad de sus módems, el costo, etcétera.

Estos proveedores venden diversos "paquetes" de servicios:

- Una **cuenta full**, con acceso a todos los servicios de Internet por tiempo ilimitado, incluyendo una cuenta de correo (la cuenta más solicitada).
- Una **cuenta de sólo e-mail**, con la cual no tendrá acceso a la WWW, pero que le costará mucho menos.

13

También existe conexión por cablemódem (por ahora, bastante más cara y menos disponible) y cuentas de e-mail con acceso telefónico gratuito (como es el caso de Cablevisión). Ambas, también válidas.

Si quiere una cuenta de correo, siga estos pasos:

**1) Seleccione el proveedor** que más le convenza. Lo mejor es pedir cuentas de prueba en varios sitios y ver cuál es el más adecuado. Además, consulte con conocidos y aprenda de sus experiencias.

**2) Contrate el servicio**. Sea una cuenta full o sólo de correo electrónico, se le asignarán una casilla y una dirección de e-mail (anótela y désela a sus conocidos para que le manden correo), según el nombre de usuario que haya elegido.

**3) Configure todo**. Generalmente los proveedores le dan programas que lo hacen por usted. Si no, consulte el capítulo ***Cómo configurar todo.***

**4) Listo**. Ya tendrá su cuenta de correo. Empiece a disfrutar de todo lo que el e-mail tiene para ofrecer.

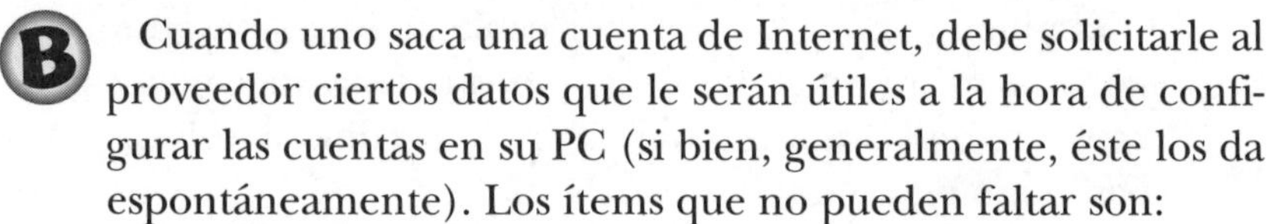

***WWW***

La World Wide Web, también conocida como "la Web", es uno de los servicios más difundidos de Internet. En ella los usuarios "navegan" por diferentes páginas, caracterizadas por la hipertextualidad. Gracias a la Web es posible ver textos, imágenes, videos y oír música por Internet.

## 10. ¿Qué datos tengo que pedir a mi proveedor?

**B** Cuando uno saca una cuenta de Internet, debe solicitarle al proveedor ciertos datos que le serán útiles a la hora de configurar las cuentas en su PC (si bien, generalmente, éste los da espontáneamente). Los ítems que no pueden faltar son:

- **El nombre de usuario**, elegido por usted, y que lo identificará frente al proveedor (seguramente también le será solicitado al hacer consultas al soporte técnico). Ej: ***juanca.***

- **La contraseña**, clave o *password*, también de elección propia. Sin embargo, no deberá dársela a nadie, salvo la primera (y única) vez a su proveedor.

- **Su dirección de correo electrónico**. Para poder decirle a sus conocidos adónde deben escribirle. Ej: **juanca@patagonline.com.ar**.

- **Números de acceso telefónico**. Las líneas de teléfono a las que el módem deberá llamar para conectarse a Internet. Ej: **0610-22-23444**.

- **El nombre del servidor POP y STMP** (a veces, suele ser el mismo). Éstos son los servidores de entrada y envío de correo, respectivamente. Los necesitará a la hora de crear nuevas cuentas de correo. Ej: **server.mponline.com.ar**.

Además, siempre es bueno tener a mano el teléfono y dirección de correo del soporte técnico, como también conocer la página web del proveedor.

## 11. Mi proveedor me pide un nombre de usuario ¿qué es?, ¿cómo lo elijo?

Cuando uno contrata una cuenta de Internet, el proveedor suele pedirle un **nombre de usuario** (en inglés, *username*). Este nombre, que no necesariamente tiene que ver con el verdadero

El nombre de usuario es una palabra que lo representa a usted. Si, por ejemplo, se llama Juan Carlos Varela, podría elegir como username a *juanca, jvarela, jcv* o uno que poco tenga que ver con su nombre y le guste más: *elpiojo, megajuan, joyanotaxi,* etc. Nótese que el nombre de usuario **siempre es una sola palabra** y, también, **siempre va en minúsculas**.

Es muy importante su elección, ya que, para cambiarlo, las cosas se complican. Pero principalmente porque el username es **lo que está delante de la "@"** en las direcciones de e-mail. Del nombre de usuario que elija dependerá cómo quedará su dirección de correo electrónico. Si su NU es *juanca,* su dirección de e-mail, muy seguramente será **juanca@nombreproveedor.com.ar**.

Cuando tenga que conectarse a Internet deberá ingresar (al menos una vez) su nombre de usuario. Así que recuérdelo (si es olvidadizo puede anotarlo donde desee) y si no lo conoce, consulte con su proveedor para averiguarlo.

El nombre de usuario no es sólo utilizado para el e-mail y la conexión a Internet: se le pide que ingrese uno que lo identifique en una sección de chat, para obtener una cuenta gratuita en cualquier sitio deberá elegir uno, etc. Por lo tanto, es conveniente mantener el mismo, para recordarlo siempre.

### *Consejos para elegir su nombre de usuario*

- Recuerde que los nombres de usuario (al igual que las direcciones de e-mail) se escriben todo en minúsculas y sin espacios.
- Puede incluir en su username símbolos como "-", "_" y ".". Sin embargo, no se pueden otros como "/", "?", "*", "@", etcétera.
- Si desea una dirección de correo electrónico más formal, ésta debe contener su nombre. No completo, sino una derivación del mismo. Según nuestro ejemplo, puede ser "jvarela", "juancarlosv", "juancarlos", "jcvarela", etc.
- Intente no elegir nombres de usuario complicados, o con letras y números. Si no, será difícil de recordar para los que deseen escribirle.
- No tema dar su nombre de usuario. Total, con él nadie puede hacer nada malo. Además, recuerde que si sabe la dirección de e-mail de una persona, ya conoce su nombre de usuario (lo que está antes de la @).

## 12. Mi proveedor me pide una clave, ¿Qué es?, ¿cómo la elijo?

La clave, también conocida cómo contraseña o *password*, es una palabra, real o inventada, que usted elige para su seguridad. Si las demás personas no conocen su clave, no podrán acceder a su cuenta, revisar su correo ni enviar mensajes en su nombre.

Cuando contrata una cuenta de Internet, se le pide una contraseña. Ésta no tiene necesariamente que ser una palabra, es más, una combinación de letras y números es lo ideal, y de 6 caracteres al menos.

Una cosa es importante: no dársela a nadie. Si le envían un e-mail o lo llaman por teléfono en nombre de su proveedor pidiéndole la clave, no la dé y llame al teléfono del soporte técnico de éste para informarles y consultar.



***Consejos para elegir su clave***

- Las claves pueden tener el largo que desee, pero de 6 a 10 caracteres es lo más recomendable.
- Si puede combinar letras y números, sin significado alguno, mejor. De esa manera es más difícil descubrirla.
- Intente que no sean palabras relacionadas con usted, ni mucho menos fechas de cumpleaños o apodos.
- Piense si algún familiar o amigo íntimo podría llegar a descubrirla fácilmente. Si es así, elija otra.
- Recuerde que las contraseñas (al igual que los nombres de usuarios) se escriben en minúsculas y sin espacios.
- Si bien hacen a la seguridad, si incluye símbolos raros es posible que tenga dificultades para escribirlos en otras computadoras.
- No dé su contraseña a nadie. Sólo tendrá que dársela a su proveedor la primera vez, cuando contrata el servicio.
- Si bien es mucho más cómodo tener una misma contraseña para varias cosas, es menos seguro, ya que si alguien llegase a descubrirla, tendrá acceso a todo.

## Con lo que aprendió en este capítulo, usted conoce:

- Cómo conseguir una cuenta de correo electrónico en un proveedor de Internet.
- Cuáles son los datos que le debe pedir a su proveedor.
- Qué es el nombre de usuario y cómo elegirlo.
- Qué es la clave que le pide su proveedor y cómo elegirla.

Luego de este capítulo, usted ya sabrá todos los pasos que implica obtener una cuenta de correo electrónico.

CAPÍTULO 4

# CUÁNTO CUESTA

**Enviar y recibir mensajes utilizando el correo electrónico no es una tarea cara. Pero siempre es bueno conocer trucos para optimizar el tiempo y abaratar costos. En este capítulo se explica detalladamente el uso horario, el servicio 0610 y programas controladores del consumo.**

## 13. ¿Cuánto cuesta una cuenta de correo?

Lo que le costará adquirir una cuenta de correo dependerá del tipo de servicio que contrate. En casi todos los casos, se abona una suma fija mensual. Los precios varían según el proveedor, por lo que aquí damos una lista de costos promedios:

- **Cuenta full**: incluye acceso completo a Internet sin límite de tiempo ni de servicios, y una cuenta de e-mail. Es la más solicitada, y su costo es de alrededor de **$ 35**.

- **Cuenta sólo e-mail**: brinda únicamente una cuenta de correo electrónico, donde no se dispone de acceso a todos los demás servicios de la Red. Es muy económica e ideal para aquellos a quienes sólo les interesa el e-mail. Su precio: **$ 5** aproximadamente.

- **Cuenta gratuita**: es de características similares a la cuenta sólo e-mail, pero como su nombre lo indica, es totalmente gratuita. Algunas empresas de cable (como Cablevisión) brindan este servicio, sólo cobrando por la instalación.

- **Cuenta full con cablemódem**: posee las mismas características que la cuenta full, sólo que se utiliza un cablemódem (ver recuadro *Cablemódem*) en vez del módem telefónico común. Esto hace que no se deba utilizar, ni gastar en, línea telefónica. El precio es el más elevado de todos: alrededor de **$ 125** por mes, más **$ 150** por la instalación.

Recuerde que, aparte de estos costos, deberá abonar (en forma totalmente independiente) los pulsos telefónicos que gaste utilizando Internet.

14

Los proveedores tiene a veces promociones especiales, como por ejemplo una cuenta de correo para cada miembro de la familia, acceso restringido por horarios, y demás. Consulte.

***Cablemódem***

Es un módem con una característica particular: en vez de utilizar la línea telefónica para comunicar computadoras entre sí, usa el trazado del cable. Además, en condiciones ideales, un cablemódem es 100 veces más rápido que un módem convencional, aunque esto raramente ocurre. Si éste no es bidireccional (acepta la entrada y salida de datos), se seguirá necesitando un módem común y la línea telefónica para enviar información.

## 14. ¿Y el teléfono? ¿Es caro?

El elevado costo telefónico de nuestro país es una de las principales causas que explican por qué la gente es reacia a conectarse a Internet. Sin embargo, las tarifas son menores de lo que se suele suponer (aunque no por eso sean baratas).

Una hora de uso telefónico (común, como llamar de aquí a la esquina) en el horario más caro, cuesta aproximadamente $1,50; y a la noche, $0,75.

Hasta hace poco tiempo, cuando uno usaba Internet (e-mail incluido), el costo telefónico era exactamente el mismo que si estuviésemos llamando a la esquina para hablar con nuestra tía. Esto se debía a que cuando nos "conectamos", estamos llamando a nuestro proveedor, sólo que en vez de transmitir voz, enviamos y recibimos datos. En la actualidad, existe el servicio 0610 (ver recuadro *0610*) que abarata los costos **sólo si estamos conectados más de 15 minutos seguidos**, por lo que el correo electrónico rara vez se ve beneficiado.

***Costos telefónicos***

| Horarios / Costos por hora | Teléfono común | Internet con 0610 |
|---|---|---|
| Diurno (de 8 a 22 hs.) | $1,63 | $0,85 (promedio) |
| Nocturno y feriados (de 22 a 8 hs.) | $0,83 | $0,45 (promedio) |

Un aspecto a tener en cuenta: mientras usted está conectado a Internet, a todos los que llamen **les va a dar ocupado**. Si posee el servicio de llamada en espera, para los demás no se encontrará (estarán llamando y no contestará nadie), mientras que para usted, la velocidad de conexión será más lenta, y es posible que la comunicación se corte.

## 0610 ¿En qué consiste?



El 0610 es una característica telefónica bastante particular. Comunicándose por medio de ella, a partir de los 15 minutos (en promedio para ambas empresas telefónicas), los minutos restantes hasta los 30 son gratuitos (si el usuario tiene Telefónica), o le cuestan la mitad (si es de Telecom). Si uno utiliza Internet comúnmente más de 20 minutos continuos por día, el servicio 0610 será un elemento imprescindible que nuestro proveedor deberá tener. En cambio, si sólo nos comunicamos periódicamente para chequear el correo, o navegar menos de 15 minutos, el 0610 no tiene sentido alguno.

Para que no les queden dudas, así es como cobran las telefónicas:

**Telecom:** cobra la llamada la mitad de precio a partir de los 12 minutos de conexión.

**Telefónica:** cobra 15 minutos por cada 30 minutos de conexión.

Fíjese que si se conecta menos de 12 minutos (Telecom) o menos de 15 minutos (Telefónica), no hay descuento sobre la tarifa telefónica común. Pero para conexiones prolongadas el descuento es aproximadamente del 50%.

Tenga en cuenta que, si el único uso que le dará a Internet será el correo electrónico, éste es el que menos pulsos consume. Esto se debe a que usted sólo se conecta (en un corto período) para enviar o recibir mensajes, mientras que para escribir o leer se encuentra desconectado. Para que esto sea así, deberá tener configurado Outlook Express para trabajar *offline* (desconectado). Por eso no deje de darse una vuelta por la pregunta 26 (*¿Qué más tengo que configurar?*).

## 15. ¿Hay algún programa que controle el gasto telefónico?

Existen varios programas que se encargan de controlar el gasto telefónico producido por el uso del módem. Sin embargo, pocos son adaptables a las tarifas telefónicas locales, incluido el 0610.

El **CuentaPasos**, también conocido como Cpasos, incorpora las tarifas no sólo de la Argentina, sino también de otros países latinoamericanos y España. Un beneficio del programa es que es muy flexible, de manera que permite modificar los valores y los horarios para adaptarlos a los cambios que se disponen para la telefonía.

El programa se autoejecuta cuando autodetecta la conexión del módem. Genera informes en los plazos que se le hayan especificado, y **le informa cuánto ha gastado**. Así, puede saber cuánto deberá pagar en la próxima factura.

*El CuentaPasos, un programa en español que controla el gasto telefónico.*

La interfase es sencilla y fácil de manejar, y le informa cuánto hace que se encuentra conectado, cuanto está gastando, la hora local y demás.

Otro de los beneficios del Cpasos es que está desarrollado íntegramente en español, facilitándole las cosas si no está familiarizado con el idioma anglosajón.

Para **conseguir el CuentaPasos** es conveniente bajarlo de Internet. De esa manera siempre tiene la versión actualizada de las últimas tarifas telefónicas. El sitio para la versión shareware es **www.cuentapasos.com**. Si no, la última vez que incluimos este programa en la revista (en su versión 2.30), fue en la PC Users Extra 6.



## 16. ¿Cuánto cuesta enviar un mensaje?

A diferencia del correo stándar, no se cobra suma alguna por enviar mensajes. Lo que gaste dependerá de lo que cueste la cuenta con su proveedor y lo que utilice en línea telefónica.

Sin embargo, si usted es obsesivo y quiere saber exactamente lo que deberá pagar, puede seguir estas reglas:

- Deberá abonar por mes una **suma fija a su proveedor**. Esta suma suele no variar, mande usted uno o mil mensajes mensuales.

- El gasto telefónico dependerá del **tiempo que se encuentre conectado**. Si para enviar cada mensaje usted se conecta, lo envía y corta, estará gastanto aproximadamente 0,05 pesos, que es el valor de 1 pulso telefónico. Comparándolo con una carta, cuyo valor mínimo es de 75 centavos, mandar un e-mail es 15 veces más barato. Y si a eso le sumamos que en un mismo pulso puede llegar a mandar más de 30 mensajes seguidos, la diferencia aumenta considerablemente.

Ante cualquier duda, consulte con su proveedor.

## Con lo que aprendió en este capítulo, usted conoce:

- Que el costo de una cuenta de correo electrónico varía según cuál contrate, y puede hasta ser gratuita.
- Que el teléfono no es caro, a qué horarios le conviene conectarse y qué es el 0610.
- Que programas como el CuentaPasos le permiten saber con anticipación lo que gastó.
- Cuál es el costo exacto que tiene enviar un mensaje.

Luego de este capítulo, usted sabrá exactamente cuánto dinero deberá pagar por usar el correo electrónico.

**Ejercicio práctico:**

Haga la cuenta de cuánto deberá gastar por mes si posee una cuenta full de Internet ($35 mensuales) y se conecta una hora diaria seguida con el servicio 0610.

CAPÍTULO 5

# LAS DIRECCIONES

**Las direcciones de correo electrónico cumplen una función similar a la de un número de teléfono: es un lugar virtual adonde las demás personas deben "llamar" para enviarle mensajes. Sin embargo, son mucho más complejas e interesantes que unos simples números. Descubra cómo reconocerlas y analizarlas en este capítulo.**

17. ¿Cómo es una dirección de correo electrónico?
18. ¿Qué significa el símbolo "@"?
19. ¿Cómo tipeo la "@" en el teclado? ¿Y el "_" (underscore)?

## 17. ¿Cómo es una dirección de correo electrónico?

Al igual que existen direcciones postales, números telefónicos y demás, también existen las llamadas **direcciones de correo electrónico** (o electrónicas, según su gusto). Éstas, que podrían calificarse como "virtuales", al no existir un medio físico que las represente, son las que identifican a cada usuario de e-mail.

Si quiere que un amigo lo contacte a través del teléfono, deberá darle su número. Y si usted quiere llamarlo, deberá discar el de él. Con el correo electrónico sucede lo mismo: deberá dar su dirección de e-mail a sus amigos para que le escriban, y cuando quiera escribirles, tendrá que ingresar la de éstos.

Si bien los números telefónicos y direcciones de correo tienen cosas en común, también se diferencian. En el primer caso se trata de únicamente números, algo difícil de recordar; además, estos brindan poca información de a quién o adónde pertenecen. En cambio, las direcciones de correo electrónico pueden escribirse con letras, números y algunos símbolos. Además, solamente observando una dirección se pueden conocer varios datos de la persona, como el país, el proveedor y a veces el nombre.

Una regla a tener en cuenta: siempre que vea el símbolo "@" (arroba, *at* en inglés), estará frente a una dirección de correo electrónico. TODAS las direcciones de e-mail la tienen. Sí, la suya también.

### Cómo se compone una dirección de correo electrónico

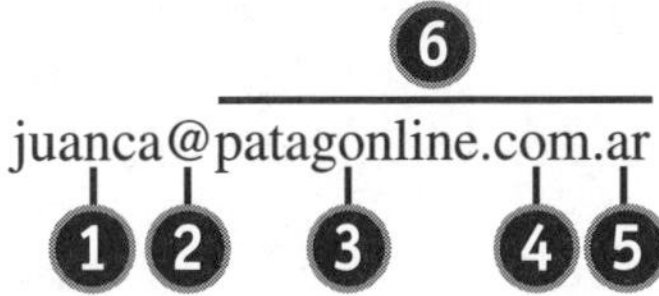


Las direcciones 5

1) Nombre de usuario (el que haya elegido el dueño de la cuenta).
2) "Arroba". En inglés se dice *at.*
3) Nombre del proveedor.
4) Tipo de sistema.
5) Código de país.
6) Dominio.

***Cómo se escribe***

Una dirección de correo electrónico, SIEMPRE se escribe todo **en minúsculas** y **sin espacios**. Un error común es agregar un punto (".") al final de la dirección. Esto es incorrecto, y sólo hará que se envíe el mensaje incorrectamente.

Se llama **dominio** a lo que precede al tipo de computadora en una dirección de Internet. Por ejemplo, en www.pcusers-.com.ar, el **"ar"** representa el país, el **"com"** nos dice que es de tipo comercial y **"pcusers"** es el dominio. **www** es la computadora dentro de ese dominio. Algunos llaman dominio a todo el conjunto **"pcusers.com.ar"**.

***Para saber más***

Si ya conoce el dominio de su proveedor, también podrá conocer la página web de éste. Un ejemplo: en la dirección de e-mail **juanca@pagonline.com.ar**, la página web seguramente será **www.patagoontaline.com.ar**. ¿Qué tal?

El **tipo de sistema** identifica qué tipo de entidad es el servidor o su proveedor. La gran mayoría se trata de **.com** (comercial), siendo éste ya casi un sinónimo de Internet.

| *Los principales tipos de sistemas* | |
|---|---|
| Com | Organización comercial |
| Edu | Institución educativa |
| Gov | Gobierno |
| Net | Administrador de red |
| Org | Organizaciones varias |

Los **códigos de países**, de 2 letras, identifican a qué Estado pertenece el dominio. Éste suele ser el mismo al que el servidor o proveedor pertenece. En la Argentina es **.ar**. Si la dirección no tiene código de país, significa que se trata de un dominio en Estados Unidos (y bueno, ellos inventaron Internet).

| *Algunos códigos de países* | |
|---|---|
| Argentina | .ar |
| Alemania | .de |
| Australia | .au |
| Brasil | .br |
| Chile | .cl |
| España | .es |
| Estados Unidos | .us (o nada) |
| Francia | .fr |
| Israel | .il |
| Italia | .it |
| México | .mx |
| Perú | .pe |
| Reino Unido | .uk |
| Uruguay | .uy |

¿Vio todo el jugo que le puede sacar a su dirección de correo electrónico? A ver qué puede deducir de éstas: *lionel@mponline-.com.ar*, *carlucha@fashion.net.pe* y *chebas@hotmail.com*.

## 18. ¿Qué significa el símbolo "@"?

El símbolo @ (arroba) se lee en inglés como "at", o sea, "en". Por ejemplo, en la dirección **president@whitehouse.gov** el usuario **president** está en (at) el servidor **whitehouse.gov**. No existe dirección de correo electrónico sin ese símbolo. Ni existe otro tipo de dirección que la tenga.

## 19. ¿Cómo tipeo la "@" en el teclado? ¿Y el "_" (underscore)?

Según qué tipo de teclado tenga (internacional, español o latinoamericano), la ubicación y forma de accionar la "@", cambiará. Para saber qué apretar, siga esta regla:

- Si su teclado es **internacional** (EE.UU.), como casi todos los teclados que tienen más de dos años, la "@" se encuentra arriba del número 2. En consecuencia, para escribirla, no tiene más que presionar `SHIFT+2`.
- Si su teclado es **español**, mantenga presionada la tecla `Alt` de la derecha, y presione `2`.
- Si su teclado es **latinoamericano**, como la mayoría de los teclados que se venden en nuestro país, la "@" se logra dejando presionado `Alt` de la derecha y la tecla `Q`.

### Cómo reconocer su teclado

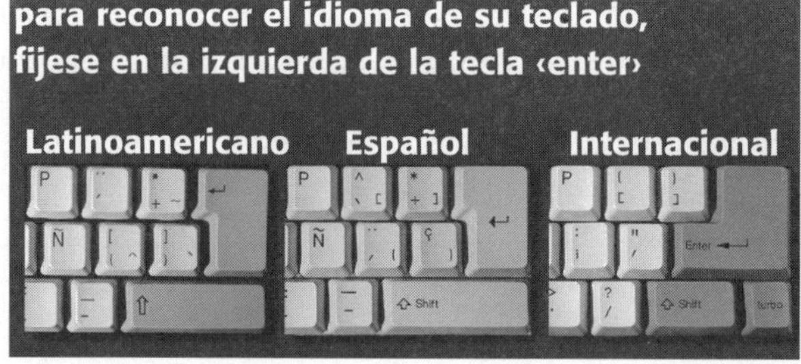

para reconocer el idioma de su teclado,
fíjese en la izquierda de la tecla ‹enter›
Latinoamericano
Español
Internacional

## ¿Y el símbolo "_"?

El símbolo "_" (*underscore* o subrayado) es utilizado comúnmente en Internet para reemplazar al espacio en nombres de usuario. Por ejemplo, *juan_carlos, vicente_aquilino, taller_pepe,* etc.

Si bien la pregunta parece pecar de tonta, varios usuarios (especialmente novatos) suelen cometer un error al ingresarlo. Para escribirlo, deje presionada la tecla **SHIFT** (o **MAYÚS**, según el teclado) y presione la tecla **–** (guión). Ojo, no confundir **-** con **"_"**.



## El teclado escribe cualquier cosa

Si tiene un teclado que está configurado en otro idioma, deberá cambiar la configuración. Para ello, siga estos sencillos pasos:

**1)** Vaya a **Inicio/Configuración/Panel de Control/Teclado**.

**2)** Haga clic en la lengüeta **Idioma**.

**3)** Presione el botón **Propiedades**.

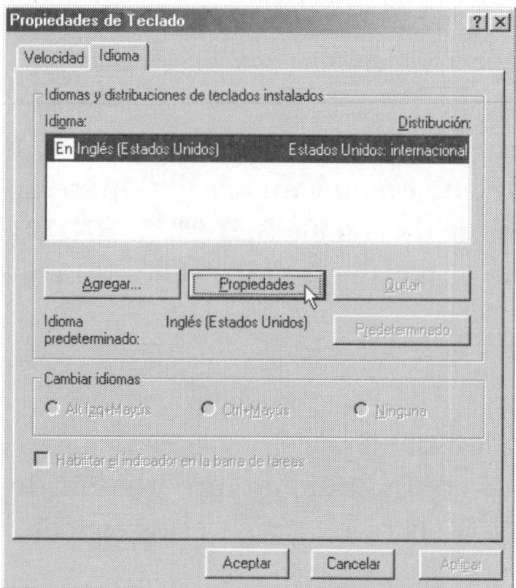


**4)** En donde dice **Distribución del teclado**, elija el que corresponde y haga clic en **Aceptar**.

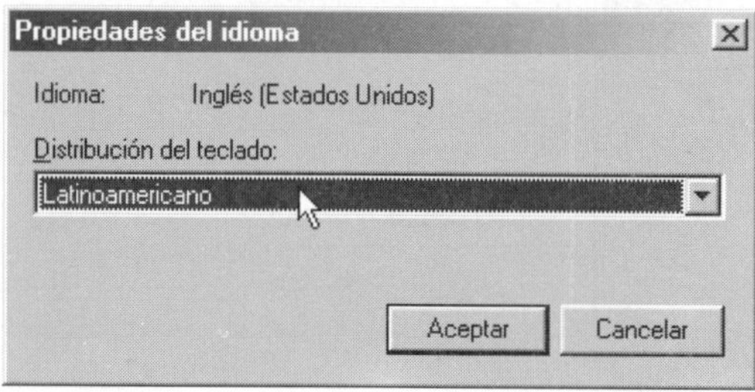


**5)** Presione nuevamente **Aceptar** y listo. El teclado ya está bien configurado.

## Con lo que aprendió en este capítulo, usted conoce:

- Cómo reconocer una dirección de correo electrónico y descifrarla.
- Cuál es el significado del símbolo "@".
- Que dependiendo del teclado que posea, la forma de escribir el símbolo anterior cambiará, como así también a configurar correctamente su teclado.

Luego de este capítulo, usted no tendrá problema alguno para manejarse con las direcciones de correo electrónico.



**Ejercicio práctico:**

Intente descifrar en estas direcciones cuál es el nombre de usuario, de qué tipo es el dominio (comercial, educativo, etc.) y a qué países pertenecen:

*pcusers@mponline.com.ar*, *julitka@starmedia.com*, *economia@veritas.edu.mx*, *rod2000@hotmail.com* y *vincent@lonnier.net.uk*.

CAPÍTULO 6

# CÓMO CONFIGURAR TODO

**Para poder utilizar el correo electrónico es necesario tener un programa o cliente de correo (como se los suele llamar). Aprenda en este capítulo cuál elegir, cómo conseguirlo e instalarlo y, lo más importante: cómo configurarlo. Es fundamental que no saltee preguntas como ¿Qué más tengo que configurar? para tener el programa listo y poder pasar al siguiente capítulo.**

20. ¿Cómo sé si tengo un programa de correo instalado en mi PC?
21. ¿Qué programa de correo elijo?
22. ¿Cómo consigo Outlook Express?
23. ¿Cómo instalo Outlook Express?
24. ¿Cómo hago para abir el programa de correo electrónico?
25. ¿Cómo configuro una cuenta de correo en mi PC?
26. ¿Qué más tengo que configurar?
27. Me dieron otra cuenta en el colegio/trabajo, ¿puedo usarla también?

## 20. ¿Cómo sé si tengo un programa de correo instalado en mi PC?

Si adquirió una computadora nueva, ésta seguramente vino con determinado software instalado. Es probable entonces que ya tenga un programa de correo en su PC. Si su sistema operativo es **Windows 98**, ya tendrá instalado por defecto el **Internet Explorer 4**, que incluye el cliente de correo **Outlook Express**.

Si tiene **Windows 95** (o si no está seguro de cuál es su sistema operativo), puede no tener este software. Para ver esto, vaya a **`Inicio/Programas`**, fíjese si hay una carpeta llamada **`Internet Explorer`**. En caso afirmativo, mire si se encuentra un acceso llamado **`Outlook Express`**. Si es así, ya tiene el programa instalado. Si no, deberá conseguirlo.

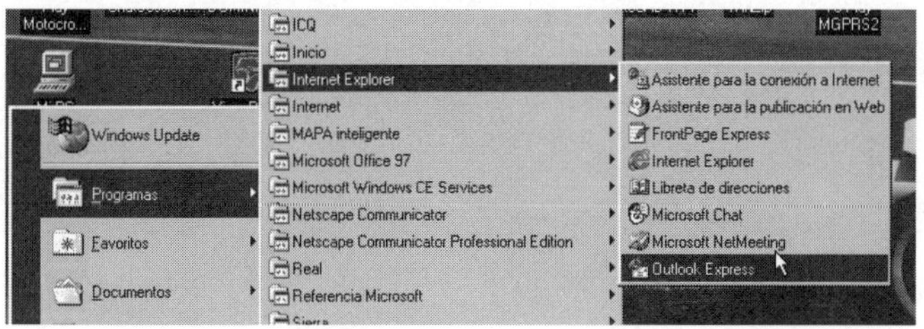


Si descubre que tiene algún otro programa de correo instalado (como Netscape Messenger, Eudora, Outlook 98, etc.), tendrá la opción de utilizarlo, ya que, a pesar de que este libro se basa en Outlook Express (por razones explicadas más adelante), no hay gran diferencia entre todos los clientes de correo. Sin embargo, Oultook tiene varias características interesantes que los demás programas no poseen, y que son explicadas y utilizadas aquí. Es por eso que es recomendable conseguirlo.

## 21. ¿Qué programa de correo elijo?

Si a usted le gustaba Columbo y quiere saber al principio quién es el asesino, le daré la respuesta: **Outlook Express**.

Ahora bien, si quiere saber cómo, cuándo y por qué se llegó a esa conclusión, puede pegar un vistazo a los sospechosos que han quedado en el camino:

### MS Exchange

Un antiguo y pobre programa de correo que venía con las primeras versiones de Windows 95. No soporta filtros ni mensajes HTML. Sin embargo, tiene un beneficio: permite bajar primero los encabezados (asunto, remitente y otros datos) de los mensajes, para después elegir cuáles descargar a su PC. De todas maneras, si tiene un ícono que dice `Exchange` o `Bandeja de entrada` en su escritorio, esté seguro de que ése no es para usted.

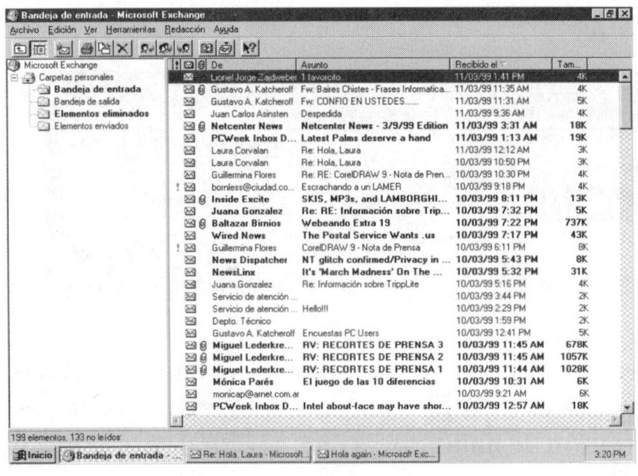


### Outlook 97

Un organizador personal que viene incluido con MS Office 97. Si bien como agenda y organizador diario es muy completo, como programa de correo deja bastante que desear. Esto se debe a que es bastante viejo, no soporta mensajes HTML, es complicado de usar y requiere una máquina relativamente buena para ser utilizado. Como punto bueno, brinda muchas opciones para organizar los mensajes. Igual saltéelo, este tampoco le servirá.

Más información en **www.microsoft.com/office**

### MS Internet Mail

Un simple programa de correo que venía junto con Internet Explorer 3. En la actualidad se ha vuelto casi obsoleto. Sin embargo, algunos proveedores lo siguen distribuyendo, gracias a la simplicidad de su uso. Elegir otro será la mejor opción.

### Eudora Light

Uno de los pocos programas que no son de Microsoft ni de Netscape y que además son muy utilizados. Fue uno de los primeros clientes de correo. Es bastante potente, aunque no tan fácil de utilizar, además de estar completamente en inglés. La versión gratuita carece de algunas funciones. Otro que queda en el camino.

Se puede bajar de **www.eudora.com**

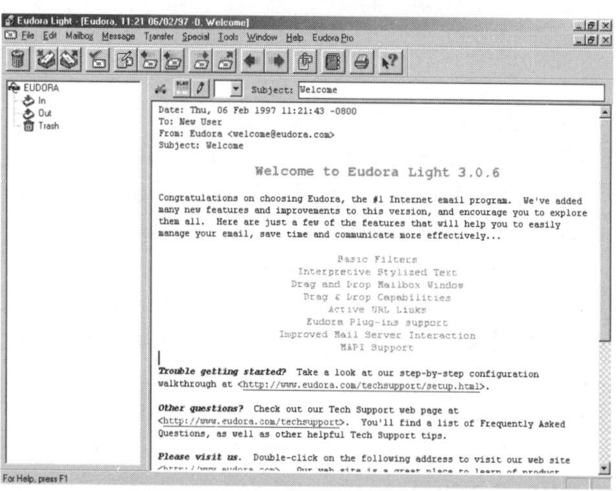

### Netscape Messenger

Un buen programa de correo. Es potente, fácil de usar, versátil y tiene algunas versiones en español. Viene incluido con Netscape Communicator desde la versión 4.0. Sin embargo, no es tan fácil de conseguir como los programas de Microsoft.

Si lo tiene en su PC y prefiere utilizarlo, no tendrá grandes inconvenientes para continuar con el libro, pero se perderá algunas funciones especiales interesantes de Outlook Express. Por ejemplo, la Libreta de direcciones.

Lo puede bajar de **www.netscape.com**

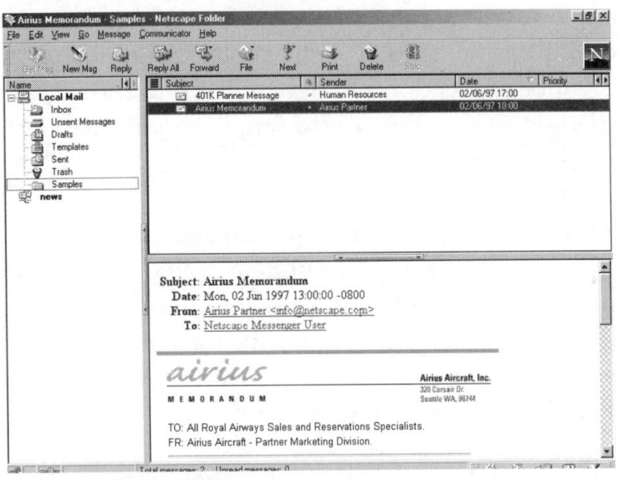

## MS Outlook 98

Un excelente programa aparecido poco tiempo atrás. Combina todas las caracerísticas de organizador diario de Outlook 97 (agenda, calendario, diario, contactos, tareas, notas) con la versatilidad como cliente de correo que tiene Outlook Express. En conjunto, es un muy buen paquete, todo en uno, muy potente, configurable y además, gratuito (como todos los programas analizados). Sin embargo, lo que hace que no sea elegido como el programa de correo a utilizar es que es bastante difícil de conseguir: la versión en castellano no puede ser bajada de Internet, y aunque se pudiese, "pesaría" demasiado. Además, tiene altos requerimientos. Si lo tiene (ya sea por que le vino en el CD de una revista o un amigo se lo prestó), úselo, ya que no verá muchas diferencias con Outlook Express.

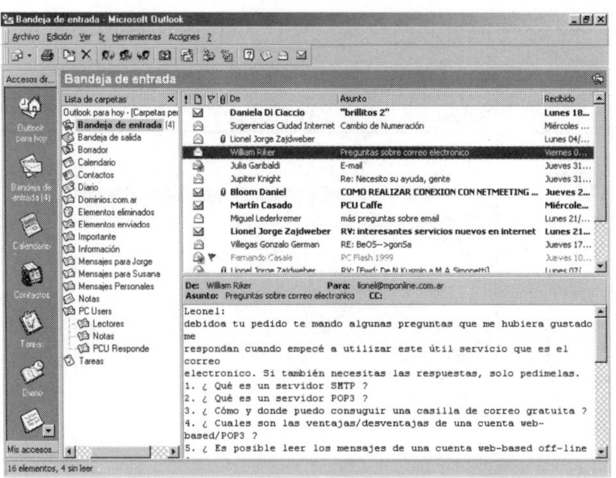

## Outlook Express

Este programa es el culpable. Elegido por varias revistas especializadas como uno de los mejores clientes de correo del año, Outlook Express es excelente: versátil, potente, completo y fácil de utilizar. Tiene todo lo que un programa de este tipo necesita, además de estar en español. Una de las características más importantes es que es el más sencillo de conseguir, si es que no lo tiene ya instalado en su computadora.

Ya se encuentra disponible en su versión 5.0.

Atrévase a descubrirlo y a sacarle el máximo provecho siguiendo con el libro.

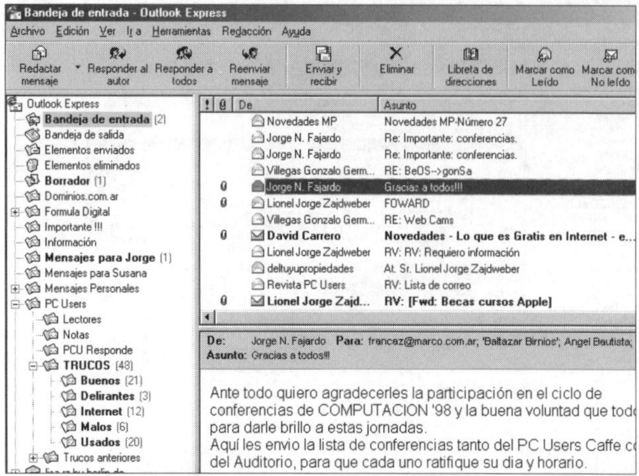


***¿Puedo tener más de un programa de correo en una misma PC?***

Se puede, mientras que un programa no sea la actualización de otro (sobreescribirá al anterior). Puede, por ejemplo, tener Outlook Express, Netscape Messenger, Eudora y Outlook 98 en una misma computadora. Sin embargo, si usted "baja" los mensajes en un programa, ya no los tendrá en el otro, y viceversa.

## 22. ¿Cómo consigo Outlook Express?

Afortunadamente, Outlook Express es un programa **fácil de conseguir**.

Lo primero que tiene que tener en cuenta es que es **gratuito**, por lo que si un amigo o familiar desea instalárselo, no tendrá ningún inconveniente en hacerlo. Otro punto importante es que Outlook Express es el cliente de correo que **viene junto al Internet Explorer** a partir de su versión 4.0, y no se puede conseguir por separado.

Hay varios medios para conseguir este programa, como:

### Por su proveedor de Internet

Cuando contrata una cuenta de Internet, su proveedor debe entregarle el software de conexión, navegador y programa de correo. Sin embargo, si le entrega un programa distinto, viejo o difícil de utilizar, es recomendable conseguir Outlook Express, incluido en Internet Explorer. Si su proveedor no quiere/puede dárselo, podrá obtenerlo por otros medios.

### Por la revista PC Users

Si usted es habitué de ésta, nuestra revista, sabrá que los 15 de cada mes lanzamos la revista PC Users Extra con CD-ROM. En esos CDs incluimos una gran cantidad de programas, entre los que se encuentran, como era de esperar, navegadores y programas de correo. Si tiene alguna de estas revistas o desea adquirirla, aquí tiene una tabla con los diferentes números en los que salió el Internet Explorer que, como dijimos, contiene a Outlook Express. Cuanto más nuevo, mejor:

| *Revistas en las que apareció Internet Explorer* | |
|---|---|
| **Revista** | **Versión** |
| Extra 4 | IE4 Beta 1 para Windows 3.1 |
| Extra 4 | IE4 Beta 2 para Windows 95 |
| Extra 5 | Internet Explorer 4 |
| Extra 6 | Internet Explorer 4.01 |
| Extra 7 | Internet Explorer 4.01 para Windows 3.1 |
| Extra 7 | Internet Explorer 4.01 para Windows 95 |
| Extra 14 | Internet Explorer 5 Beta 2 |
| **Extra 16** | **Internet Explorer 4 SP1** |
| **Extra 19** | **Internet Explorer 5 Final** |

***Beta***

Si un programa está en versión "beta", significa que aún no está terminado. Los fabricantes lanzan en forma gratuita a determinados usuarios versiones beta de sus productos, con la finalidad de que éstos les reporten todos los fallos y falencias que el programa pudiera tener. De esta manera, los corrigen en la versión final. Si instala una versión beta, puede que el programa sufra de cuelgues y errores ocasionales.

### Por Internet

El Internet Explorer también puede ser bajado de Internet.

1) Con su navegador de Internet, vaya a **www.browsers.com**.
2) Haga clic en `Internet Explorer`.
3) Vaya a `Downloads/Internet Explorer with Outlook Express`.
4) Clic en `Download Now`.
5) Listo, el programa se empezará a bajar (ojo, que es muy pesado).

### Por algún conocido

Como el Microsoft Internet Explorer es un programa gratuito de libre distribución, si algún conocido le ofrece instalarlo en su máquina no tendrá inconveniente legal alguno. De la misma manera, usted puede ofrecerle el soft a amigos suyos.

Una vez que consiguió el programa, puede pasar a la siguiente pregunta para ver cómo instalarlo.

## 23. ¿Cómo instalo Outlook Express?

Como dijimos en repetidas oportunidades, Outlook Express viene incluido junto a Internet Explorer. Por lo tanto, para poder usarlo, debe instalar este último. Claro está que si ya tiene copiado el programa en su PC, no necesitará hacer esto.

### Paso a Paso

Para instalar Internet Explorer (en su versión 4):

1) Ejecute el archivo de instalación. Su ubicación dependerá de dónde esté instalándolo. Por lo general, se llama **IE4SETUP.EXE** o similar.

2) Aparecerá un menú paso a paso. Haga clic en **Siguiente**, seleccione **Acepto el contrato** y presione nuevamente **Siguiente**.

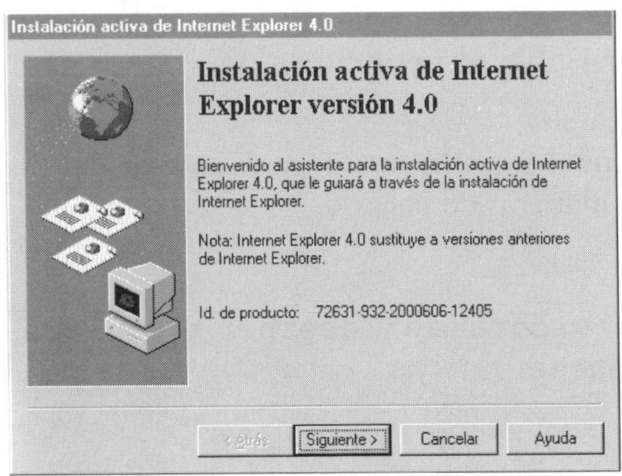

**3)** El programa preguntará si desea activar la actualización del escritorio. Como esto no hará más que marearlo, ya que cambiará la forma en que ve las carpetas y cliquea los íconos, es aconsejable elegir **NO**. Presione **Siguiente** en esta pantalla y la que viene.

**4)** Se copiarán los archivos. La máquina reiniciará y ya tendrá Internet Explorer con Outlook Express instalado.

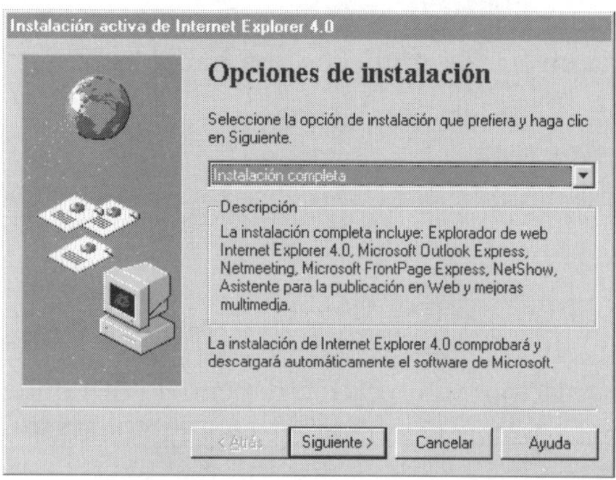


Outlook ya está en su PC. Pase a las siguientes preguntas para configurarlo.

## 24. ¿Cómo hago para abir el programa de correo electrónico?

Éste es, obviamente, el primer paso para trabajar con los mensajes. Hay tres maneras de hacerlo.

**La clásica:**

Vaya a **Inicio/Programas/Internet Explorer/Outlook Express**.

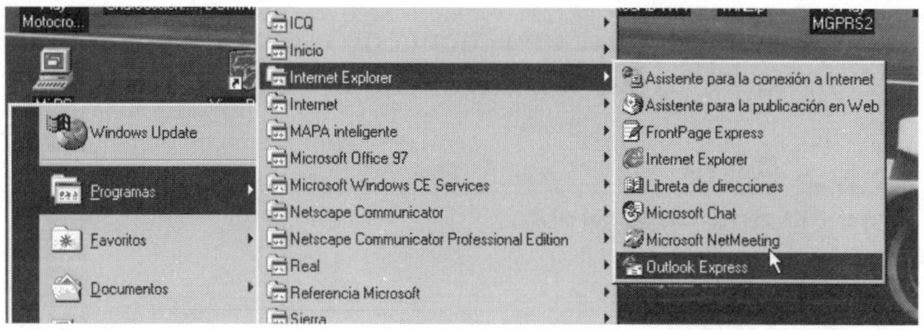


**Inicio rápido:**

Haga clic en el pequeño botón de un sobre que aparece en su barra de herramientas.

**Escritorio:**

Minimice toda ventana que pudiera tener abierta y haga doble clic sobre el ícono que dice **Outlook Express** en el Escritorio.

**Ejecutar:**

Esta viene de yapa. Vaya a **Inicio/Ejecutar**, escriba **outlook express** y presione **ENTER**.

Si cuando abre por primera vez Outlook Express, éste intenta conectarse con su proveedor, presione rápidamente **Cancelar** y siga los pasos que aparecen en la pregunta 26 (*¿Qué más tengo que configurar?*) para que esto no suceda.

## 25. ¿Cómo configuro una cuenta de correo en mi PC?

Si su proveedor ya le configuró manualmente o mediante un programa una cuenta de correo, podrá saltear esta pregunta. Sin embargo, le será útil saber cómo configurar una cuenta para incluir otras o no tener que llamar al soporte técnico si, por ejemplo, cambia de PC.

Si bien configurar una cuenta no es un proceso complicado, tiene varios pasos. Veamos qué debe hacer en cada uno:

## ✗ Paso a Paso

1) Abra el Outlook Express.

2) Si es la primera vez que lo inicia, aparecerá directamente el asistente para crear una nueva cuenta. Si no es así, o desea agregar otra, vaya al menú **`Herramientas/Cuentas/Agregar/Correo`**.

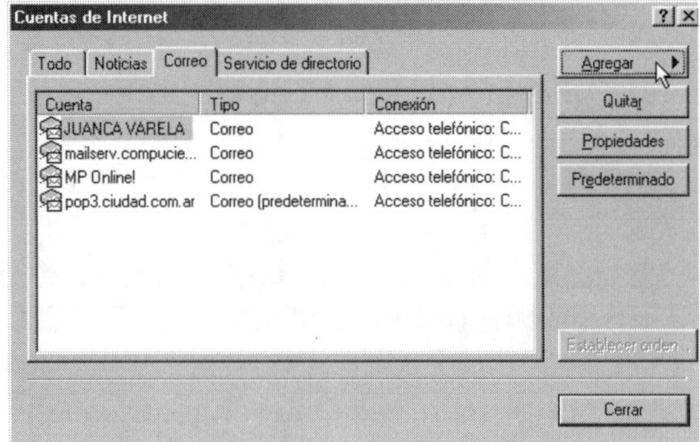


3) Aparecerá un asistente para la creación de la cuenta. En el primer paso, deberá ingresar su nombre en el recuadro a la derecha de donde dice **`Nombre completo`**. Lo que escriba figurará como remitente para la persona a la que le enviemos un mensaje. Por lo tanto, si prefiere que los mensajes lleguen, por ejemplo, a nombre de su empresa, escriba el nombre de ésta allí. Cuando termine, presione **`Siguiente`**.

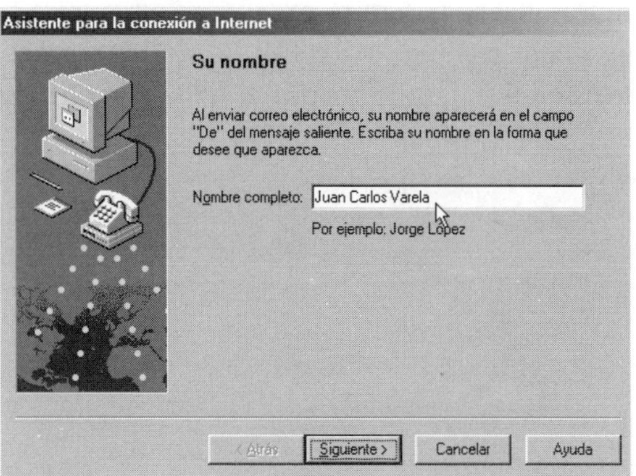

**4)** En `Dirección electrónica`, escriba su **dirección de e-mail**. Recuerde hacerlo todo en minúsculas y sin espacios. Luego, haga clic en `Siguiente`.

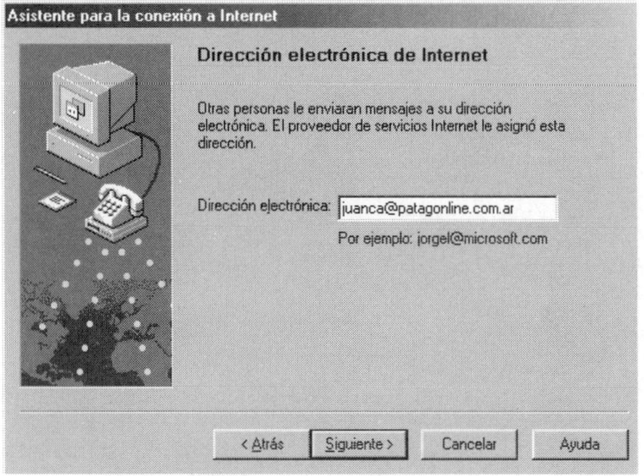

**5)** En la próxima pantalla, se le pedirá que ingrese los **servidores de correo** de su proveedor (POP3 y SMTP). Si no los conoce, consúltelos a su proveedor. Cuando termine, haga clic en **Siguiente**.

**6)** Seleccione **Iniciar sesión utilizando**. En **Nombre de cuenta POP**, ingrese su nombre de usuario, mientras que en **Contraseña** escriba su clave. Recuerde hacer esto siempre en minúsculas y sin espacios. Presione **Siguiente**.

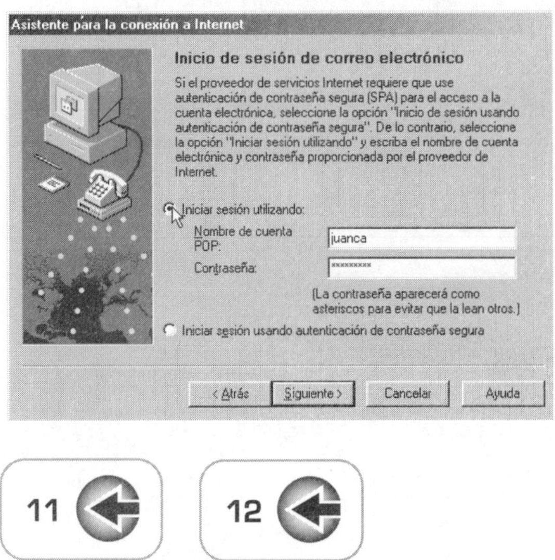


11 12

**7)** En la siguiente pantalla se le pide que ingrese un nombre para identificar la cuenta. Por defecto, aparece el servidor de correo. Sin embargo, usted puede darle el que desee. Escríbalo y haga clic en **Siguiente.**

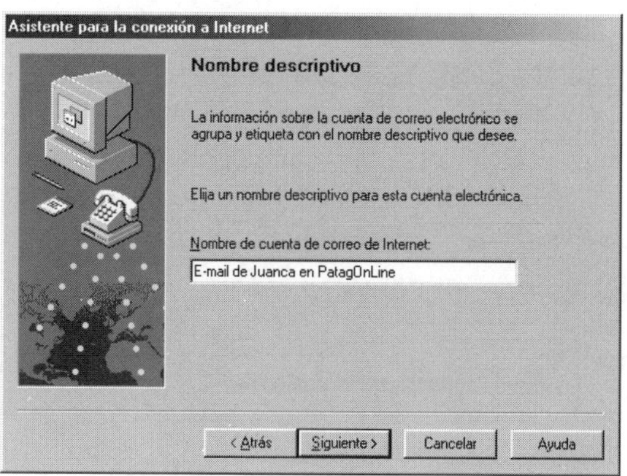


**8)** Aparecerá una ventana en la que deberá elegir por qué medio se comunica a Internet. Si posee un módem telefónico común (el 99% de los casos), elija **Conectar por medio de la línea telefónica**. Luego, **Siguiente**.

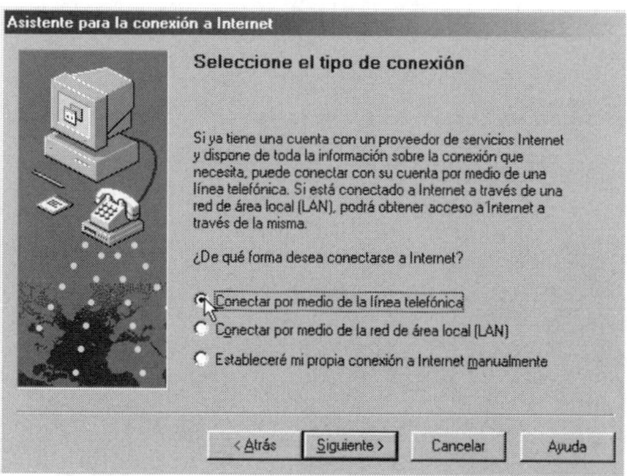

Cómo configurar todo 6

**9)** Elija **Usar una conexión de acceso telefónico a redes existente**, y seleccione la que tiene el nombre de su proveedor en el recuadro de abajo. Haga clic en **Siguiente**.

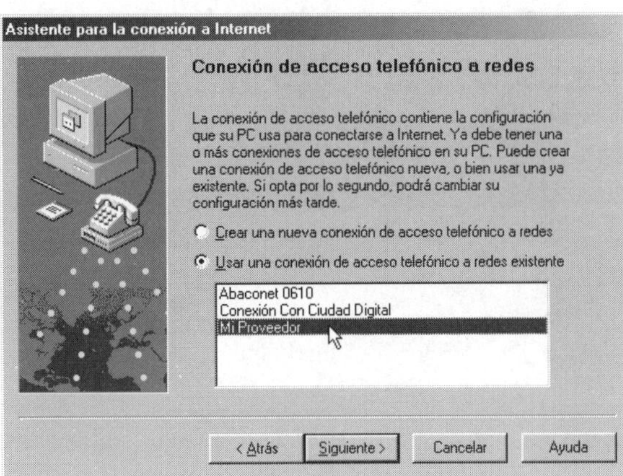


**10)** ¡Felicitaciones! Llegó al final. Para terminar presione **Finalizar** y luego, en la otra pantalla, **Cerrar**

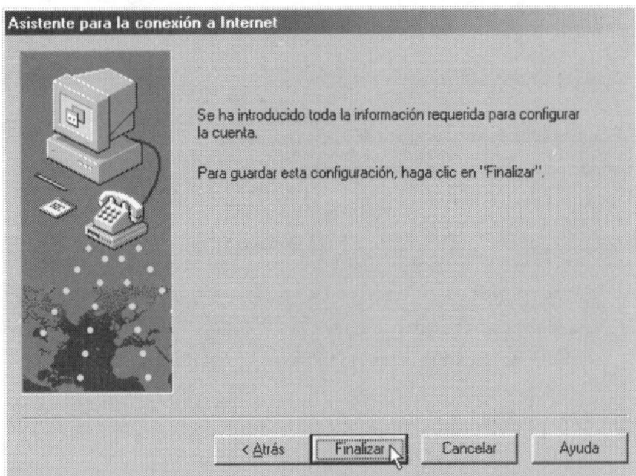


Lo que ahora deberá hacer es configurar algunas opciones del programa, para entonces, sí, poder utilizar sin problemas el correo electrónico. Diríjase sin falta a la siguiente pregunta.

## 26. ¿Qué más tengo que configurar?

Teniendo ya configurada la cuenta de correo, lo que falta es modificar ciertas opciones del Outlook Express. Siga estos pasos, y verifique que le quede tal como aparece en las imágenes.

**Paso a Paso**

1) Abra el Outlook Express. Si el programa intenta conectarse, haga clic en `Cancelar` para detenerlo.

2) Vaya al menú `Herramientas/Opciones`. Encontrará una ventana con 6 lengüetas. Modifique las opciones que sean necesarias para que queden **exactamente** como en las pantallas.

3) **General**: Si usted prefiere que todos los mensajes que eliminó se borren definitivamente cada vez que cierra el programa, puede opcionalmente marcar la casilla `Vaciar la carpeta "Elementos eliminados" al salir`. Por su parte, `Al comenzar, ir directamente a la "Bandeja de entrada"` hará que no pierda tiempo con el menú inicial que aparece cuando abre el programa.

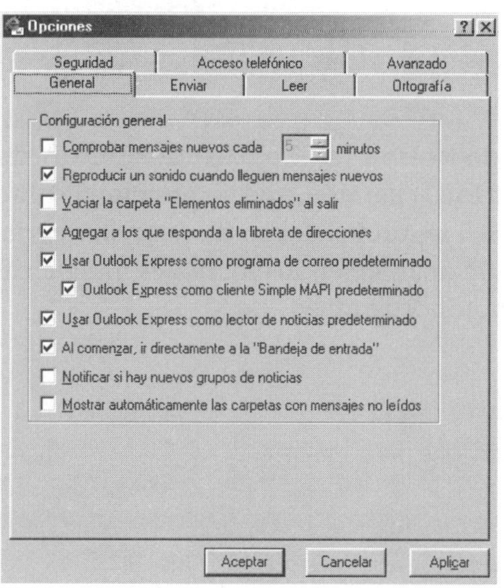

**4)** **Enviar**: Al enviar **`Texto sin formato`**, hará que todos los mensajes que envíe puedan ser leídos correctamente por cualquier destinatario. **`Guardar una copia de mensajes enviados en "Elementos enviados"`** servirá para que tenga un registro de los mensajes que mandó.

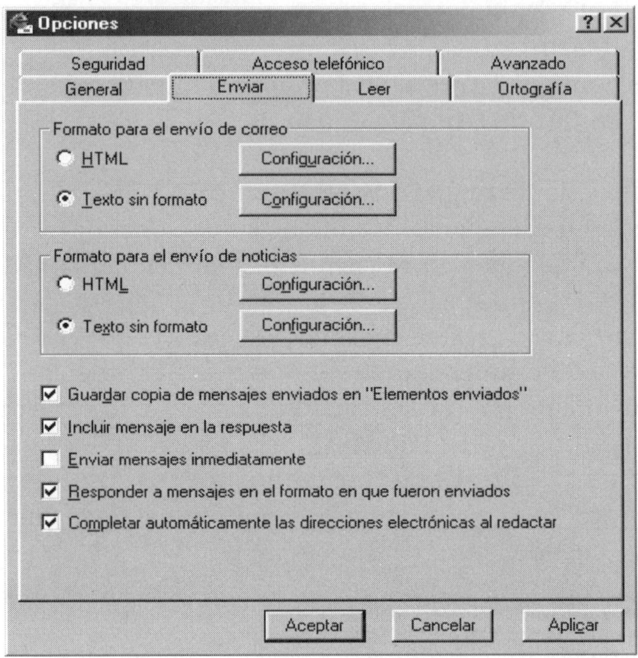


**5)** **Leer**: Si está marcado **`Mensaje leído después de verse 5 segundos`**, cuando usted se posiciona sobre un mensaje nuevo, a los 5 segundos dejará de estar en negrita. Si no le gusta la fuente que aparece en los mensajes, puede cambiarla presionando el botón **`Fuentes`**.

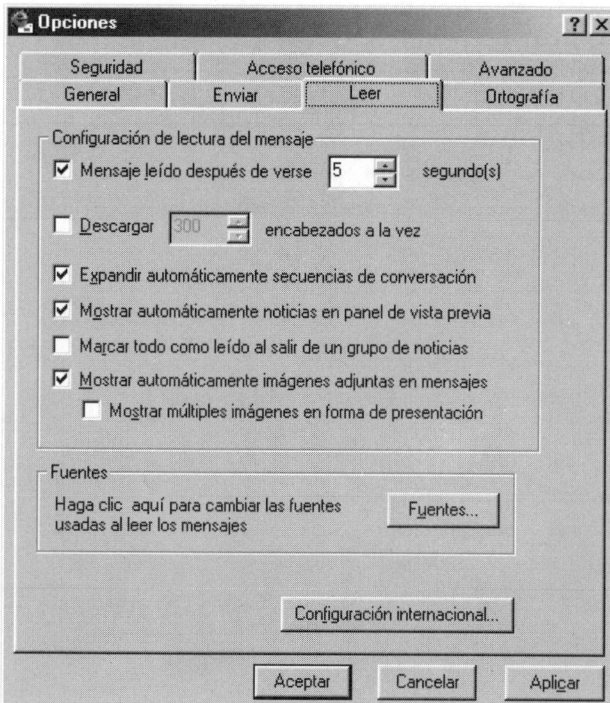


**6)** **Ortografía**: Si desea que su ortografía sea corregida todas las veces que envía un mensaje (poco práctico), puede también seleccionar las dos casillas de Opciones generales. Sin embargo, si desea comprobar la ortografía de un mensaje en particular, no tiene más que presionar la tecla **F7** cuando haya terminado de escribirlo. Si va a escribir mensajes en otros idiomas (inglés, por ejemplo) deberá cambiarlo donde dice **Idiomas**.

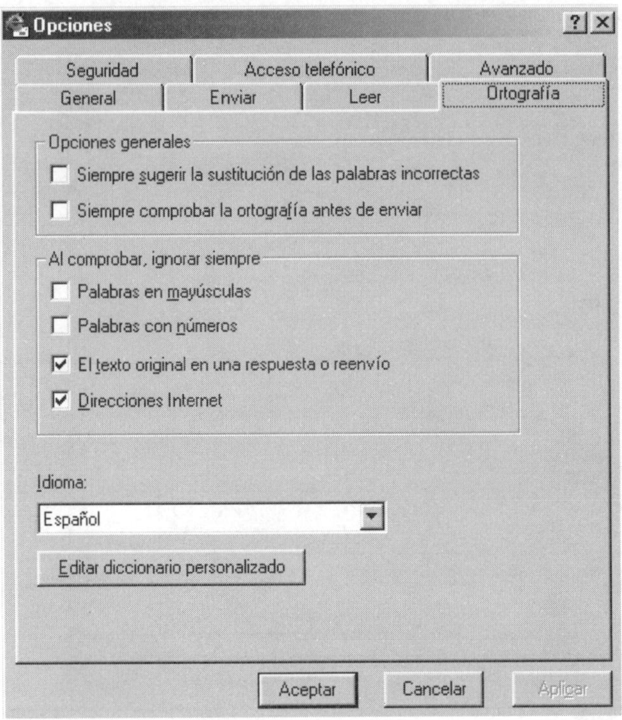


7) **Acceso telefónico**: **`No usar una conexión`** al iniciar el programa hará que no gaste pulsos telefónicos innecesarios y pueda escribir y leer mensajes estando desconectado. Es importante que no esté seleccionada la opción **`Colgar al finalizar de enviar, recibir o descargar`**, ya que si desea comprobar el correo mientras está navegando, la comunicación se cortará.

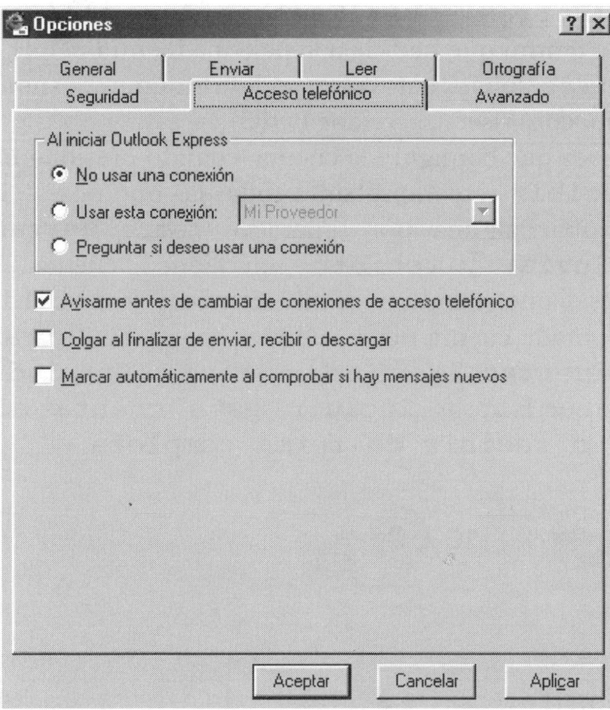


8) **Seguridad y Avanzado:** Estas opciones no deben, por ahora, modificarse.

Listo, ya tiene todo configurado. Outlook Express está listo para ser usado.

## 27. Me dieron otra cuenta en el colegio/trabajo, ¿puedo usarla también?

B Una de las mejores características que posee Outlook Express es la habilidad para manejar varias cuentas. Usted puede utilizar todas las que desee.

Agregar una cuenta secundaria es igual que crear una común (**Herramientas/Cuentas/Agregar/Correo**). Lo que tendrá que pedirle a la persona o entidad que le otorga la cuenta son los datos para poder configurarla (nombre de usuario, contraseña, servidor POP3).

Una vez que configure la cuenta, cuando presione **Enviar y recibir** se comprobarán todas las que posea. Si desea comprobar alguna por separado, vaya a **Herramientas/Enviar y recibir** y seleccione la cuenta.

Si desea que cuando presione **Enviar y recibir** una determinada cuenta no se compruebe, vaya a **Herramientas/Cuentas**. Selecciónela, presione en **Propiedades** y desmarque la casilla **Incluir esta cuenta al enviar o recibir de forma completa**.

Incluir esta cuenta al enviar o recibir de forma completa

Usted también puede obtener cuentas en forma gratuita. Entérese cómo en la pregunta 70.

## Con lo que aprendió en este capítulo, usted conoce:

- Cómo ver si tiene un programa de correo instalado en su PC.
- Que Outlook Express es la mejor opción a la hora de elegir un programa de este tipo.
- Cómo puede conseguir Outlook Express.
- Cómo instalar el programa.
- Que hay diversas formas de abrir Outlook Express.
- Cómo debe hacer para configurar una nueva cuenta de correo en su PC.
- Qué otras importantes opciones debe configurar en su programa.
- Cómo configurar varias cuentas de correo en una misma PC.

Luego de este capítulo, usted ya estará listo para aprender a utilizar el correo electrónico, teniendo todo el software necesario configurado.

**Ejercicio práctico:**

Cree una cuenta adicional ficticia con los datos de un personaje famoso, y luego elimínela.

## CAPÍTULO 7

# ENVIAR MENSAJES

**Éste es sin dudas uno de los capítulos más importantes del libro. Aquí aprenderá el arte de enviar mensajes. Este capítulo representa una base para todos los demás. Aprenderá también otros trucos, como enviar mensajes a varias personas a la vez o cómo escribirlos en Word. Si nunca envió un mensaje, lea este capítulo y hágalo ahora.**

## 28. ¿Cómo envío mensajes?

Seguramente, lo primero que ud. querrá hacer es mandar un mensaje a un amigo o familiar. El proceso, de manera similar al correo común, implica tres pasos:

1) Escribir el "sobre".
2) Redactar la carta.
3) Enviar el mensaje.

Se encontrará haciendo esto a menudo. El procedimiento que tendrá que seguir, paso más paso menos, para poder mandar sus mensajes, es éste:

**Paso a Paso**

**Escribir el "sobre"**

1) Abra Outlook Express. Observará que hay un botón llamado `Redactar mensaje`. Haga clic allí.

2) Aparecerá una nueva ventana. Ésta es la denominada **Pantalla de creación de mensajes** (puede observar la guía visual que aparece más adelante). Desde aquí escribirá los mensajes que envíe.

Enviar mensajes 7

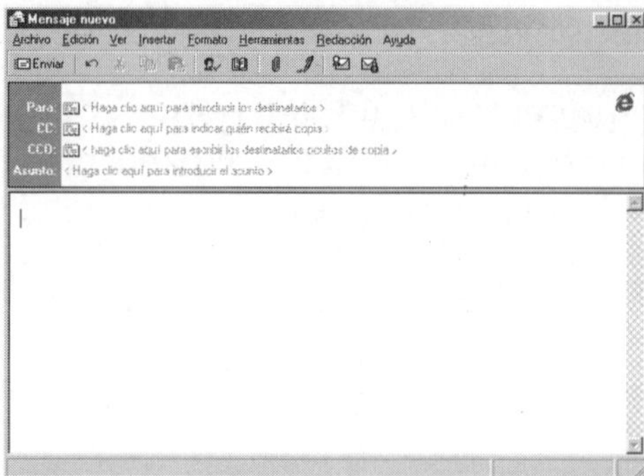


**3)** Primero escriba en `Para` la **dirección de correo electrónico** de la persona a la que desea enviar el mensaje (¡ojo, no la suya!). Recuerde escribirla sin espacios y en minúsculas. Por ahora, deje los casilleros **CC** y **CCO** libres.

**4)** En `Asunto`, deberá escribir el **título** del mensaje. Debe referir se al tema que tratará la carta que usted está enviando.

### Redactar la carta

**5)** Luego de completar los datos del destinatario, llega el momento de escribir (redactar, para ser más formales) la carta. Debe hacerlo en el rectángulo blanco de abajo. Haga clic en cualquier parte de él para poder escribir. Redacte el texto que quiere enviar, de manera similar a como haría con una carta común y corriente. Sin embargo, tenga en cuenta que los mensajes de correo electrónico suelen ser más cortos.

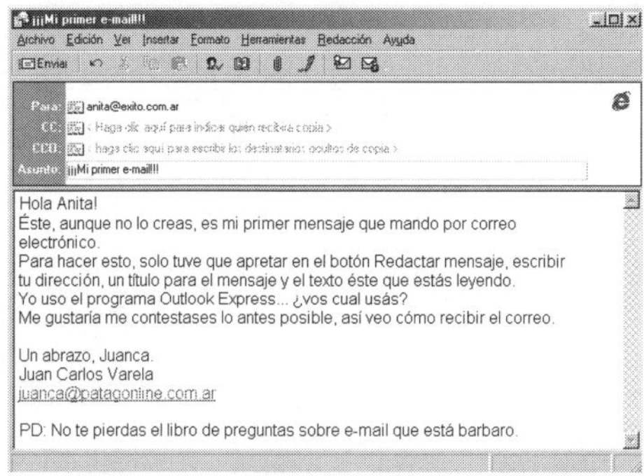


*Como recién sacado del horno, el mensaje está lísto para ser enviado.*

### Enviar el mensaje

**6)** Una vez que escribió toda la carta, y está satisfecho con la misma, presione el botón **Enviar**.

**7)** Al contrario de lo que supone, el mensaje aún no se envió, sino que trasladó a la **Bandeja de salida** (verá que esa bandeja está resaltada y hay un "1" a su derecha, indicando los mensajes que quedan por enviar).

Si un mensaje se encuentra en esta bandeja, significa que se enviará la próxima vez que se conecte y la "vacíe".
Antes de enviar definitivamente su mensaje, tiene la posibilidad de escribir otros, para mandarlos todos juntos y así ahorrar en pulsos telefónicos.

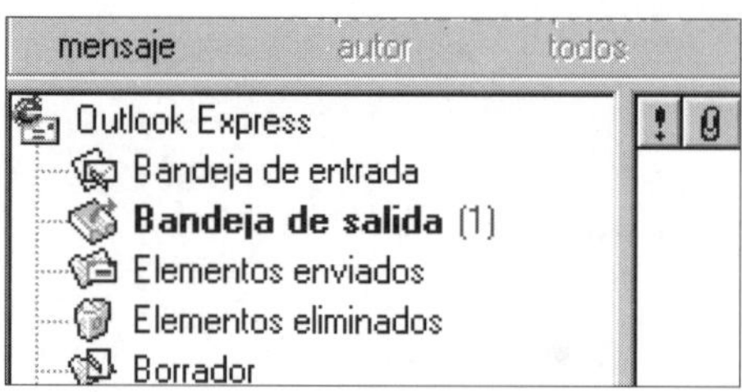


***Si se arrepintió***

Si desea cambiar algo del mensaje, o directamente no enviarlo, todavía está a tiempo. Haga clic en Bandeja de salida y doble clic sobre el mensaje para abrirlo. Si no quiere que éste se envíe, simplemente márquelo y presione Eliminar.

8) Ahora sí podrá enviar definitivamente su mensaje. Para esto, presione el botón `Enviar y recibir`. Se activará la conexión con su proveedor.

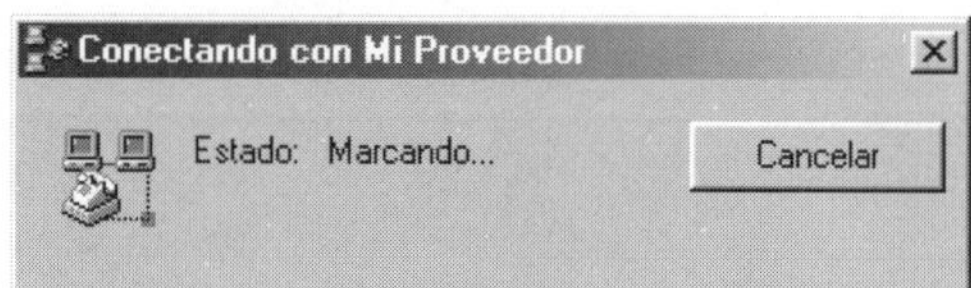


***Enviar y recibir***

Es el proceso por el cual se envían los mensajes que se hayan escrito, ubicados en la Bandeja de salida, y se reciben los que le hayan mandado, que se depositan en la Bandeja de entrada.

***¿Qué pasa cuando me conecto?***

Cada vez que se conecte aparecerá una nueva ventana que dirá `Conectando con` y el nombre de su conexión. El módem levantará la línea, discará, se pondrá "de acuerdo" con el del proveedor, comprobará que el nombre de usuario y la contraseña que haya ingresado sean correctos, y una vez finalizado este proceso automático (que suele durar de 15 a 30 segundos), estará conectado. Si esto no sucede, verifique que el módem esté bien conectado a la línea, y que nadie esté usando el teléfono.

9) Una vez conectado, el programa automáticamente enviará todos los mensajes que haya creado (puede ser ninguno) y se fijará si tiene alguno en su buzón electrónico de su proveedor. En caso afirmativo, lo traerá hasta su PC. Luego de enviarse su mensaje, éste se depositá en la carpeta de "Elementos enviados". Si se encuentra allí, es señal de que se envió.

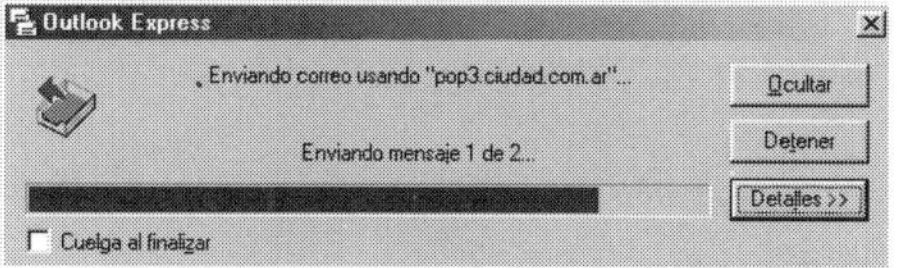


10) Cuando el proceso de enviar y recibir mensajes termine, tendrá que **cortar la comunicación**, a menos que desee seguir utilizando Internet para, por ejemplo, navegar.
Para cortar, haga doble clic sobre el ícono de conexión que aparece en la barra de tareas y seleccione `Desconectar`.

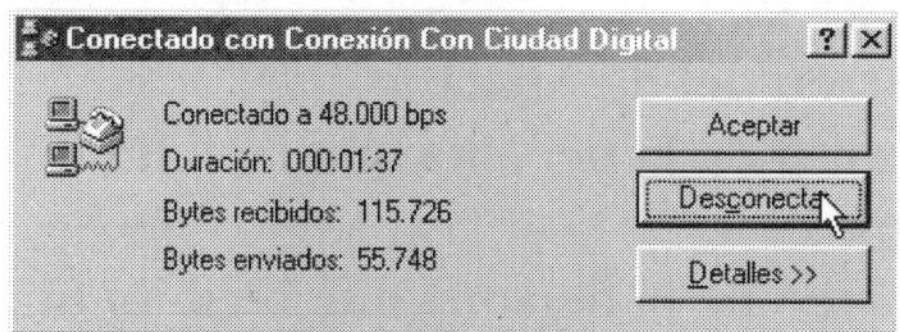


Si no se da cuenta de cómo cortar, cierre el programa. Aparecerá un mensaje que lo invitará a terminar la comunicación.

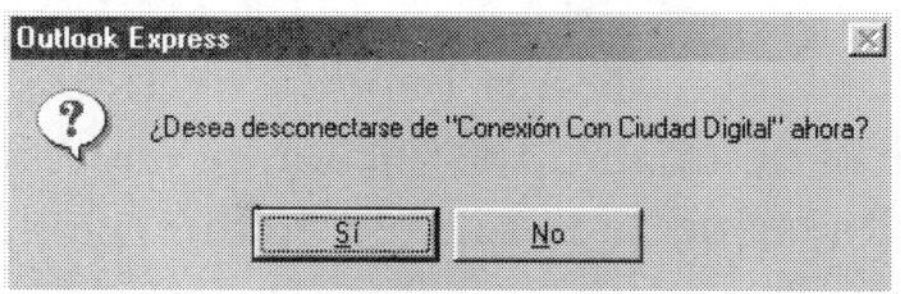

# PANTALLA DE REDACCIÓN DE MENSAJES.

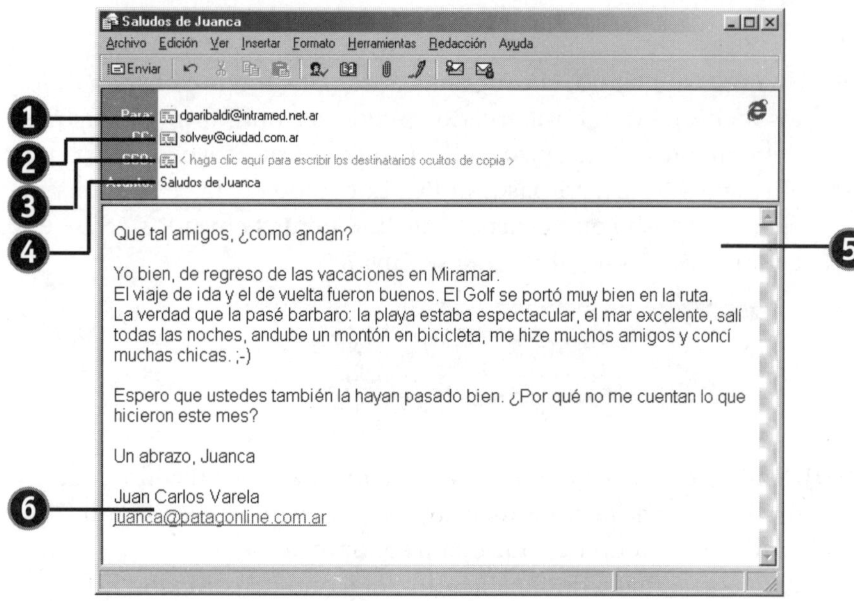


1. Dirección de correo del destinatario.
2. Dirección de correo de la persona que recibirá una copia del mensaje.
3. Dirección de correo de la persona que recibirá una copia oculta del mensaje.
4. Asunto o título del mensaje.
5. Zona donde escribir el texto del mensaje.
6. Firma.
7. Botón que envía el mensaje a la Bandeja de salida.
8. Comprueba que el destinatario se encuentre en la libreta.
9. Selecciona destinatarios de la Libreta de direcciones.
10. Adosa un archivo al mensaje.
11. Inserta la firma automática.
12. Firma digitalmente el mensaje.
13. Encripta el mensaje.

Felicitaciones, ya envió su primer mensaje. Ya que está, mándeme uno a mí (mi dirección es lionel@mponline.com.ar) y cuénteme cómo anduvo todo.

## 29. Me aparecen otros casilleros para completar, ¿qué tengo que poner?

Cuando en la pregunta anterior vimos cómo escribir el "sobre" con los datos del destinatario, sólo completó el casillero **Para** y **Asunto**. Sin embargo, hay otros dos que también son utilizados: **CC** y **CCO**.

CC: < Haga clic aquí para indicar quién recibirá copia >
CCO: < haga clic aquí para escribir los destinatarios ocultos de copia >

### CC

El casillero CC (Con Copia) le permite enviar **una copia del mensaje que está escribiendo a otra persona además del destinatario principal**. Un ejemplo: si quiere contar que aprobó un difícil examen a un par de amigos, no tendrá que escribir el mensaje dos veces; simplemente coloque la dirección de uno en el casillero **Para** y la del otro en **CC**. Así de simple.

### CCO

El casillero CCO (Con Copia Oculta) cumple una función similar a la del CC, pero con una sutil diferencia: el **destinatario principal no se entera de que está enviando el mismo mensaje a otra persona**. ¿Para qué puede servir? Por ejemplo, suponga que quiere mandar un mensaje a su tío, e informarle a su tía (sin que su tío sepa nada) qué es lo que le escribe. (¡Qué familia!)

Un dato interesante: es posible agregar más de un destinatario en cualquiera de los campos (**Para**, **CC** o **CCO**). Esto se hace escribiendo el símbolo ";" entre dirección y dirección. De esta manera, podrá enviar un mismo mensaje a todas las personas que desee.

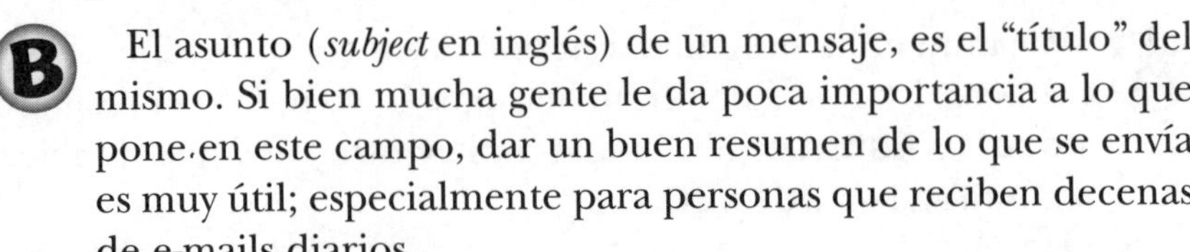

## 30. ¿Qué tengo que escribir en el Asunto del mensaje?

El asunto (*subject* en inglés) de un mensaje, es el "título" del mismo. Si bien mucha gente le da poca importancia a lo que pone en este campo, dar un buen resumen de lo que se envía es muy útil; especialmente para personas que reciben decenas de e-mails diarios.

Es conveniente dar una breve explicación sobre el contenido del mensaje, para que el destinatario pueda priorizar o dejar para más tarde el leerlo y contestarlo. Un asunto tipo "¡Hola!", de poco sirve. En cambio, otro como "Lo que me pasó en las vacaciones" hará que la otra persona sepa de qué trata el mensaje.

Una costumbre que nunca está de más.

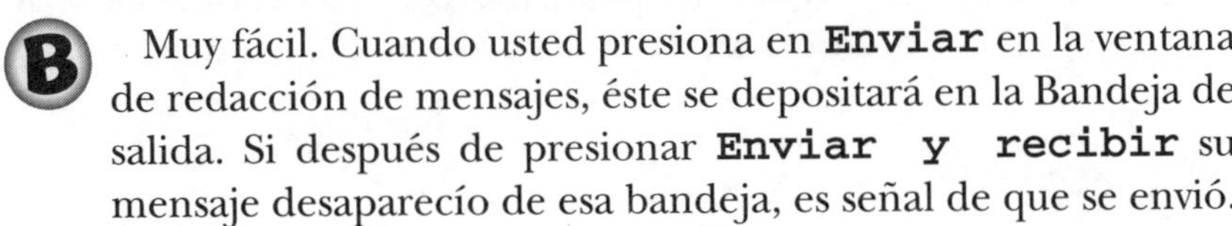

## 31. ¿Cómo puedo saber si un mensaje se envió?

Muy fácil. Cuando usted presiona en **Enviar** en la ventana de redacción de mensajes, éste se depositará en la Bandeja de salida. Si después de presionar **Enviar y recibir** su mensaje desaparecío de esa bandeja, es señal de que se envió.

Si el mensaje llegó a destino y fue leido por el destinatario, es otra historia.

## 32. ¿Cómo contesto un mensaje que me llegó?

Para responder a una persona que le envió un mensaje, volver a escribir todos los datos del destinatario (el "sobre") nuevamente, es poco práctico. Más, si no conoce la dirección de ésta.

Es por eso que gracias a la función **Responder al autor**, usted podrá contestar mensajes en forma rápida y sencilla:

### Paso a Paso

1) Seleccione el mensaje a responder haciendo clic sobre él.

2) Presione el botón `Responder al autor`

3) Aparecerá la ventana de redacción de mensajes con el destinatario correspondiente, el asunto precedido por **RE:** (respuesta a) y el mensaje original al que responde. De esta manera, la otra persona sabrá qué le está contestando.

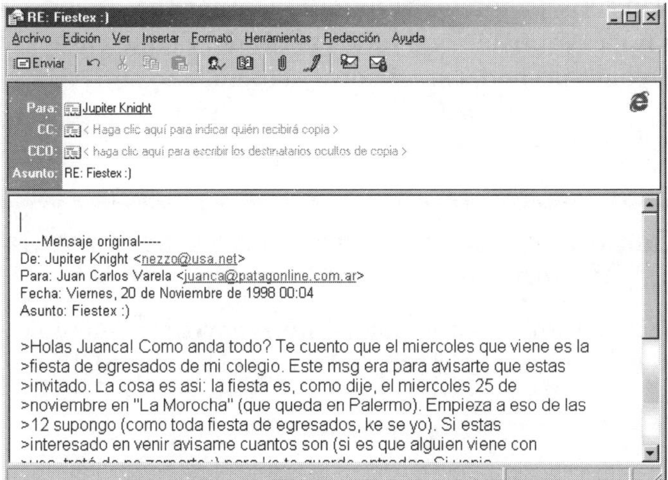

**4)** Lo único que deberá hacer es escribir la contestación. Hágalo, presione **`Enviar`** y luego **`Enviar y recibir`** para mandar su mensaje.

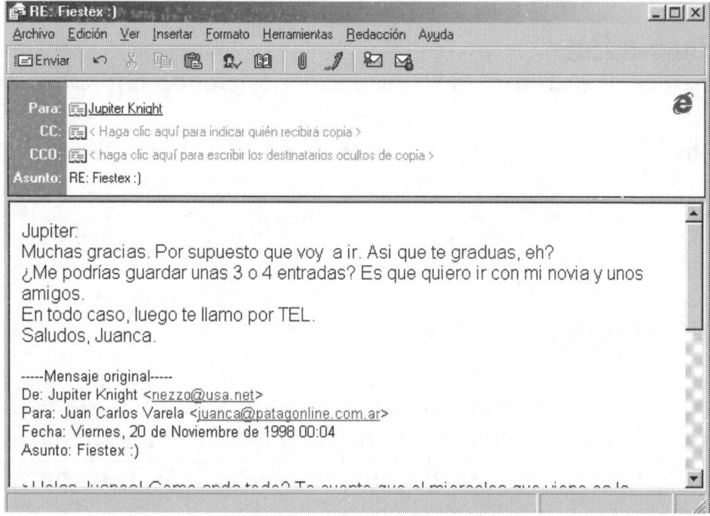


Un consejo: intente responder los mensajes cuando lleguen. Si no, es probable que luego se olvide. El que envió el mensaje, como no podía ser de otra manera, enojado.

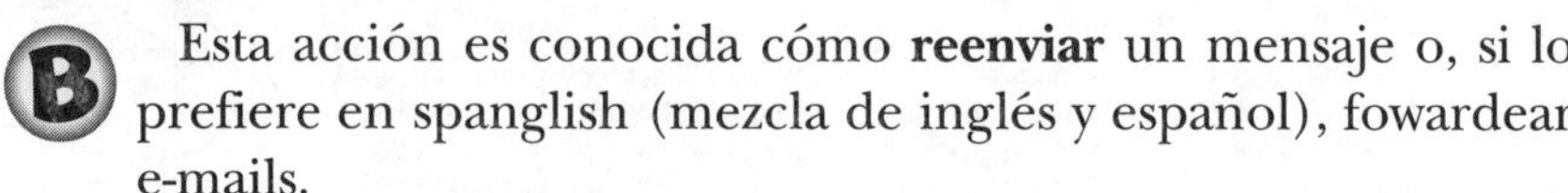

## 33. ¿Cómo hago para enviarle a otra persona un mensaje que me mandaron a mí?

**B** Esta acción es conocida cómo **reenviar** un mensaje o, si lo prefiere en spanglish (mezcla de inglés y español), fowardear e-mails.

Reenviar mensajes es muy utilizado y fácil de hacer. Puede servir para, por ejemplo, enviar a un amigo o pariente cercano un mensaje cómico que le hayan enviado. De la misma manera, puede reenviar cierta información que un empleado de su empresa le haya dado, hacia su jefe.

**Para reenviar mensajes:**

## Paso a Paso

1) Marque el mensaje que desee reenviar.

2) Presione en el botón **Reenviar mensaje**.

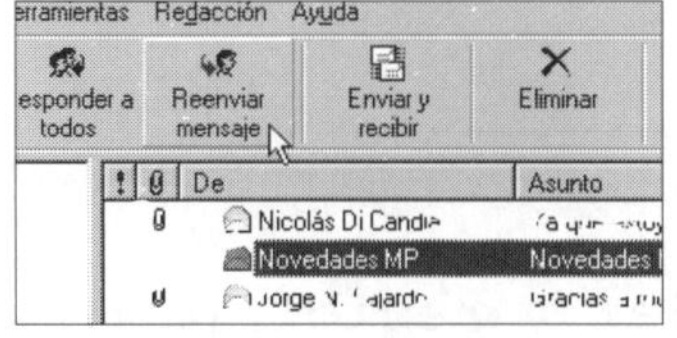


3) Aparecerá la pantalla de redacción de mensajes con el mensaje original que usted desea reenviar.

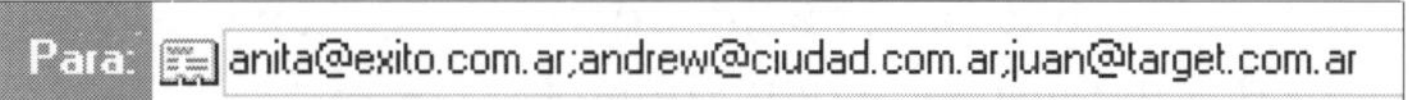


3) Ingrese en **Para** la dirección de la o las personas a las que desea reeenviar el mensaje. Si quiere, escriba un pequeño texto explicando por qué envía ese e-mail.

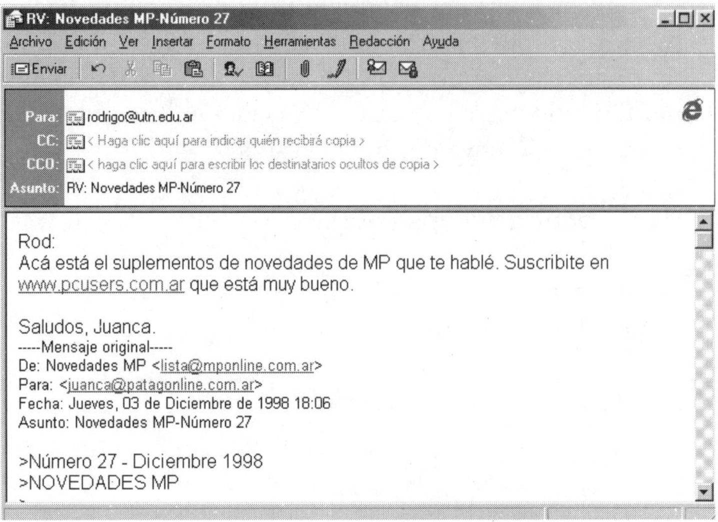


**5)** Presione **Enviar** y luego **Enviar y recibir** para finalmente mandar su mensaje.

Un consejo: reenvíe cosas que resulten interesantes para los demás. Si se la pasa mandando chistes o textos sin relevancia, los destinatarios pueden enojarse.

## 34. ¿Cómo hago para enviar un mismo mensaje a varias personas a la vez? ¿Y si no quiero que se enteren a quiénes lo envío?

Usted puede enviar un mismo mensaje a muchas personas, sin necesidad de reescribirlo varias veces. Esto le puede ser útil a la hora de comentar una noticia importante a, por ejemplo, todos sus familiares en el exterior.

Para escribir a muchas personas, escriba en **Para** las direcciones de correo electrónico de éstas, separándolas por el símbolo "**;**".

Para: anita@exito.com.ar;andrew@ciudad.com.ar;juan@target.com.ar

Otra opción es hacer clic en la tarjeta que aparece a la derecha, y seleccionar varios destinatarios de la Libreta de direcciones.

Si lo que desea es escribir a varias personas a la vez pero que éstas **no sepan** a quiénes está enviando el mensaje, simplemente haga lo mismo que en el caso anterior, pero escribiendo o seleccionando las direcciones en el campo **CCO**.

## 35. ¿Puedo escribir mis mensajes en Word?

Si bien no es lo más práctico ni útil, usted puede escribir sus mensajes en este popular procesador de textos, si es que está familiarizado con él.

Desafortunadamente, no existe una forma estándar para enviar mensajes de correo electrónico con Word, sino otras "inventadas".

Hay dos métodos: el clásico copiar y pegar texto, y el de utilizar la opción "Enviar a" para mandar la carta como un archivo adosado.

## Copiar y pegar

El tradicional método de copiar y pegar texto también se puede usar en este caso. Usted puede, por ejemplo, escribir una carta en Word, copiar el texto y pegarlo en un mensaje. Si está creando un mensaje común (con texto sin formato), los colores, estilos, fuentes o tamaños que haya puesto en la carta, desaparecerán. Sin embargo, si desea que éstos se mantengan, necesitará mandar un mensaje HTML.

## Paso a Paso

1) Escriba la carta en Word.

2) Cuando termine, seleccione el texto que le interesa enviar o presione **CTRL+E** para marcar todo.

3) Vaya al menú **Edición/Copiar** (o **CTRL+C**).

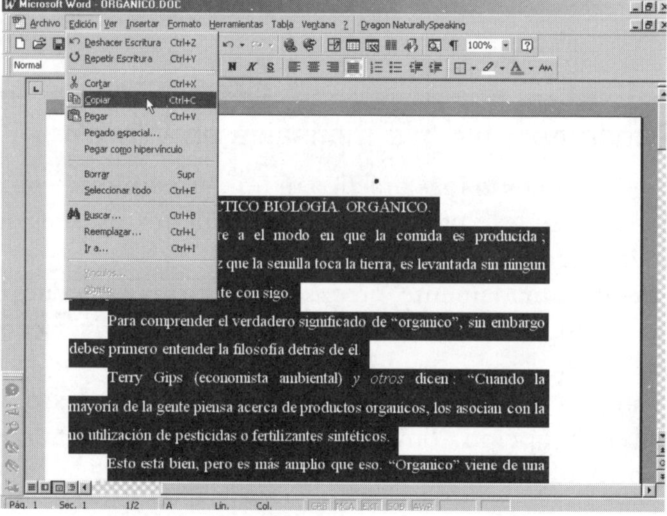

**4)** Abra Outlook Express y presione **`Redactar mensaje`**.

**5)** Haga clic en la zona donde escribirá y vaya a **`Edición/Pegar`**.

**6)** Listo, el mensaje ya se insertó. Complete los demás datos del mensaje y envíelo normalmente.

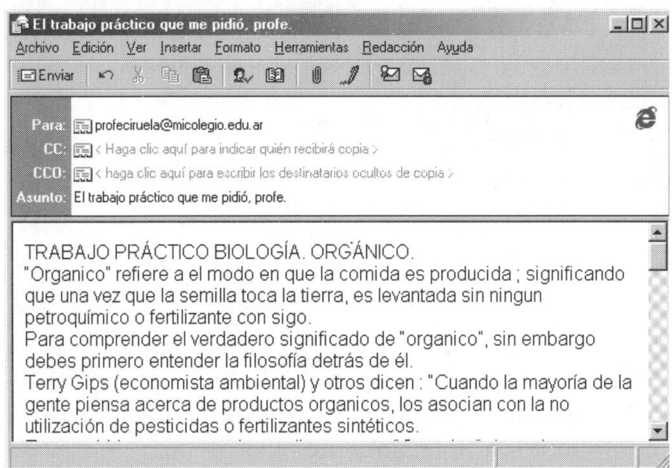




### Enviar a

La otra opción consiste en enviar el documento de Word como un archivo adosado. Luego, la otra persona lo abre y aparece el mensaje. Sin embargo, es recomendable que ingrese cierto texto para explicar de qué trata el mensaje que está enviando.

### Paso a Paso

**1)** Escriba su carta en Word.

**2)** Vaya al menú **`Archivo/Enviar a/Destinatario de correo`**.

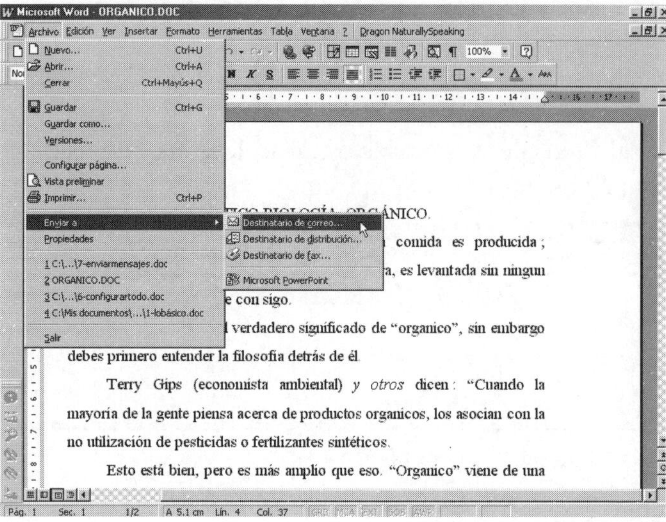


**3)** Se abrirá la ventana de redacción de mensajes con el archivo adosado. Complete los datos correspondientes y envíe el mensaje como lo haría normalmente.

Outlook 98 tiene la capacidad de redactar los mensajes utilizando Word como editor de correo electrónico. Sin embargo, eso hace que el proceso se haga más lento y tedioso. Acostumbrarse al método común es lo más adecuado.

## Con lo que aprendió en este capítulo, usted sabe:

- Enviar mensajes.
- Enviárselos a varias personas a la vez.
- Contestar los mensajes que le llegan.
- Reenviar los mensajes a otras personas.
- Escribir los mensajes en Word.

Luego de este capítulo, usted ya conocerá el arte de enviar mensajes. Sin embargo, deberá aprender a recibirlos. Para eso, pase al siguiente capítulo (a la vuelta de la página, señor).

**Ejercicio práctico:**
Envíeme un mensaje a mí (mi dirección electrónica es lionel@mponline.com.ar), escribiendo en el asunto "111 preguntas" y cuénteme cómo le está yendo con el libro. ¡Ah! y que usted reciba también una copia del mensaje.

## CAPÍTULO 8

# RECIBIR MENSAJES

**Luego de aprender a enviar correo, el paso lógico es saber cómo recibirlo. En este capítulo aprenderá lo sencillo que es recibir el correo electrónico que las demás personas le envían. Además, aprenderá cómo leer su correo en varias computadoras, y hasta si se encuentra de vacaciones**

## 36. ¿Cómo me fijo si recibí mensajes?

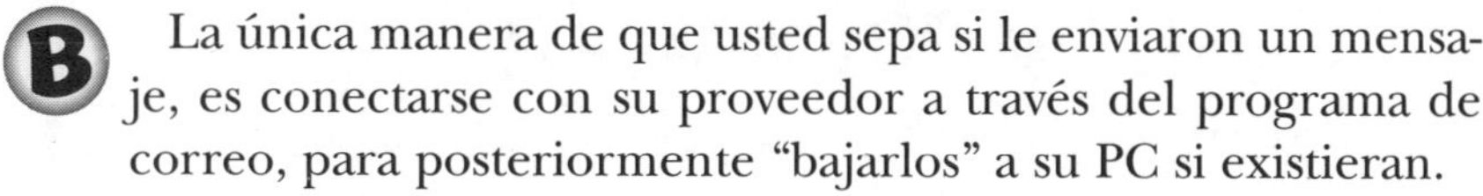

La única manera de que usted sepa si le enviaron un mensaje, es conectarse con su proveedor a través del programa de correo, para posteriormente "bajarlos" a su PC si existieran.

Si, por ejemplo, envió un mensaje a un amigo y cree que éste le pudo haber contestado, deberá comprobar el estado de su casilla para ver si tiene algún mensaje.

Para ver si tiene correo y descargarlo, siga estos simples pasos:

### Paso a Paso

1) Abra su programa de correo (Outlook Express). Para ello, vaya a **Inicio/Programas/Internet Explorer/Outlook Express**.

2) Haga clic en el bóton **Enviar y recibir**. Si por algún motivo **no** desea que los mensajes que pudiese llegar a tener en la Bandeja de salida se envíen, en vez de apretar este botón vaya al menú **Herramientas** y seleccione **Descargar todo**.

3) El programa lo conectará, comprobará si tiene nuevos mensajes y, en caso afirmativo, los "bajará".
Cuando este proceso termine, tendrá que cortar la comunicación, a menos que desee seguir utilizando Internet para, por ejemplo, navegar.
Para cortar, deberá hacer doble clic sobre el ícono de conexión que aparece en la barra de tareas y seleccionar **Desconectar**.

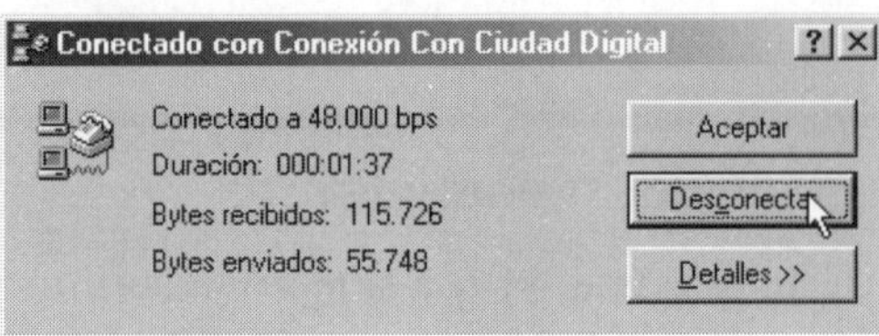


Además, observará que si cierra el programa aparecerá un mensaje que lo invitará a cortar la comunicación.

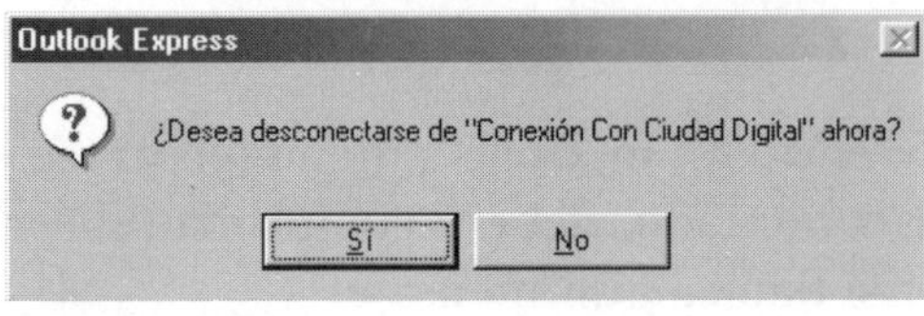

Si desea comprobar el correo mientras está navegado, también es posible. Para hacerlo, siga el mismo procedimiento anterior, pero no corte la comunicación si desea seguir explorando la Web.

## 37. ¿Cómo sé cuantos mensajes recibí?

Para saber cuántos mensajes recibió, puede obervar la barra de estado del programa. Allí momentáneamente aparecerá la cantidad de mensajes que se han descargado en su PC, con un cartelito que desaparece enseguida. Si quiere asegurarse de que el correo fue consultado correctamente, haga doble clic en el pequeño sobre a la derecha de la barra de estado y verá las últimas tareas realizadas. Además, se le avisará que tiene nuevo correo con un cartelito en la barra de tareas .

Los mensajes nuevos (no leídos) estarán en negrita. Haga clic en cualquiera de ellos para leerlo en la parte inferior de la pantalla. Además, verá que el número a la derecha de la **Bandeja de entrada** aumentará.

Si nada de lo anterior cambió, es posible que no haya recibido ningún mensaje.

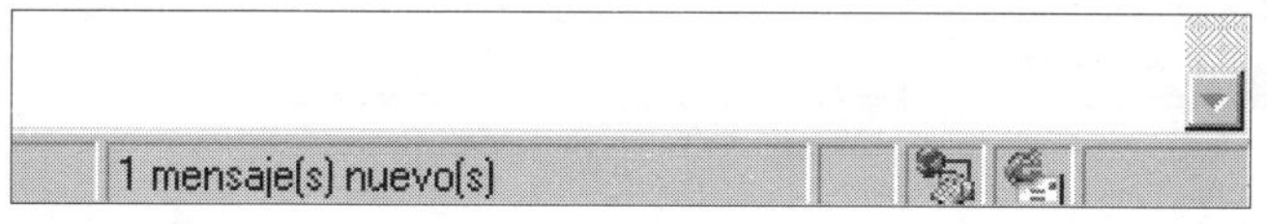


*Como se indíca, se recibió un mensaje nuevo. Si hace doble clic en el sobrecito, verá las tareas realizadas.*

## 38. No recibo nada, ¿anda bien?

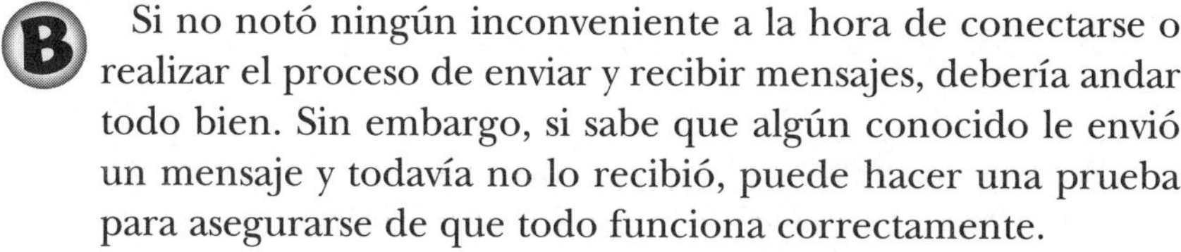


Si no notó ningún inconveniente a la hora de conectarse o realizar el proceso de enviar y recibir mensajes, debería andar todo bien. Sin embargo, si sabe que algún conocido le envió un mensaje y todavía no lo recibió, puede hacer una prueba para asegurarse de que todo funciona correctamente.

Esta consiste en **enviarse un mensaje a sí mismo**, y ver si lo recibe sin problemas. Para hacer esto, siga los siguientes pasos:

### Paso a Paso

1) Abra Outlook Express y cree un nuevo mensaje. En la casilla `Para` ingrese **su dirección**. En los demás casilleros puede escribir cualquier dato, total, el mensaje será leído sólo por usted.

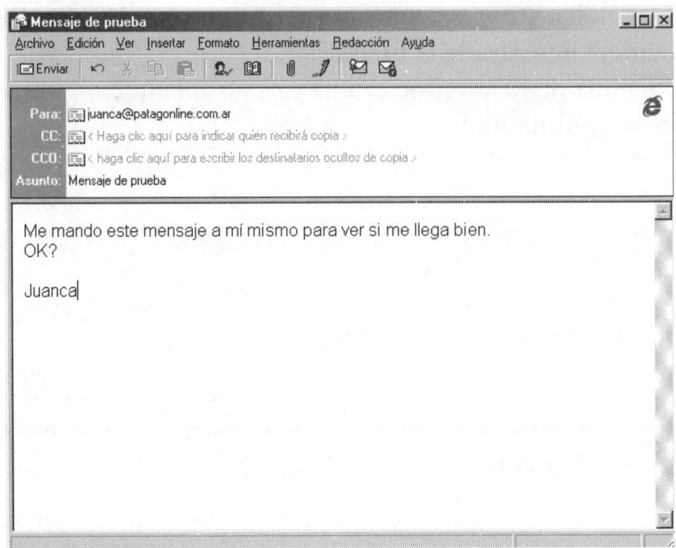


**2)** Presione en **`Enviar`**. Luego, haga clic en el botón **`Enviar y recibir`**. El mensaje se enviará y, probablemente, lo recibirá casi inmediatamente. Si esto no sucede, pruebe presionar un par de veces más **`Enviar y recibir`**. Si luego de un tiempo sigue sin recibirlo, algo puede estar mal. Desconéctese.

**Si recibió** su propio mensaje significa que su correo funciona de maravillas. En ese caso, fíjese que la otra persona esté escribiendo a la dirección correcta, y que la esté ingresando en minúsculas y sin espacios. De yapa, suscríbase a una lista de correo (como la de MP ediciones, en **www.pcusers.com.ar**) y de esa manera estará más que seguro de que su e-mail funciona, además de mantenerse informado.

**Si no recibió** su propio mensaje (cosa que rara vez sucede), pueden estar pasando varias cosas: que la dirección de correo electrónico que posee sea diferente a la que cree o la esté escribiendo mal, que su proveedor tenga inconvenientes y no funcionen sus servidores de correo (llámelos y pregunte), o que su servidor de correo entrante o saliente (POP o SMTP) estén mal configurados. Para este último caso, vuelva a la pregunta **23** y verifique que esté todo bien.

## 39. Cuando leo los mensajes desde casa, ya no los tengo en el trabajo, ¿cómo puedo hacer?

Es posible leer mensajes en más de una máquina, pero debe cambiar algunas cositas. Cuando usted lee correo nuevo, "baja" los mensajes desde su casilla electrónica en su proveedor a su PC, eliminándolos de su ubicación original. Es por eso, que si luego quiere ver si tiene mensajes desde otra computadora, éstos no aparecerán.

El truco consiste en decirle al programa de una de las PCs (la de menor importancia, en este caso la de casa) que mantenga los mensajes en el servidor del proveedor, pero que muestre una copia de éstos.

Para hacerlo más claro: usted "mira" en su casa los mensajes sin bajarlos, y cuando comprueba correo con la PC del trabajo, se transfieren a ésta.

Lo que tiene que modificar, en la computadora de la **casa**, es lo siguiente:



### Paso a Paso

**1)** Abra el Outlook Express.

**2)** Vaya al menú **Herramientas/Cuentas/Correo**.

**3)** Seleccione la cuenta a modificar, y presione **Propiedades**.

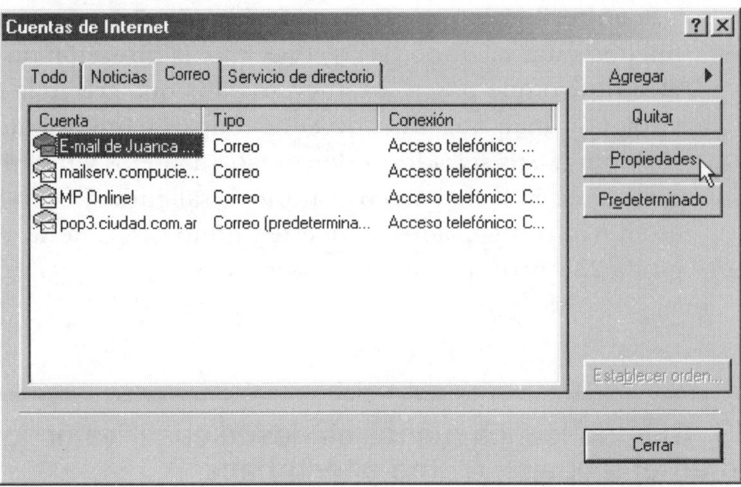


**4)** Haga clic en la lengüeta **Avanzado** y marque **Mantener una copia de los mensajes en el servidor**.

**5)** Presione **Aceptar** y luego **Cerrar**.

Listo, ahora, cuando lea los mensajes desde su casa, no los borrará del servidor, por lo que también podrá leerlos desde el trabajo. Recuerde que, como los mensajes quedan en el servidor, si vuelve a presionar **Enviar y recibir**, éstos se volverán a descargar.

## 40. Estoy de vacaciones, ¿cómo leo mi correo?

Veamos un ejemplo concreto: usted está de vacaciones en la playa y, por esas cosas de la vida, le intriga saber qué correo le pudieron haber enviado. Tiene dos opciones: jugarse un partido de voley con sus amigos y olvidarse del asunto, o irse hasta el cibercafé y averiguarlo.

Si opta por la segunda opción, podrá dirigirse a alguno del los llamados cibercafés (bares con computadoras con acceso a

Internet, ver *Algunos cibercafés playeros*) y, café de por medio, conectarse a la Red de redes y comprobar su casilla de correo electrónico. Para ello, haga lo siguiente:

## Paso a Paso

1) Vaya a un cibercafé y "alquile" media hora de acceso a Internet (ronda los 3 pesos).

2) Cómo estos sólo suelen ofrecer acceso a la WWW, deberá acceder a su correo por este medio. Si tiene una cuenta en Yahoo! mail o Hotmail, igrese a la página correspondiente (**mail.yahoo .com** o **www.hotmail.com**) y compruebe el correo desde allí. En caso contrario, puede dirigirse a **MailStart** (**mailstart.com**), un flamante servicio de la Web, a través del cual, sólo ingresando su dirección de e-mail y su contraseña, podrá leer su correo. Además, podrá contestar, enviar y reenviar mensajes. Cabe aclarar que cuando llegue a su casa, no habrá perdido el correo que vio con MailStart, ya que éste deja los mensajes en el servidor.

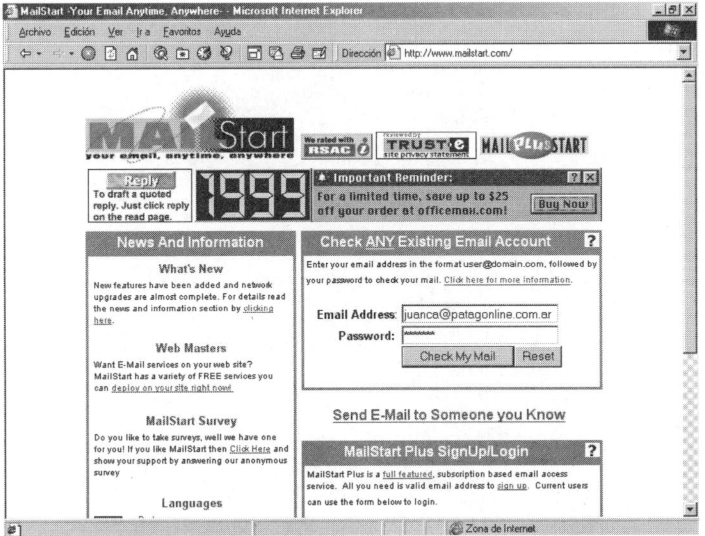

**3)** Déle propina a la moza que lo atendió. Se lo merece.

*Algunos cibercafés playeros:*

| Ciudad | Cibercafé | Dirección |
|---|---|---|
| Cancún | Caribe Net | Bonampak esquina Coba (local 9). |
| Florianópolis | Café das artes | rúa Esteves Junior 734. |
| Mar del Plata | Crackers | Mitre 2069. |
| Miami | Cafe & Internet of America | 12536 North Kendall Drive. |
| Miramar | Target computación | Diag. Fortunato de la Plaza y 19. |
| Punta del Este | Cybermix | Gorlero y 30, edif. Santos Dumont 1er piso. |

No sólo en la playa hay cibercafés, en la mayoría de las ciudades del mundo también. Además, varios hoteles ofrecen acceso a Internet. En países donde la Red pega fuerte (EE.UU., por ejemplo) hay inclusive máquinas similares a cajeros automáticos, en donde uno ingresa un dólar y tiene 10 minutos de acceso. Poco a poco, Internet se asemeja al teléfono.

## Con lo que aprendió en este capítulo, usted conoce:

- Cómo recibir los mensajes que le envían.
- Ver cuántos mensajes recibió.
- Comprobar que no tiene inconvenientes para recibir mensajes, haciendo un autotest.
- Cómo leer los mensajes en dos computadoras distintas.
- Adónde debe dirigirse para leer su correo estando de vacaciones.

Luego de este capítulo, usted ya sabe una de las cosas más básicas e importantes del correo electrónico: recibir mensajes. A partir de este punto ya podrá empezar a recibir y enviar e-mails sin mayores inconvenientes.

**Ejercicio práctico:**

Éste es un poco más complejo. Escriba un mensaje que contenga en un par de párrafos 10 palabras claves de lo que aprendió en este capítulo. Envíeselo a ud. mismo; cuando le llegue, respóndalo (también lo hará a ud.) agregándole un pequeño texto más, y cuando el mensaje le vuelva a llegar, reenvíemelo a mí (lionel@mponline.com.ar), con "111 respuestas" (ojo, respuestas) escrito en el asunto del mensaje. Si hizo todo satisfactoriamente podrá ya empezar a utilizar el correo electrónico sin problema alguno.

CAPÍTULO 9

# ARCHIVOS ADOSADOS

**Una de las cosas más interesantes que brinda el correo electrónico es la posibilidad de enviar archivos de cualquier tipo (imágenes, sonidos, programas) "pegados" a los mensajes. Piense que de esa manera podrá enviar fotos a familiares en el exterior, un interesante programa que descubrió a un amigo, o hasta parte de una canción que haya escrito.**

41. ¿Qué son los archivos adosados?
42. ¿Cómo hago para enviar un archivo por correo electrónico?
43. Me mandaron un mensaje con archivo adosado, ¿cómo lo abro?
44. ¿Hay otra forma más fácil de enviar archivos?
45. ¿Cómo puedo enviar una foto?

## 41. ¿Qué son los archivos adosados?

Una de las principales ventajas del correo electrónico es que permite **enviar mensajes con archivos adosados** (adjuntados, pegados) a una persona en cualquier parte del mundo, de manera casi inmediata.

Un archivo adosado es un archivo (documento, imagen, programa, comprimido) que se "pega" a los mensajes de correo electrónico que mandamos. Si, por ejemplo, quiere enviar un trabajo que hizo en Word a su profesor, no tendrá más que mandar un e-mail con el documento adosado. De la misma manera, también se pueden enviar programas, siempre que éstos no sean comerciales, ya que de ese modo se trataría de piratería.

Si bien es posible adosar y enviar cualquier tipo (y cantidad) de archivos, hay **una regla a tener en cuenta**: si el mensaje es muy "pesado" (ocupa mucho), no sólo tardará mucho en enviarse, sino también en recibirse, con el consiguiente costo telefónico. Es por eso que no conviene enviar mensajes con archivos adosados de más de 200 Kb. Calcule que, por cada 1Mb que usted manda, tardará entre 5 y 10 minutos extra para enviarse y recibirse. Si desea enviar uno mayor (léase menor a 3 Mb), avise con anterioridad y "pídale permiso" a la otra persona, para que ésta no se ofenda. Si alguien le llega a enviar un archivo muy grande, no podrá comprobar el resto de su correo hasta que lo baje. Es por eso que hay que cuidarse con el tamaño de los archivos.

## 42. ¿Cómo hago para enviar un archivo por correo electrónico?

Enviar un archivo adosado por e-mail **no es nada difícil**. Sólo requiere un **pequeño paso extra** cuando redacta su mensaje.

Para enviar un archivo por correo electrónico, siga estos pasos:

## Paso a Paso

1) Haga clic en el botón **Redactar mensaje**. Escriba el mensaje de la misma forma en que siempre lo hizo.

2) Cuando termine de escribir el e-mail, haga clic en el clip que se encuentra en la barra de herramientas . Aparecerá una ventana titulada **Insertar datos adjuntos**. Allí, navegue hasta encontrar el archivo que busca, selecciónelo, y presione **Adjuntar**.

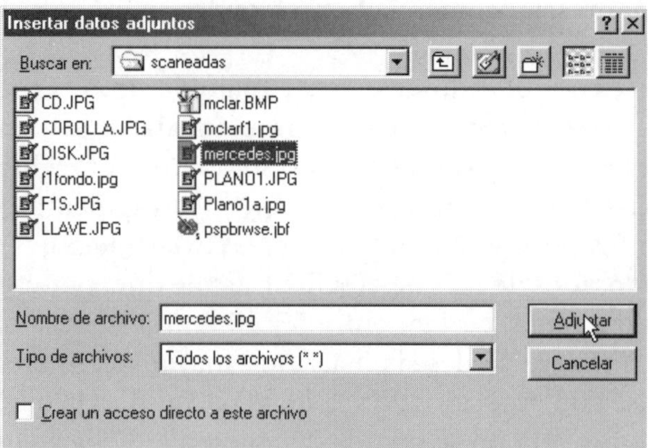


3) Observará que en la parte inferior del mensaje ha aparecido un marco. Allí también verá que se encuentra el archivo que usted adosó. Si desea agregar más archivos, simplemente repita el paso anterior.

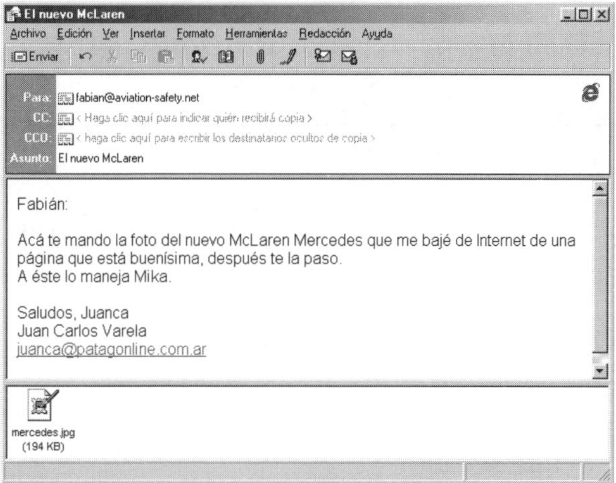


**4)** Finalmente, mande el mensaje haciendo clic en **`Enviar`** y luego en **`Enviar y recibir`**. Notará que el e-mail tardará un poco más en salir. Esto se debe a que lleva un archivo consigo.

Felicitaciones, ya envió su primer archivo por correo electrónico. Pronto, el e-mail se volverá para usted el mejor medio para enviar documentos y archivos de todo tipo, casi reemplazando por completo a los disquetes.

## 43. Me mandaron un mensaje con un archivo adosado, ¿cómo lo abro?

**B** Cuando le envíen un mensaje con un archivo adosado, se dará cuenta por dos cosas: aparecerá un clip en la Bandeja de entrada, a la izquierda del remitente, y, si lo selecciona, otro en la parte superior derecha del mensaje.

Para abrir un archivo adosado, simplemente haga esto:

## Paso a Paso

1) Seleccione el mensaje que contiene el o los archivos.

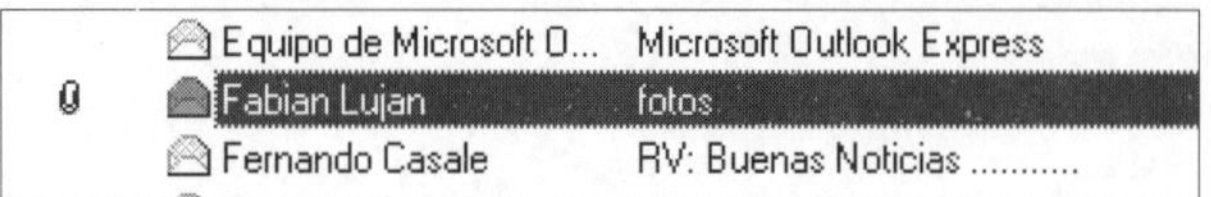


2) Haga clic en el clip que aparece en el borde superior derecho del mensaje.

3) Cliquee sobre el archivo que desea abrir.

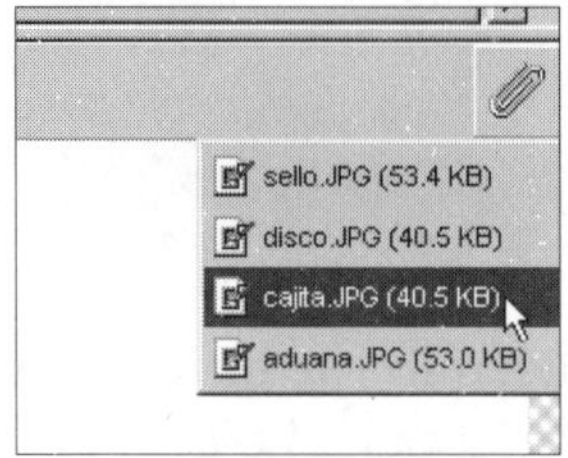


4) Aparecerá una ventana de advertencia. Como bien dice, algunos archivos pueden tener virus. Como en este caso se trata de una imagen, no hay inconveniente alguno.

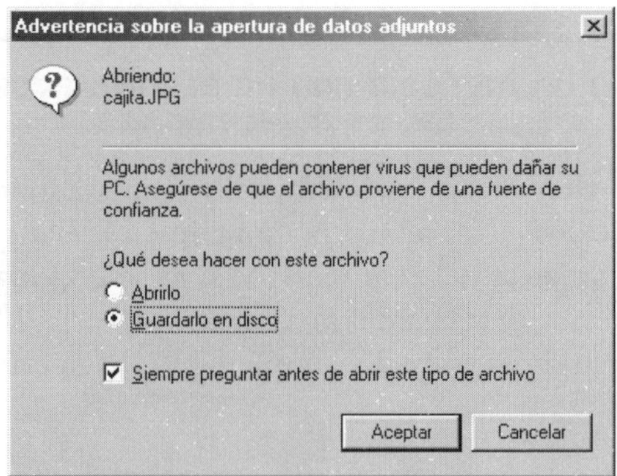

5) Si desea abrir directamete el archivo, seleccione **Abrirlo** y luego presione **Aceptar**. En caso de que prefiera guardarlo para verlo posteriormente, seleccione **Guardarlo en disco**, y luego clic en **Aceptar**. Elija la carpeta donde desea conservarlo, y presione **Guardar**.

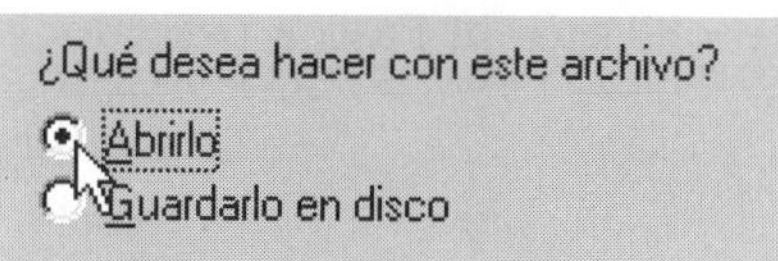


6) Si eligió abrirlo, se abrirá con el programa correspondiente para ser visualizado.

### Archivos comprimidos (ZIP)

Los archivos comprimidos, también conocidos por el nombre de archivos ZIP (por ser esa su extensión), se han vuelto muy populares gracias a su función: poder "empacar" una cierta cantidad de archivos en uno de menor tamaño. Esto hace que transportar información por disquete o correo electrónico sea más sencillo. El archivo adosado ocupa menos; por consiguiente, tardará menos en enviarse y recibirse.

El arte de compactar varios archivos en uno se llama comprimir, mientras que el proceso inverso es descomprimir.

Un ejemplo concreto: quiere enviar a su empresa una serie de documentos e imágenes, pero estas "pesan" (ocupan) demasiado. En consecuencia, usted comprime todos estos documentos en un simple ZIP, y lo envía. Cuando la otra persona lo recibe, lo abre y descomprime los archivos que se encontraban en su interior.

Para poder abrir y utilizar los archivos comprimidos, necesitará un programa específico. El mejor y más famoso es **Winzip**. Puede conseguir la versión shareware en forma gratuita.

***Dónde conseguir Winzip***

Revista PC Users con CD-ROM: todos los números extra en la sección Botiquín.
Internet: www.winzip.com.

## Abrir un archivo comprimido

Como hablar más sobre los archivos comprimidos y el Winzip excedería los límites de este libro, nos dedicaremos a ver cómo abrir estos archivos. Sin embargo, si usted es lector de la revista y desea aprender a usar este programa, puede consultar el número Extra 12 o el Tutorial Paso a paso, incluido en el CD # 14.

## Para abrir un archivo ZIP:

### Paso a Paso

1) Presione sobre el clip que aparece en la esquina superior derecha del mensaje, y haga clic sobre el archivo comprimido que desea abrir.

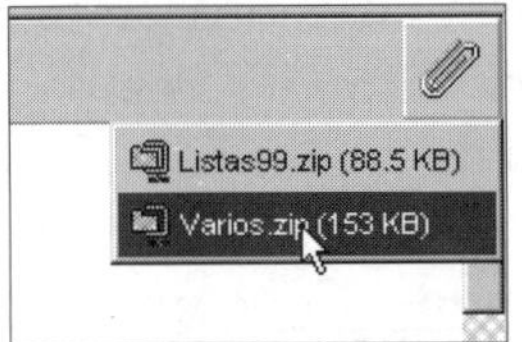


2) Cuando aparece la ventana que pregunta **¿Qué desea hacer con este archivo?**, seleccione **Abrirlo** y haga clic en **Aceptar**.

3) Se abrirá la ventana de Winzip (para esto tenía que tener tener lo previamente instalado), con los archivos que contenía el ZIP.

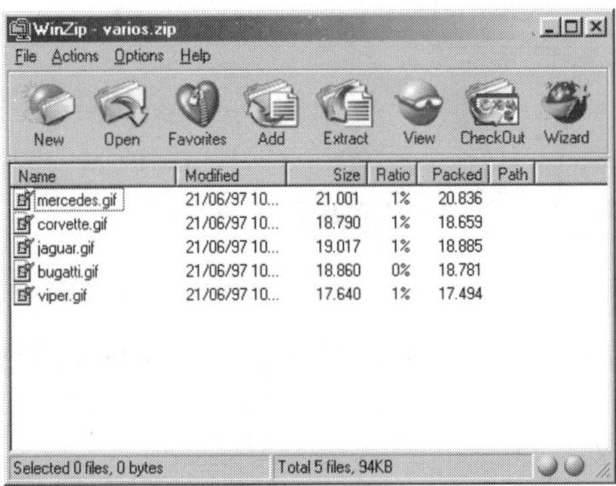

**4)** Para abrir alguno de los archivos, simplemente haga doble clic sobre él.

**5)** También tiene la posibilidad de descomprimir y copiar los archivos a una carpeta. Ábrala, seleccione el o los archivos a copiar desde la ventana de Winzip, y arrástrelos hasta la carpeta que desee.

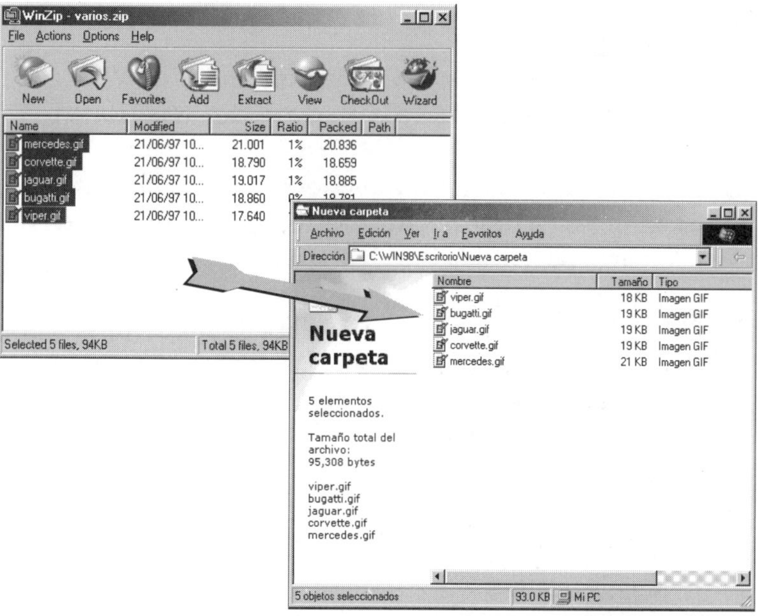


Como vio, trabajar con archivos adosados no es difícil, aunque se trate de archivos comprimidos. Sin embargo, hay formas más fáciles de realizar estas tareas. Para ello, pase a la pregunta siguiente.

## 44. ¿Hay otra forma más fácil de enviar archivos?

**A** Para ser sinceros, muy pocas veces utilizamos el método "convencional" para enviar archivos por e-mail. Usamos otros métodos que son más rápidos y sencillos.

Gracias a la opción **Enviar a**, podrá enviar uno o muchos archivos a la vez muy fácilmente. El proceso consiste en lo siguiente:

## Paso a Paso

1) Abra la ventana de **Mi PC** o el **Explorador de Windows** (`Inicio/Programas/Explorador de Windows`).

2) Navegue hasta encontrar el o los archivos que desea enviar. Selecciónelos (si desea marcar varios que se encuentren dispersos, mantenga presionada la tecla **CTRL** y haga clic sobre cada uno).

3) Haga clic derecho sobre cualquiera de los archivos seleccionados y elija **`Enviar a/Destinatario de correo`**.

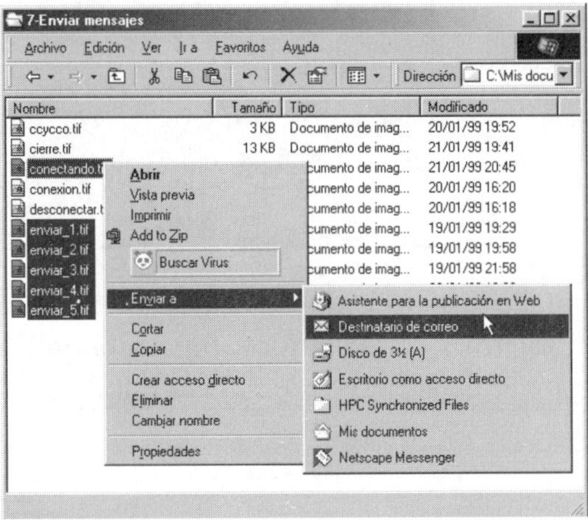


4) Aparecerá una nueva ventana de redacción de mensajes con los archivos adosados.

5) Complete todos los datos y envíe el mensaje.

Habrá notado que ni siquiera abrió el programa de correo hasta tener que enviar el mensaje. ¿Fácil, no?

Otra opción consiste en **arrastrar y soltar** archivos:

## Paso a Paso

1) En Outlook Express haga clic en **`Redactar mensaje`**.

2) Abra en **Mi PC** o el **Explorador de Windows** la carpeta que contiene el o los archivos que desea enviar.

3) Seleccione los archivos y simplemente arrástrelos hacia la ventana de creación de mensajes. Los archivos se adosarán.

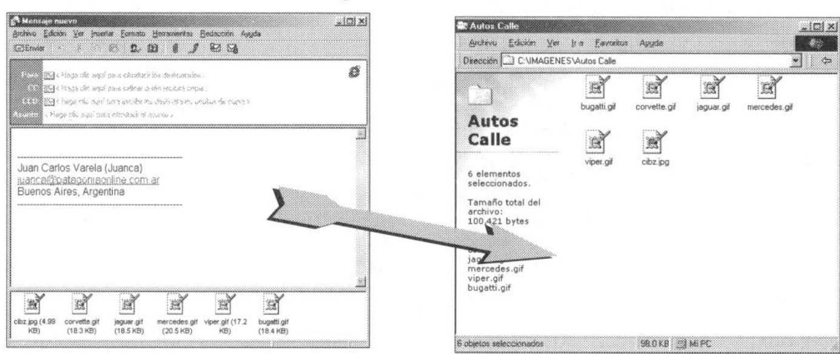


Como ve, existen varias formas de agilizar su trabajo. En este caso, para adosar archivos. Elija la que le resulte más cómoda, rápida e intuitiva.

## 45. ¿Cómo puedo enviar una foto?

Para poder enviar una foto a, por ejemplo, sus familiares en el exterior, primero deberá **"digitalizar" la imagen**. Esto significa transformarla en un archivo que la PC pueda reconocer, para así enviarla por e-mail. Si usted ya tuviese la imagen en un archivo, no hay diferencias con el proceso de envío de mensajes con archivos adosados.

Para poder digitalizar una foto que tiene en papel, necesitará un aparato aparte:

Los **escáners** son periféricos que permiten pasar un documento en papel a la PC de manera muy rápida y sencilla. Hay varios modelos y precios, que rondan entre los 75 y los 300 pesos. Para escanear fotos familiares que no requieren de gran calidad, no es necesario tener un escáner tan bueno; pero sí que sea fácil de utilizar. Los escáners más caros están orientados a trabajos profesionales.

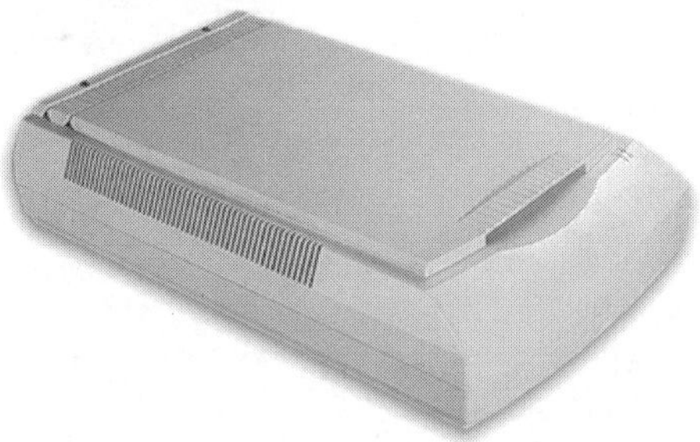

Por otra parte, las **cámaras digitales** graban las fotografías, en vez de en un rollo, en archivos gráficos para ser reconocidos por la computadora. Estas son mucho más caras que los escáners, y su precio va desde 500 a 1000 pesos.

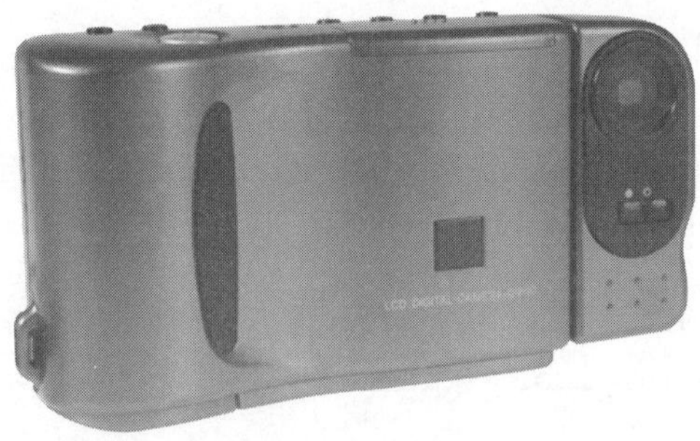

Vamos a ver, paso a paso, cómo deberá hacer para enviar satisfactoriamente una foto, utilizando un escáner. Se supone que ya está instalado y que usted ha aprendido a utilizarlo básicamente:

## Escanee la foto

Si usted ya aprendió un método para escanear imágenes con su escáner, hágalo y grabe la imagen. Luego, salte al paso siguiente. Si no, tiene la posibilidad de escanear la imagen directamente desde el programa que utilizaremos.

Puede escanear imágenes directamente desde el programa **Paint Shop Pro 5**. Para ver cómo conseguir gratuitamente la versión de evaluación de este programa, vea el cuadro *"Dónde conseguir Paint Shop Pro"*.

## Paso a Paso

1) Abra el programa yendo a **`Inicio/Programas/Paint Shop Pro 5/Paint Shop Pro 5`**.

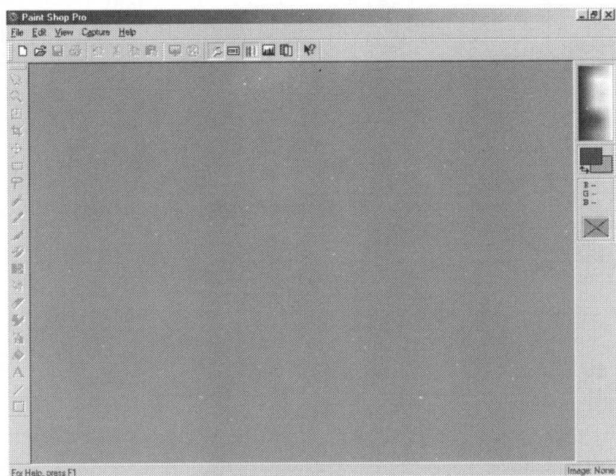


2) Vaya al menú **`File/Import/TWAIN/Select Source`**. Esto sólo deberá hacerlo la primera vez.

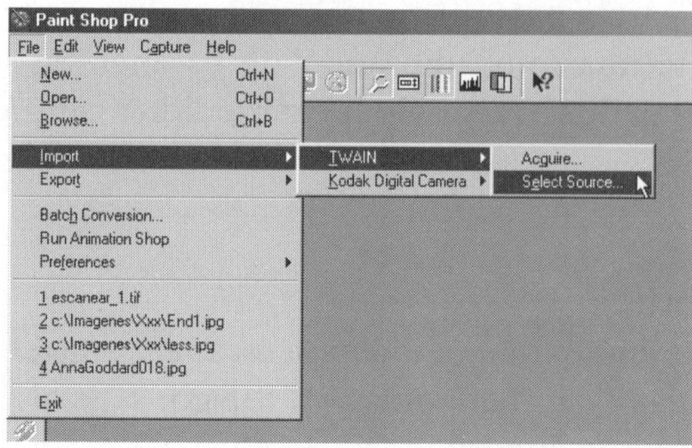


**3)** Seleccione el *driver* (controlador) de su escáner. Si no lo conoce, marque el que le suene más familiar. Presione **`Seleccionar`**.

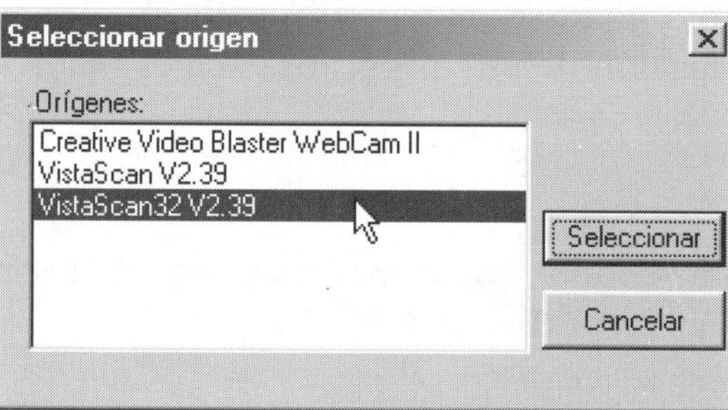


**4)** Inserte la foto en el escáner y diríjase al menú **`File/Import/TWAIN/Acquire`**.

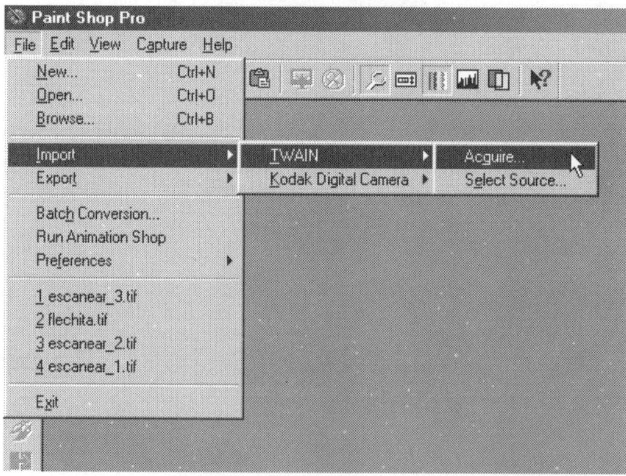

**5)** Haga clic en **`Preview`** para ver una vista previa de la imagen. Luego, seleccione el área que sea de su interés y presione **`Scan`**.

Felicitaciones, ya escaneó su foto: aparecerá como una imagen nueva en Paint Shop Pro.

### Modifique la imagen

Una vez que escaneó su foto, puede que ésta haya quedado de gran tamaño. Por consiguiente, el archivo será muy pesado y tardará bastante en enviarse y recibirse, además de no poderse visualizar bien.

Otro aspecto a tener en cuenta es el formato de la imagen. Si la graba como un archivo con formato poco popular, es posible que el destinatario tenga problemas al abrirla, por no tener el mismo programa.

### Paso a Paso

**1)** Si no tiene el Paint Shop Pro abierto, ábralo. Si no tiene la foto abierta (la escaneó con otro programa), ábrala también yendo a **`File/Open`**, seleccionándola y presionando en **`Abrir`**.

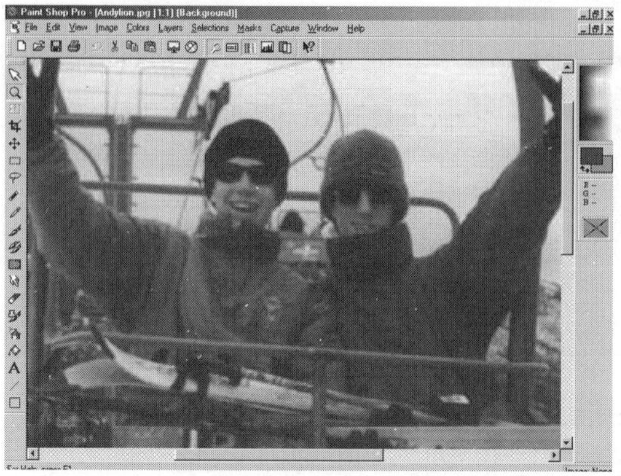

**2)** Lo primero que deberá hacer es achicar la imagen. Para ello, vaya a **`Image/Resize`**.

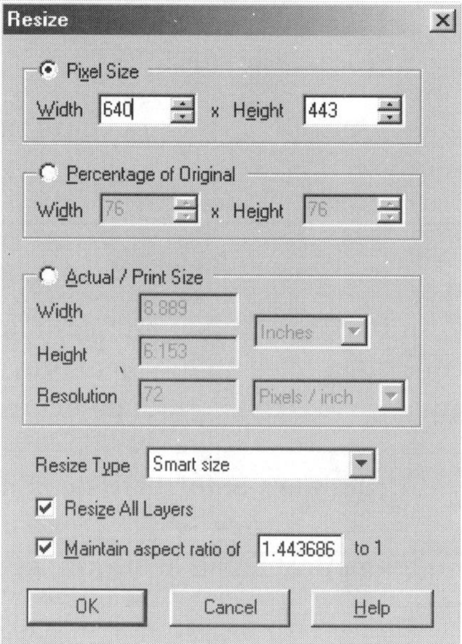


**3)** Fíjese que **`Maintain aspec ratio of`** esté marcado. **`Seleccione Pixel size`**, haga clic a la derecha de **`Width`** y escriba **640**. Esto hará que el ancho de la imagen sea de un tamaño normal que pueda verse cualquiera sea la resolución. El valor de alto (*heigth*) variará automáticamente. Presione **OK**.

**4)** Ahora, grabe la imagen en un nuevo archivo. Vaya a **`File /Save as`** (puede también presionar la tecla **`F12`**).

**5)** En la ventana que aparece, haga clic sucesivamente en el ícono para subir un nivel hasta llegar al Escritorio. En **`Nombre de archivo`** introduzca un nombre para la imagen. Por su parte, en **`Guardar como archivos de tipo`**, deberá seleccionar el formato de la imagen. Los más recomendados son **`JPEG`** (**`.JPG`**) y **`Tagged Image File Format`** (**`.TIF`**). Si desea enviar un archivo de menor tamaño (pero también de menor calidad), puede seleccionar **`CompuServe Graphics Interchange`** (**`.GIF`**). Cuando termine, presione **`Guardar`**.

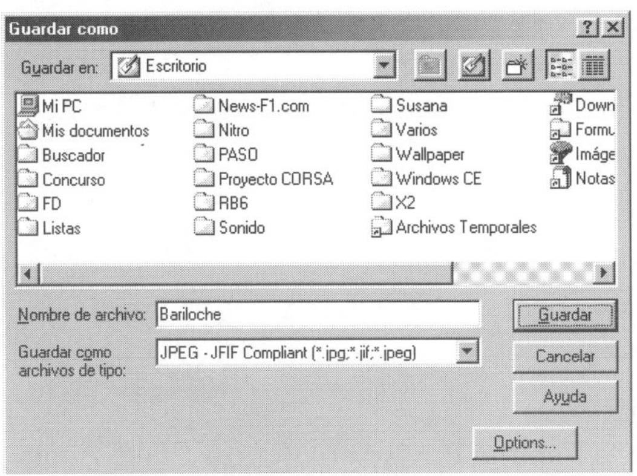

### Envíe la foto

Ahora ya tiene la foto lista para ser enviada a través de Internet. Para enviarla tiene dos formas: el método convencional o incluirla en un mensaje HTML.

## Paso a Paso

- Para enviar la foto de **forma convencional** (como archivo adosado):

1) Minimice todas las ventanas hasta ver el Escritorio.

2) Haga clic derecho sobre el archivo de la imagen que creó y elija **`Enviar a/Destinatario de correo`**.

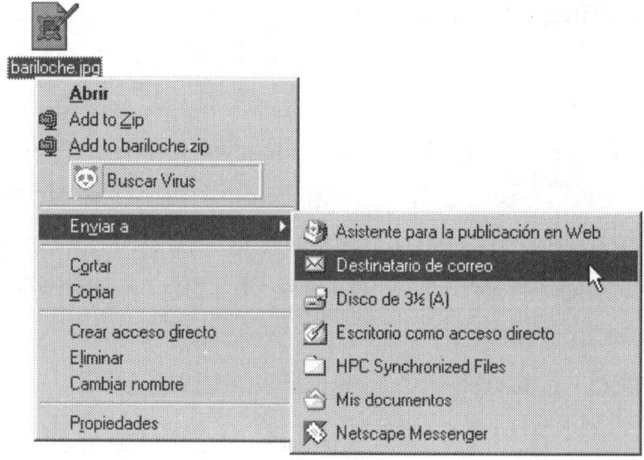


3) Escriba el mensaje y envíelo como cualquier otro.

- Para enviar la foto **incluida en un mensaje HTML**:

## Paso a Paso

1) Abra Outlook Express.
2) Haga clic sobre la flechita que se encuentra a la derecha del botón **`Redactar mensaje`** y elija un fondo para su e-mail.

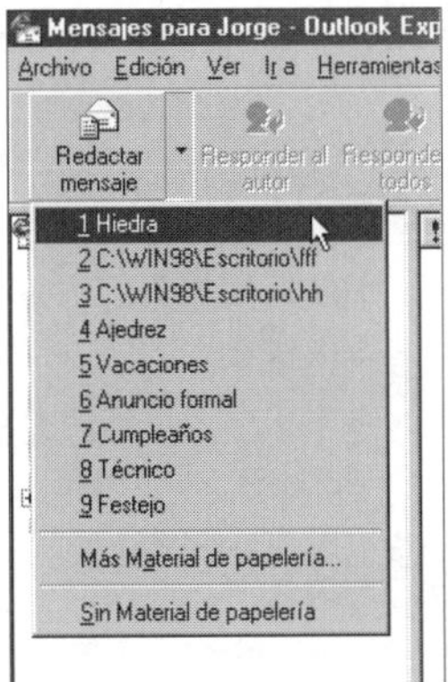


**3)** Presione el botón con un pequeño cuadro y en la ventana que aparece haga clic en **Examinar**.

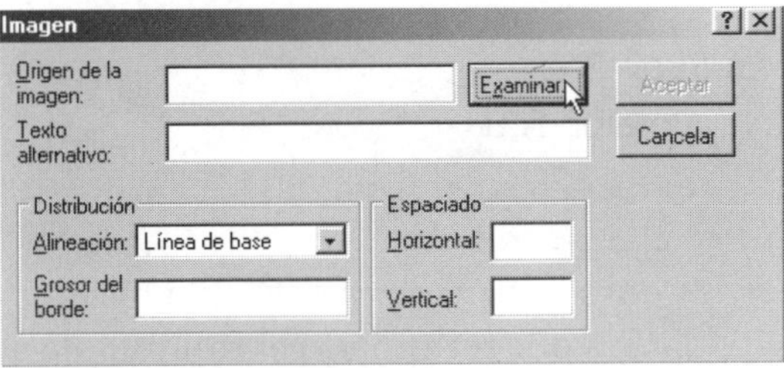


**4)** Navegue hasta el Escritorio, seleccione el archivo y presione **Abrir**. Luego, **Aceptar**.

**5)** La foto se insertará. Puede modificar su tamaño haciendo clic sobre ésta, llevando el puntero hacia alguna de las esquinas. Luego, deje presionado el botón del mouse y muévalo. Cuando le guste lo que quedó, suelte el botón. Si se equivocó, simplemente presione **CTRL+Z** para deshacer la última acción.

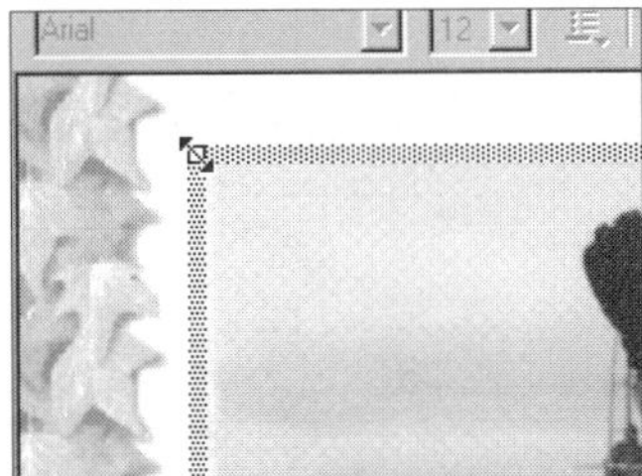

**6)** Escriba y complete todos los datos del mensaje. Cuando haya terminado, envíelo.

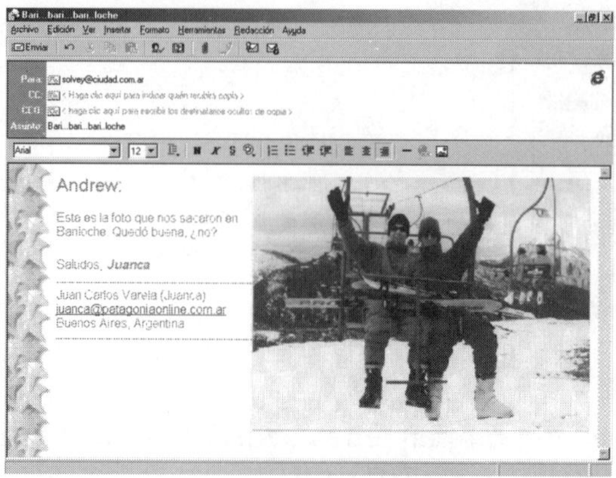


***Dónde conseguir Paint Shop Pro***

Revista PC Users Extra: números 6. 8 y 10.
Internet: www.jasc.com

Felicitaciones, ya envió su primera foto digitalizada por Internet. Con esto, damos por terminado el capítulo de archivos adosados.

## Con lo que aprendió en este capítulo, usted conoce:

- Qué son los archivos adosados.
- Que enviar archivos por e-mail es muy fácil.
- Que abrirlo si le enviaron uno también.
- Que exisiten otras formas más fáciles de enviar archivos adosados.
- Qué necesita y cuáles son los pasos que debe seguir para enviar una foto por e-mail.

Luego de este capítulo, usted ya conoce a fondo el tema de los archivos adosados. A partir de ahora, podrá enviar mucho más que simples mensajes.

**Ejercicio práctico:**

Busque una imagen que tenga grabada en el disco rígido o que haya bajado de la Web. Envíesela a usted mismo y luego imprímala.

# CAPÍTULO 10

# ORGANIZANDO LOS MENSAJES

**Una vez que empiece a utilizar el correo electrónico, los mensajes se irán multiplicando. En este capítulo aprenderá cómo ordenarlos, borrarlos, imprimirlos, buscarlos o conservar los que más le interesen. También, algo muy útil: que sus mensajes se organicen automáticamente.**

46. ¿Qué son las distintas bandejas del programa de correo?
47. ¿Cómo imprimo un mensaje?
48. ¿Cómo borro un mensaje que ya no quiero? ¿Y si me arrepentí?
49. Se me juntan todos los mensajes en la Bandeja de entrada, ¿cómo puedo organizarlos?
50. ¿Hay alguna manera de que los mensajes se organicen automáticamente?
51. ¿Cómo hago para marcar un mensaje como leído/no leído?
52. ¿Cómo hago para buscar un mensaje que no encuentro entre mis carpetas?

## 46. ¿Qué son las distintas bandejas del programa de correo?

Los programas de correo electrónico suelen tener varias características en común. Una de ellas es que poseen determinadas "bandejas" (similares a carpetas) que cumplen funciones específicas, que no varían entre programa y programa.

Las principales bandejas y carpetas de Outlook Express son:

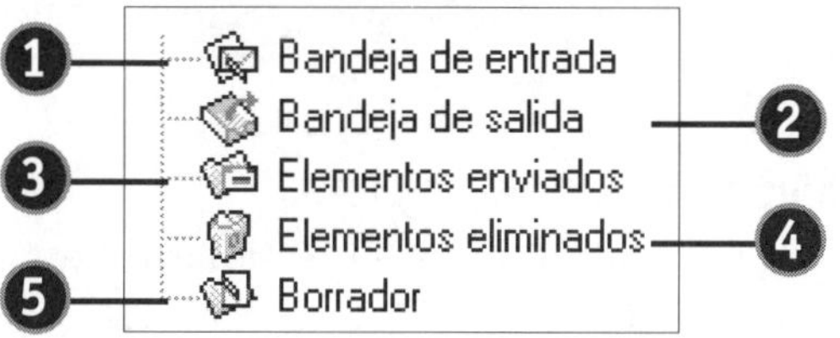


10 Organizando los mensajes

### 1. Bandeja de entrada

Ésta es la bandeja con la que más se familiarizará. Se la llama Bandeja de entrada porque por ella "entran" los mensajes que le llegan, y donde también se van "depositando". Por lo tanto, es lógico que sea la primera que vea al iniciar el programa. En esta bandeja usted hará de todo: verá qué tiene por contestar, guardará mensajes que desee recordar y más.

### 2. Bandeja de salida

Esta bandeja cumple la función de almacenar los mensajes hasta que se envíen. Todo correo que se encuentre en ella (los mensajes van a parar allí cuando se aprieta el botón **Enviar**) se enviará la próxima vez que conecte y realice la operación de **Enviar y recibir**.

### 3. Elementos enviados

En esta carpeta se irán guardando los elementos (mensajes) que usted haya ido enviando. Esto es de gran utilidad, ya que si desea consultar o reenviar a otra persona un mensaje que hubiere mandado con anterioridad, podrá buscarlo en esa carpeta. Sin embargo, el único inconveniente es el espacio: luego de un tiempo, la cantidad de mensajes acumulados será bastante grande y, en consecuencia, ocupará más espacio en el disco. Para esto, tiene la opción de eliminarlos selectivamente.

### 4. Elementos eliminados

En esta carpeta se irán acumulando los mensajes que usted haya elegido borrar apretando el botón **Eliminar** o la tecla **Delete**. **Elementos eliminados** le permite recuperar un mensaje que haya borrado accidentalmente o se hubiese arrepentido de eliminar. Como perjuicio, tiene el mismo que el de los Elementos enviados: se acumulan y ocupan espacio. Para borrarlos definitivamente, simplemente marque los que desee y presione en el botón **Eliminar** nuevamente. Si desea que estos mensajes se eliminen definitivamente cada vez que cierra el programa, diríjase al menú **Herramientas/Opciones** y marque la casilla **Vaciar la carpeta "Elementos eliminados" al salir**.

☑ Vaciar la carpeta "Elementos eliminados" al salir

### 5. Borrador

Cuando inicie mensajes que prefiera continuar luego, puede guardarlos en esta carpeta. Un ejemplo: está escribiendo una carta extensa a un amigo, va por la mitad y suena el timbre (es su suegra); grabe el mensaje y continúelo después. Para hacer esto, no tiene más que (una vez dentro del mismo) ir al menú **`Archivo/Guardar`**. Aparecerá una ventana que le indica que el mensaje ha sido guardado en la carpeta borrador. La próxima vez, tan sólo ábralo y continúelo.



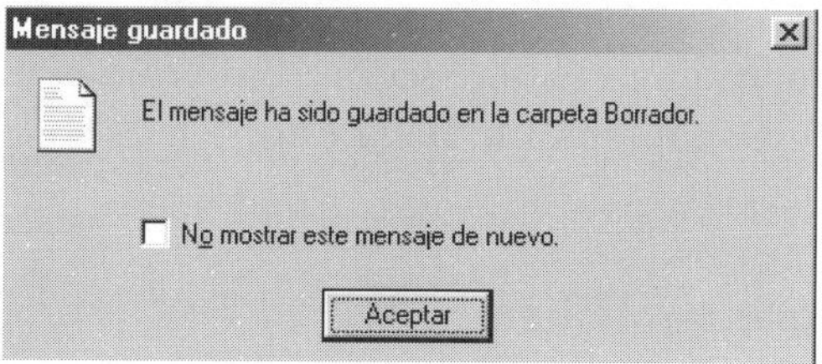


### *Compacte sus carpetas*

Outlook Express tiene una utilidad para compactar las diferentes carpetas, haciendo que ocupen menos espacio. Esto es útil hacerlo cada cierto tiempo (una vez al mes, por ejemplo), cuando haya borrado una gran cantidad de mensajes o cuando necesite más espacio en el disco rígido. Para compactar sus carpetas, vaya al menú `Archivo/Carpeta/Compactar todas las carpetas`.

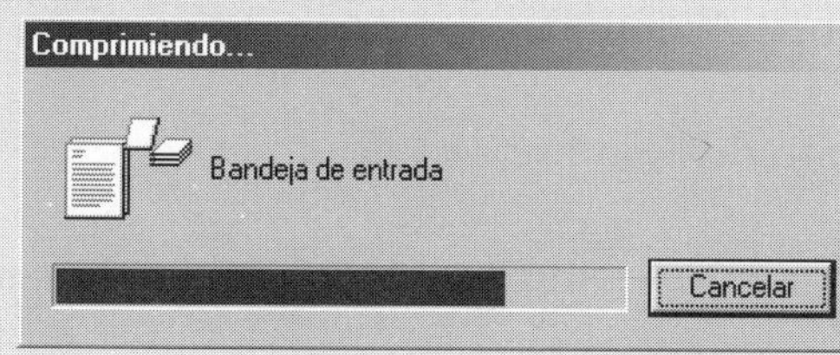


Usted, además, puede crear sus propias carpetas, para almacenar determinados mensajes y así tenerlos ordenados por diferentes criterios. Siga leyendo y entérese cómo.

## 47. ¿Cómo imprimo un mensaje?

Si bien leer y escribir mensajes en el programa de correo es muy sencillo y cómodo, usted tal vez preferirá imprimir ciertos mensajes para leerlos con mayor detenimiento, o sólo para tener una copia impresa de los mismos.

Imprimir un mensaje es fácil. Asegúrese de que la impresora esté prendida y simplemente haga esto:

**Paso a Paso**

1) Marque el mensaje a imprimir.

2) Vaya a **Archivo/Imprimir** (puede presionar **CTRL+P** para hacer más rápido).

3) Presione **Aceptar**.

Si no, también puede hacer esto otro:

**Paso a Paso**

1) Haga doble clic sobre el mensaje que quiere imprimir.

2) Presione el botoncito de la impresora .

Ya está, su documento se imprimirá y podrá leerlo con toda comodidad.

## 48. ¿Cómo borro un mensaje que ya no quiero? ¿Y si me arrepentí?

Borrar un mensaje es muy simple, márquelo haciendo clic sobre él y presione sobre el botón **Eliminar** . Otra opción es presionar la tecla **DEL** o **SUPR**. Si, en cambio, lo que desea es eliminar toda una carpeta con los mensajes que contenga, selecciónela y presione **Eliminar**.

Cuando usted borra un mensaje, éste **no se elimina definitivamente**. Por el contrario, sólo se mueve a la carpeta "Elementos eliminados". Allí se irán acumulando los mensajes hasta que usted la vacíe (de manera similar a como ocurre con la Papelera de reciclaje de Windows).

Para **borrar definitivamente** un mensaje, haga clic sobre la carpeta **Elementos eliminados**, selecciónelo y haga clic en **Eliminar**. En cambio, si desea borrar todos los mensajes en forma definitiva, haga clic derecho sobre esta carpeta y elija **Vaciar carpeta**.

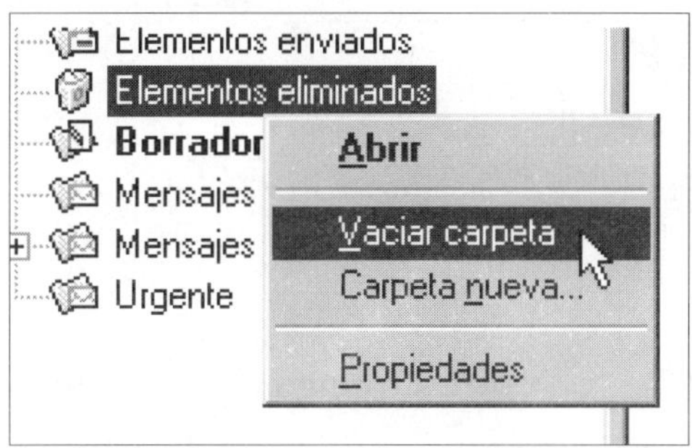


Para **recuperar un mensaje** que haya borrado, vaya nuevamente a la carpeta "Elementos eliminados", mantenga presionado el primer botón del mouse sobre el mensaje y arrástrelo hacia la carpeta en donde desea guardarlo.

Si desea que la carpeta "Elementos eliminados" se vacíe cada vez que cierra el programa, vaya al menú **Herramientas/Opciones** y marque **Vaciar la carpeta "Elementos eliminados" al salir**.

## 49. Se me juntan todos los mensajes en la Bandeja de entrada, ¿cómo puedo organizarlos?

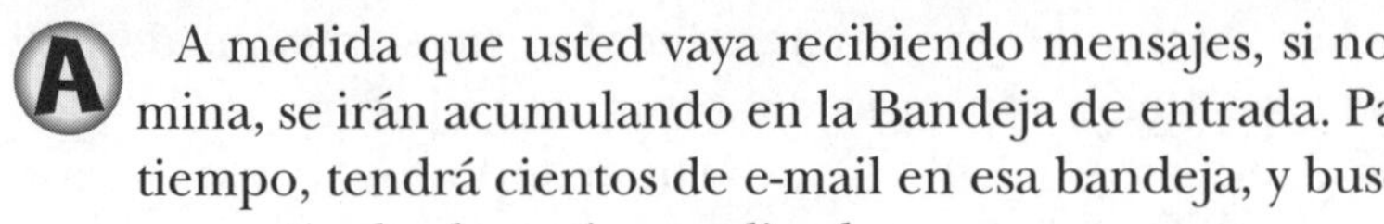

A medida que usted vaya recibiendo mensajes, si no los elimina, se irán acumulando en la Bandeja de entrada. Pasado el tiempo, tendrá cientos de e-mail en esa bandeja, y buscar uno en particular le será complicado.

Por eso, almacenar los mensajes en carpetas es la mejor solución. Puede **crear carpetas para guardar mensajes** personales, del trabajo, para otros miembros de la familia, de suma urgencia, etcétera.

Crear una carpeta es muy sencillo, simplemente:

### Paso a Paso

1) Haga clic derecho sobre **Outlook Express** y elija **Carpeta nueva**.

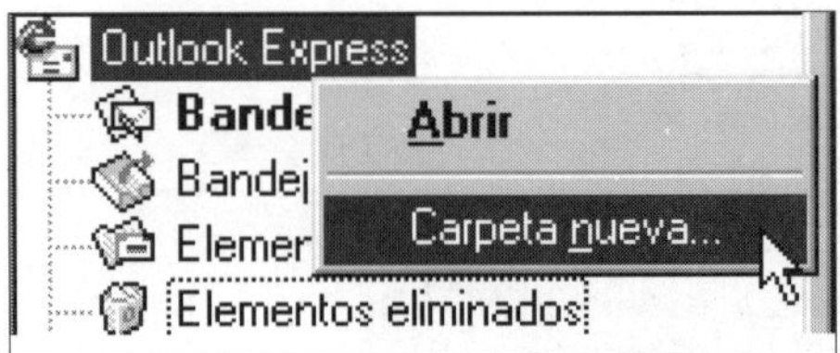


2) En **Nombre de la carpeta**, ponga el título que quiere que ésta tenga.

3) Si desea que su carpeta sea una sub-carpeta de otra, en vez de **Outlook Express**, seleccione una carpeta que ya haya creado. Cuando termine, presione **Aceptar**.

4) Se habrá creado la nueva carpeta. Para agregarle mensajes, simplemente selecciónelos (si deja apretada la tecla **CTRL** y hace varios clics, puede marcar muchos a la vez), deje presionado el primer botón del mouse sobre alguno, y arrástrelos hasta la carpeta que creó.

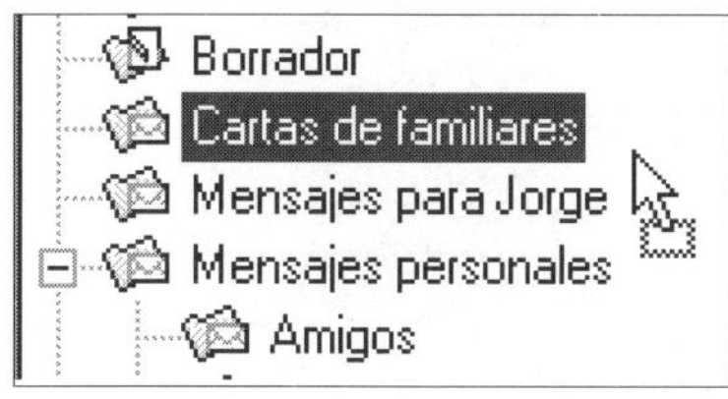


Puede crear todas las carpetas que desee; para ello, siga el mismo procedimiento.



## 50. ¿Hay alguna manera de que los mensajes se organicen automáticamente?

Una de las características más interesantes de Outlook Express es su **Asistente para la Bandeja de entrada**. Esta utilidad, como una secretaria electrónica, le permite organizar, reenviar y hasta contestar mensajes que recibe de forma totalmente automática.

Las posibilidades que brinda son inmensas. Se puede ordenar, por ejemplo, que cuando ingresa un determinado mensaje, éste se dirija a una carpeta, se envíe una copia a otra persona, y que se conteste automáticamente con un texto ya preestablecido. Todo, sin que el usuario haga nada. Esto se logra gracias a las "reglas" que la persona establece. Una verdadera maravilla.

Vamos a ver un ejemplo de cómo ordenar ciertos mensajes para que automáticamente se dirijan a una carpeta en particular:

### Paso a Paso

1) Abra Outlook Express y diríjase a **Herramientas/Asistente para la bandeja de entrada**.

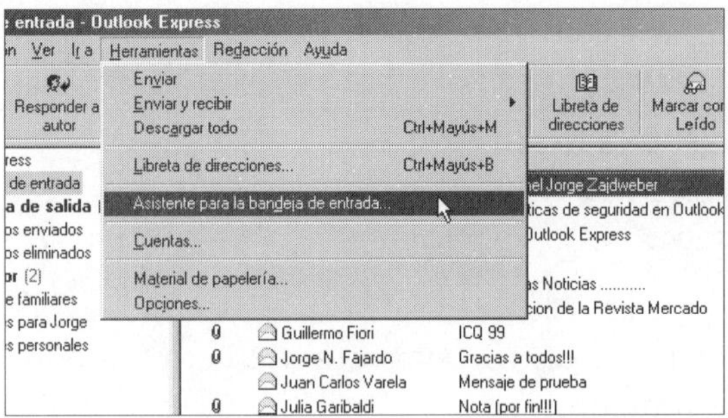


**2)** Se abrirá el asistente. Haga clic en **`Agregar`** para agregar una nueva "regla".

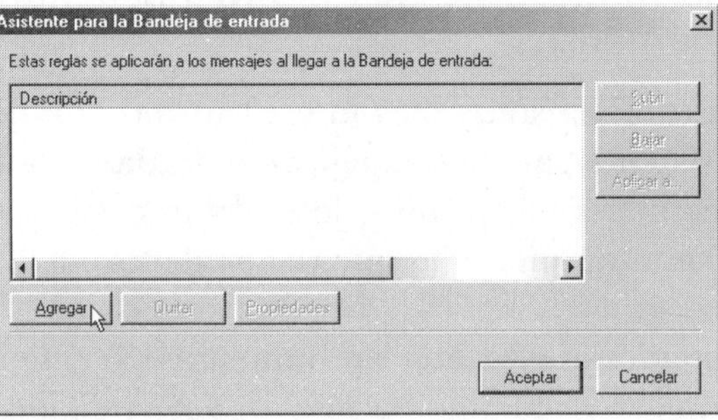


**3)** Ingrese criterios por los cuales algunos mensajes serán seleccionados, y qué sucederá con ellos.

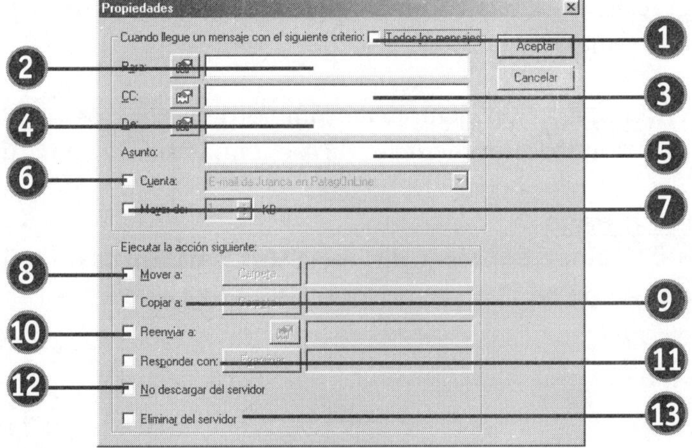

1. Aplica el o los criterios a todos los mensajes entrantes.
2. Selecciona mensajes que estén dirigidos a una persona en particular.
3. Selecciona mensajes que tengan copia a determinada persona.
4. Selecciona mensajes enviados por una persona en particular.
5. Selecciona mensajes con determinado texto en el asunto.
6. Selecciona los mensajes provenientes de una cuenta en particular. Ideal si posee una para cada miembro de la familia.
7. Selecciona mensajes de un tamaño mayor al especificado.
8. Mueve los mensajes seleccionados a la carpeta elegida.
9. Copia los mensajes seleccionados a la carpeta elegida.
10. Reenvía los mensajes seleccionados a otra persona.
11. Responde a los mensajes seleccionados con un texto que especifiquemos.
12. Deja los mensajes seleccionados en el servidor. De esta manera, cuando revise su correo desde otra máquina, podrá bajarlos.
13. Borra los mensajes seleccionados del servidor.

**4)** Usaremos un ejemplo. En el campo **De**, haga clic en la tarjetita que aparece a la derecha y seleccione a un amigo. Aparecerá su dirección electrónica.

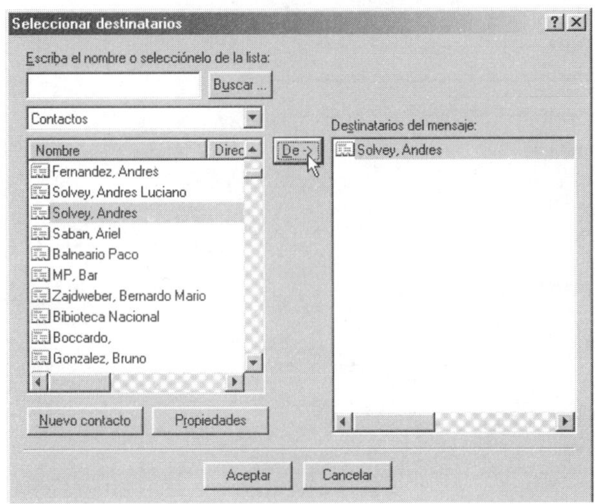

**5)** Marque el casillero **`Mover a`** y haga clic en **`Carpeta`**. Seleccione una carpeta (si quiere, cree una presionando en **`Nueva carpeta`**) y haga clic en **`Aceptar`**.

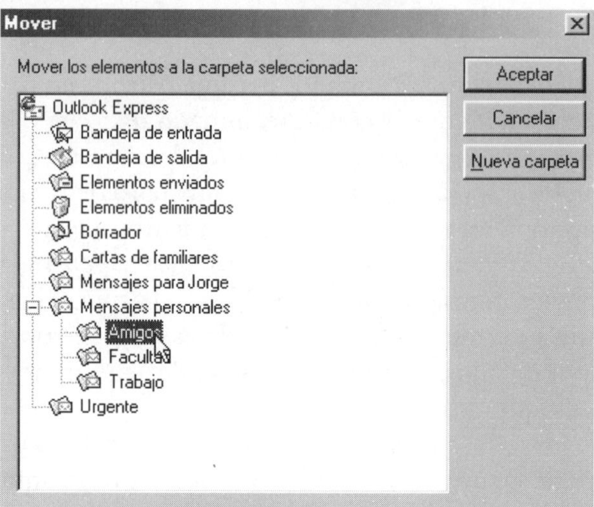


**6)** Una vez que está todo listo, presione **`Aceptar`** y **`Aceptar`** nuevamente, para salir del asistente.

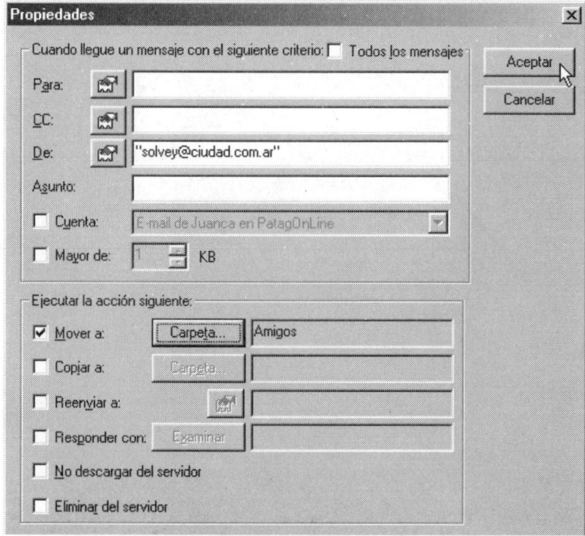

7) La próxima vez que reciba un mensaje proveniente de Andrés, éste se moverá automáticamente a la carpeta **Mensajes Personales/Amigos**. Si desea deshabilitar esta regla, vuelva a abrir el asistente y desmárquela, o bórrela presionando en **Quitar**.

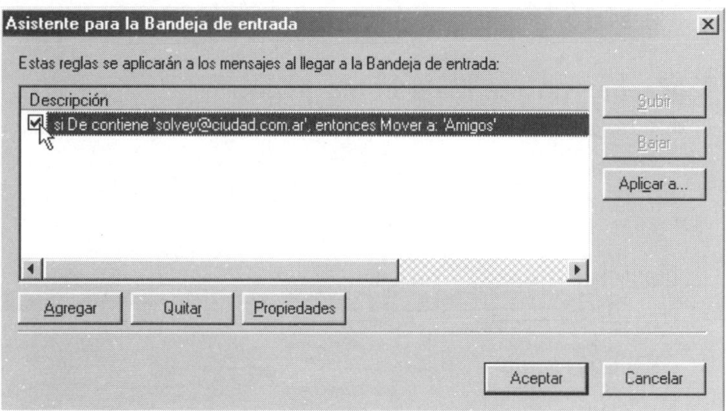


Usted puede crear cientos de reglas, que pueden interactuar entre sí. Mediante los botones **Subir** y **Bajar**, puede priorizar una regla u otra.

## 51. ¿Cómo hago para marcar un mensaje como leído no leído?

Cuando usted recibe correo, los nuevos mensajes aparecen en negrita. De esa manera, el programa le indica que esos mensajes no han sido leídos aún, por lo que deberá tenerlos en cuenta. Cuando selecciona para leer alguno de éstos, a los 5 segundos (según especificamos en las opciones del programa, y que se puede cambiar yendo a **Herramientas/Opciones/Leer**) pasan a marcarse como leídos, sin negrita. Así, sabe que a ese mensaje ya lo revisó.

Si a pesar de que ya miró un mensaje, quiere seguir manteniéndolo como si fuese no leído (o si, sin querer, se automarcó como leído), puede volver a marcarlo. Por el contrario, si quiere marcar rápidamente un mensaje como leído, también puede hacerlo.

**Marcar un mensaje como no leído:**

- Clic derecho sobre el mensaje y elija `Marcar como no leído`.

**Marcar un mensaje como leído:**

- Clic derecho sobre el mensaje y elija `Marcar como leído`.

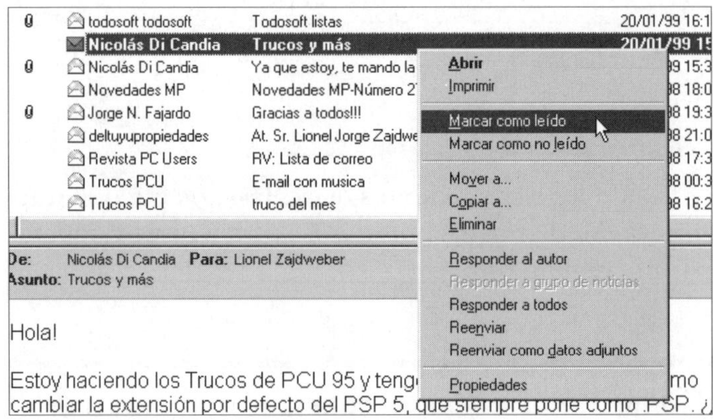


Como este es un proceso muy útil, que se sigue muy a menudo, tal vez lo más conveniente sea tener dos botones extra en la barra de herramientas de Outlook Express, que cumplan estas funciones.

Para agregarlos, simplemente haga lo siguiente:

## Paso a Paso

**1)** Haga clic con el botón derecho del mouse en algún lugar de la barra de herramientas y elija **Botones**.

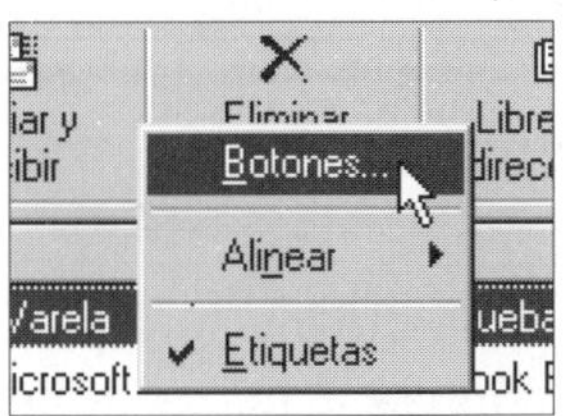


**2)** En el cuadro de la izquierda, en **Botones disponibles**, busque **Marcar como leído** y **Marcar como no leído**. Haga clic sobre uno y presione **Agregar**. Haga lo mismo con el otro.

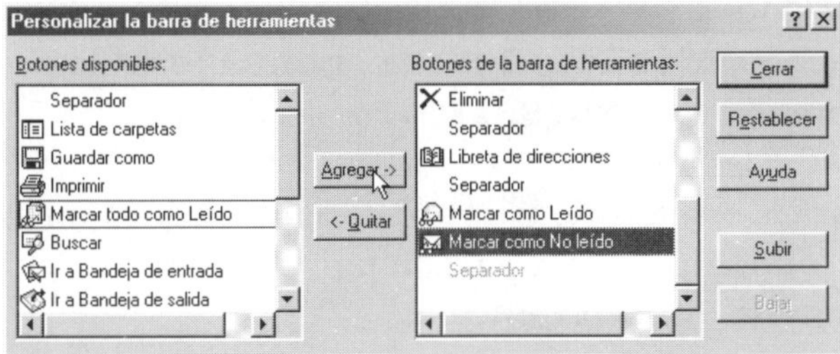


**3)** Si desea, puede además agregar un **Separador** para que quede más ordenado. Cuando termine, presione en **Cerrar**.

**4)** La barra habrá quedado con los nuevos botones que usted agregó.

Para utilizarlos, seleccione primero el mensaje a modificar y luego el botón correspondiente.

Siguiendo el mismo proceso, puede agregar todos los botones que desee (siempre que el ancho de su pantalla lo permita).

## 52. ¿Cómo hago buscar un mensaje que no encuentro entre mis carpetas?

Muchas veces querrá buscar cierta información que le enviaron en un mensaje hace tiempo, y no se acuerda dónde lo puso. No se preocupe, gracias al eficaz sistema de búsqueda de Outlook Express, encontrar mensajes es muy rápido y sencillo.

Para buscar un mensaje, haga lo siguiente:

### Paso a Paso

1) Vaya al menú **Edición/Buscar mensaje** (si lo prefiere, puede presionar **CTRL+SHIFT+F**).

2) Aparecerá la ventana de búsqueda. Ingrese los parámetros y datos que conoce que tiene que cumplir el o los mensajes que busca, y presione **Buscar ahora**.

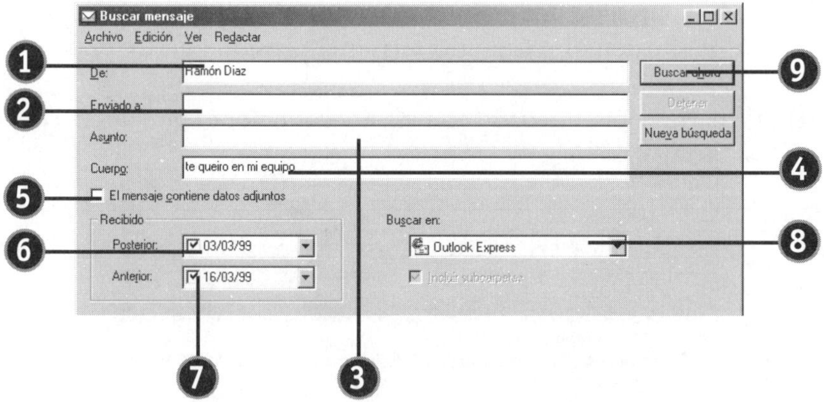

1. Si lo conoce, ingrese aquí el nombre del remitente del mensaje.
2. Si el mensaje está dirigido a una persona en particular, puede ingresarla aquí.
3. Si recuerda el asunto del mensaje, escríbalo aquí.
4. Escriba las palabras que tiene que contener el mensaje en su interior.
5. Si el mensaje tiene archivos adosados, marque esta casilla.
6. Aquí puede seleccionar para buscar mensajes posteriores a determinada fecha.
7. Para buscar mensajes anteriores a una determinada fecha, marque aquí.
8. Si quiere buscar en todas las carpetas, seleccione entonces Outlook Express. Si no, la que desea.
9. Haga clic aquí para iniciar la búsqueda.

**3)** Se verán los resultados de la búsqueda en la parte inferior de la pantalla. Si quiere abrir un mensaje, simplemente haga doble clic sobre él.

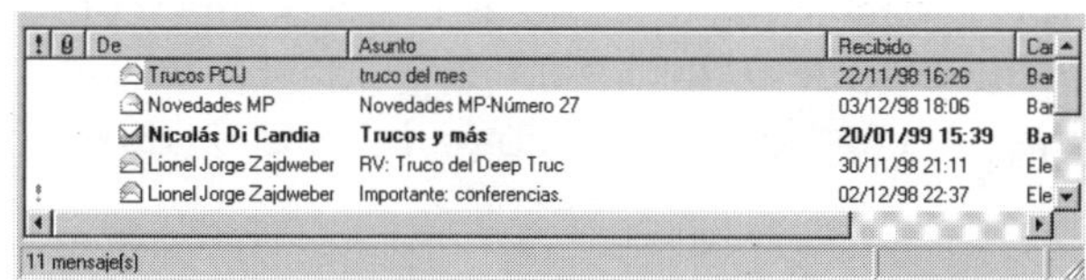


Si no encuentra el mensaje, intente ampliar los resultados quitando parámetros a la búsqueda.

## Con lo que aprendió en este capítulo, usted conoce:

- Qué son la Bandeja de entrada, de salida, la carpeta de elementos enviados, eliminados y borrador.
- Cómo imprimir un mensaje.
- Cómo borrar un mensaje.
- Cómo crear carpetas para organizar los mensajes.
- Que existe una manera de que los mensajes se organicen automáticamente.
- Que puede marcar los mensajes como leídos/no leídos.
- Que si no encuentra un determinado mensaje, puede buscarlo.

Luego de este capítulo, usted ya conoce la forma en que puede organizar sus mensajes para no perderlos.

### Ejercicio práctico:

Cree un carpeta llamada "Amigos". Luego, una regla que mueva automáticamente todos los mensajes de sus amigos a esa carpeta. Una pista: use el Asistente para la Bandeja de entrada.

CAPÍTULO 11

# LA LIBRETA DE DIRECCIONES

**La Libreta de direcciones es un programa muy útil, incluido en Outlook Express. Gracias a ella, no necesitará recordar las direcciones electrónicas de las personas. Aprenda a usarla siguiendo este capítulo.**

53. ¿Qué es la Libreta de direcciones?
54. ¿Cómo agrego a alguien a mi Libreta de direcciones?
55. ¿Cómo uso la Libreta de direcciones?
56. ¿Cómo llevo mi Libreta de direcciones y mensajes a otra PC?

## 53. ¿Qué es la Libreta de direcciones?

La llamada **Libreta de direcciones** es un simple programa que cumple ciertas funciones similares a una agenda, manteniendo una serie de contactos y su información referida a Internet. Esta información puede ser recuperada y utilizada por programas de correo como Outlook Express.

Gracias a esta libreta, podrá almacenar números telefónicos, domicilios, ocupaciones, demás datos personales y, por supuesto, direcciones de correo electrónico. **Esto hará que no deba recordar las direcciones de e-mail de cada persona**: directamente escriba el nombre o una parte de éste, y listo: el programa se encargará del resto.

La libreta puede serle útil como **agenda**. En ella puede anotar diversos datos sobre sus conocidos, para consultarlos en cualquier momento, teniendo también la posibilidad de imprimir las fichas correspondientes.

Para abrir la Libreta de direcciones, vaya a menú **`Inicio/Programas/Internet Explorer/Libreta de direcciones`**. Allí aparecerá la ventana principal.



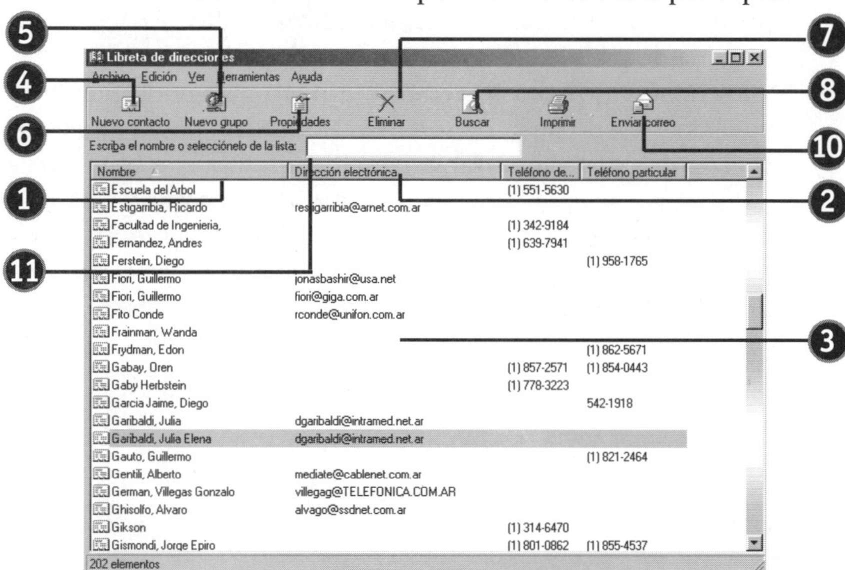


*La ventana de la Libreta de direcciones de Windows. Un programa simple, pero útil.*

1. Ordena los contactos por nombre.
2. Ordena los contactos por correo electrónico.
3. Lista de contactos en su libreta.
4. Presione aquí para agregar una nueva persona a su libreta.
5. Crea un grupo de contactos.
6. Muestra las propiedades del contacto seleccionado.
7. Borra el contacto seleccionado.
8. Busca contactos en su libreta.
9. Imprime una ficha con los datos personales del contacto seleccionado.
10. Presione para enviar un mensaje al contacto seleccionado.
11. Utilice esta casilla para buscar más rápidamente contactos de la lista.

## 54. ¿Cómo agrego a alguien a mi Libreta de direcciones?

B

Existen diferentes modos para agregar contactos a su Libreta de direcciones. Algunos lo hacen de forma automática. Una cosa es segura: cuantas más personas tenga en su libreta, mejor.

Para **agregar contactos manualmente**, con la libreta abierta presione en el botón **Agregar contacto**. Aparecerá la ventana de propiedades de esta nueva persona.

En **Nombre**, podrá ingresar el primero y segundo nombres, apellido y apodo de la persona. En **Mostrar**, podrá optar por cuál/es de estos se mostrarán para identificar a este contacto.

Por otra parte, en **Direcciones de correo electrónico** deberá ingresar la dirección de e-mail de la persona, donde dice **Agregar nueva**. Cuando haya terminado, presione **Agregar**.

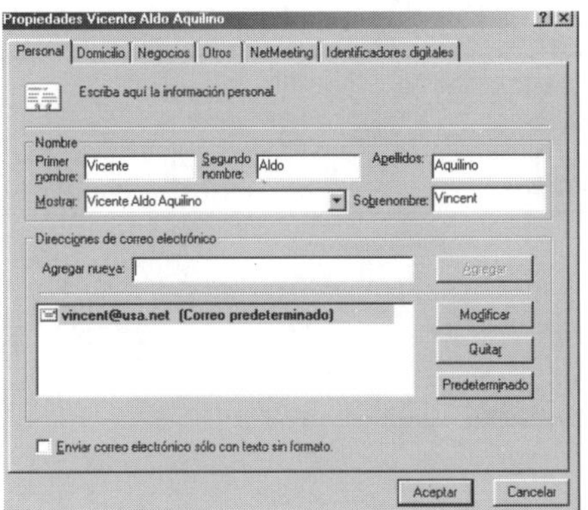


Si desea agregar otros datos, como el domicilio, teléfono, empresa, página web personal, edad, sexo o comentarios, haga clic en la lengüeta **Domicilio**, **Negocios** u **Otros**, según corresponda.

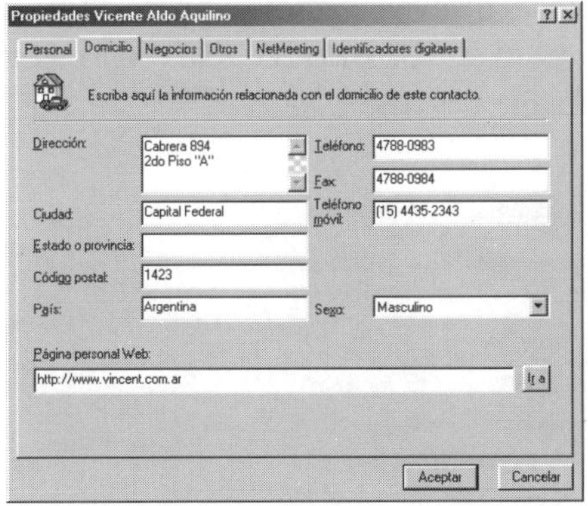


Podrá **agregar contactos de mensajes que le envíen**, gracias a ciertas opciones de Outlook Express.

Cuando le envían un mensaje y usted lo abre haciendo doble clic sobre él, aparece la casilla **De**, con el nombre del remitente a la derecha. Si hace clic derecho sobre el nombre, aparecerá una opción que dice **Agregar a la Libreta de direcciones**. Si la selecciona, aparecerá la ventana de **Nuevo contacto**. Si desea, complete algunos datos suplementarios, y cuando finalice, presione **Aceptar**. De esta manera, el contacto se habrá agregado.

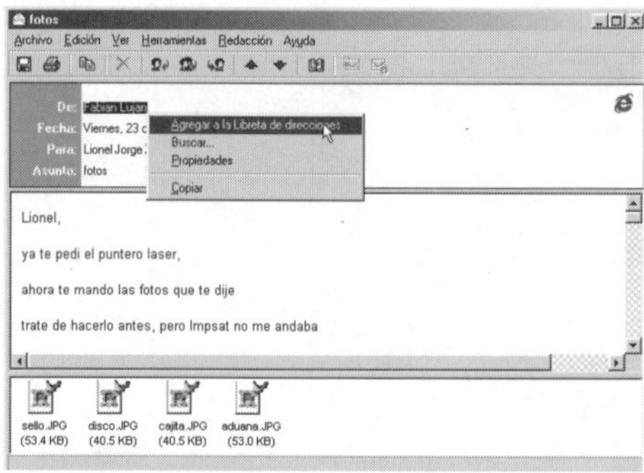


Si desea que siempre que responda a un mensaje, el que lo envió **sea agregado automáticamente**, también es posible, a la vez que muy útil.

Dentro de Outlook Express, vaya al menú `Herramientas/Opciones`, y fíjese que la opción `Agregar a los que responda a la Libreta de direcciones` esté tildada. Así de fácil.

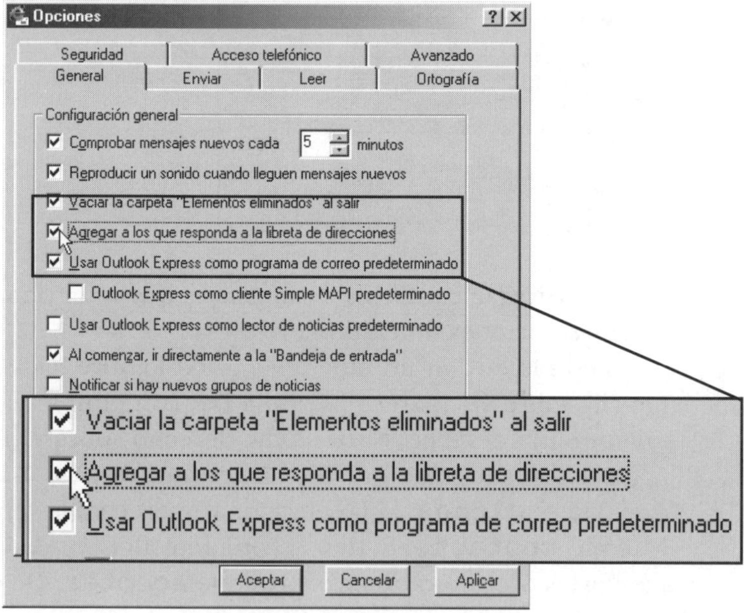

## 55. ¿Cómo uso la Libreta de direcciones?

El principal uso de la Libreta de direcciones es hacer más sencillo el escribir mensajes, al no tener que recordar la dirección de correo electrónico de las personas. Por eso, Outlook Express le brinda varias formas de agregar destinatarios a los mensajes, usando la libreta.

Para utilizarla, primero abra el programa de correo y haga clic en **Redactar mensaje** para crear un nuevo e-mail.

Son tres las formas para utilizar la Libreta de direcciones con Outlook Express. Aquí están:

- Una de las opciones más utilizadas consiste en hacer **clic sobre el pequeño dibujo de una tarjeta** que se encuentra a la derecha de **Para**, **CC** y **CCO**. Si hace esto, aparecerá una nueva ventana. Seleccione el o los destinatarios del mensaje, haciendo clic sobre su nombre y luego en el botón correspondiente al campo adonde lo quiere enviar. Una vez que termine, presione **Aceptar**. Volverá a la pantalla de redacción del mensaje, donde observará que aparecerán los nombres que seleccionó, en los casilleros correspondientes. Continúe escribiendo el mensaje y envíelo. Así de fácil.

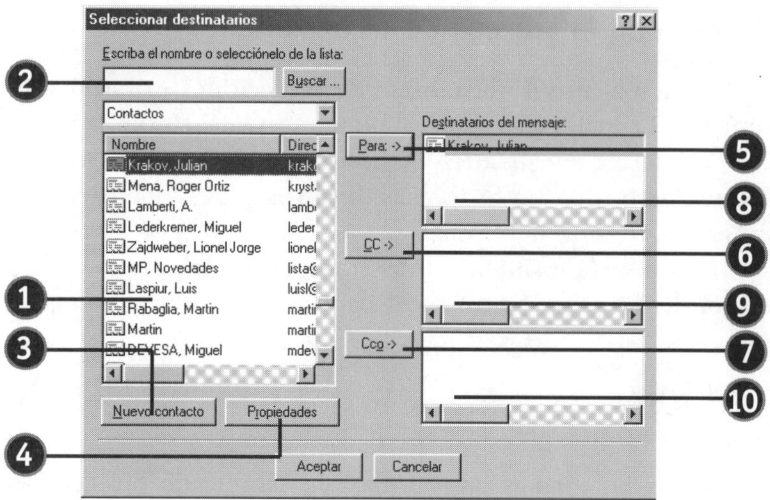


1. Lista de contactos y grupos.
2. Ingrese aquí un nombre para buscarlo.
3. Si el contacto que busca no aparece en la lista, cree uno nuevo presionando aquí.
4. Muestra las propiedades y datos del contacto.
5. Envía el contacto seleccionado al campo **Para**.
6. Envía el contacto seleccionado al campo **CC**.
7. Envía el contacto seleccionado al campo **CCO**.
8. Muestra los contactos seleccionados en el campo **Para**.
9. Muestra los contactos seleccionados en el campo **CC**.
10. Muestra los contactos seleccionados en el campo **CCO**.

- La segunda manera es mucho más sencilla. Simplemente, en el campo **Para**, **CC** o **CCO**, según corresponda, **empiece a escribir el nombre del destinatario**. Si éste se encuentra registrado en la Libreta de direcciones, cuando empiece a escribir, se "autocompletará" el resto del nombre con la opción más cercana. Si no es la que corresponde, siga escribiendo hasta que aparezca la correcta. Si no lo hace, significa que los datos de esa persona no fueron ingresados a la Libreta. Si lo hace de forma correcta, presione **ENTER** para finalizar el nombre.

Para incluir más de un destinatario por campo, simplemente tipee el símbolo ";" y escríbalo a continuación.

- La tercera forma consiste en un **método de aproximación**. Si posee en su libreta muchos contactos con nombre similar, puede escribir parte del nombre en el campo que corresponda, y presionar el botón **Comprobar nombres**. Aparecerá una nueva ventana, donde verá todos los contactos que tienen ese nombre. Seleccione el que le interesa y presione en **Aceptar**. Listo.

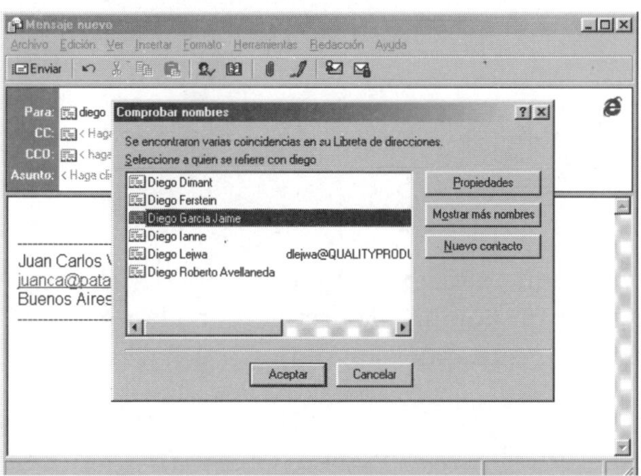


## 56. ¿Cómo llevo mi Libreta de direcciones y mensajes a otra PC?

Puede ocurrir que usted compre una nueva PC y quiera conservar la Libreta de direcciones o los mensajes importantes que tenía en el equipo anterior. O tal vez necesite tener la misma información en la PC de su casa y en la del trabajo. En estos casos, puede hacer una copia de la Libreta y de los mensajes que le interesen. Recuerde que necesitará algunos disquetes para hacerlo.

### Copiar su Libreta de direcciones a otra PC

**✘ Paso a Paso**

1) Abra Outlook Express y vaya al menú **Archivo/Exportar /Libreta de direcciones**.

2) Seleccione **Archivo de texto** y haga clic en **Exportar**.

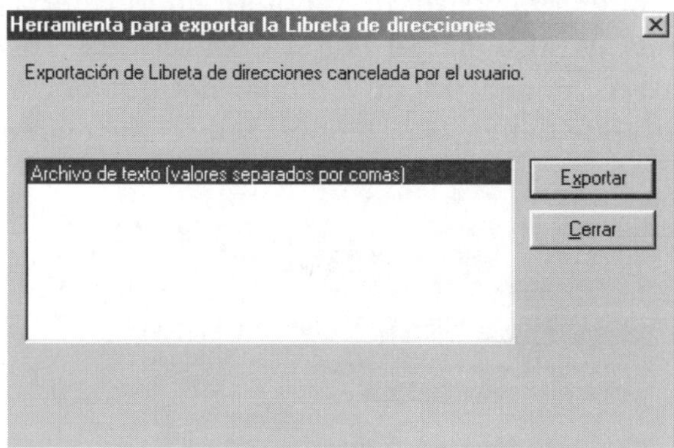


3) Inserte un disquete vacío en la disquetera. Escriba una ubicación de éste y un nombre de archivo con el que guardará su libreta (**a:libreta**, por ejemplo).

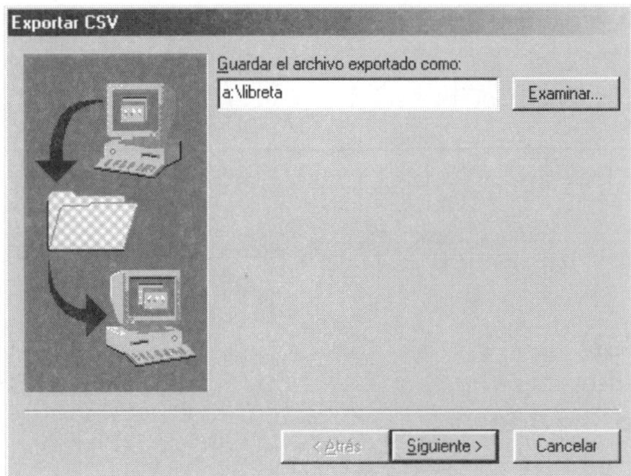


**4)** Haga clic en **Siguiente** y luego en **Finalizar**.

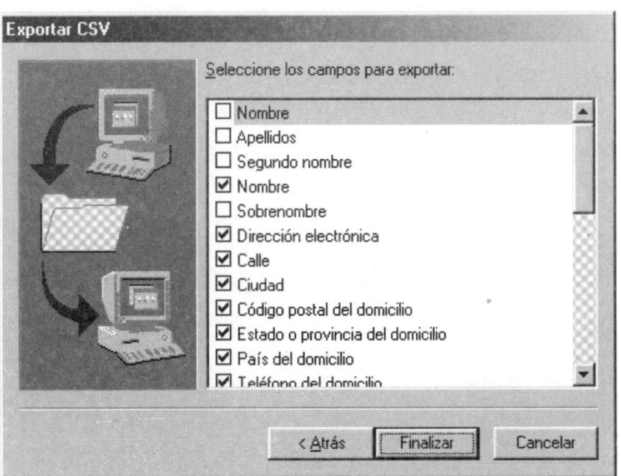


**5)** Ahora vaya a la otra PC, inserte el disquete en donde grabó la información y, desde el Outlook Express, vaya a **Archivo/Importar/Libreta de direcciones**.

**6)** Seleccione nuevamente **Archivo de texto** y haga clic en **Importar**.

**7)** En la nueva ventana que aparece, escriba la ubicación del archivo (**a:libreta**). Y presione en **Siguiente** (si éste no está habilitado, es que escribió mal la ubicación).

**8)** Finalmente, presione **Finalizar** para copiar su libreta.

### Copiar sus mensajes a otra PC

**✗ Paso a Paso**

**1)** Abra el Explorador yendo a **Inicio/Programas/Explorador de Windows**.

**2)** Diríjase a la carpeta **Archivos de programa/Outlook Express/Mail**.

**3)** Presione **CTRL+E** para seleccionar todos los mensajes. Introduzca un disquete vacío en la disquetera.

**4)** Haga clic derecho sobre alguno de los archivos seleccionados y elija **Enviar a/Disco de 3½ (A)**.

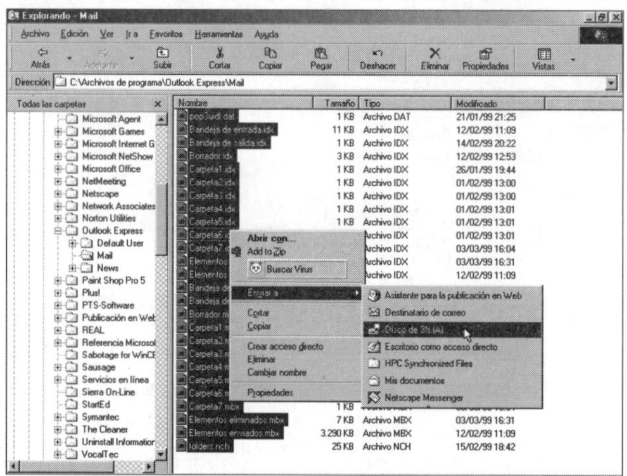

**5)** Los archivos de mensajes se copiarán. En caso de que no entren, necesitará un disquete extra.

**6)** Ya en la otra PC, diríjase nuevamente a la carpeta **Archivos de programa/Outlook Express/Mail** con el Explorador de Windows.

**7)** Inserte el disquete donde copió los mensajes. Abra una nueva ventana del Explorador, diríjase a la unidad **A** (disquetera) y presione **CTRL+E** para seleccionar todos los archivos.

**8)** Haga clic derecho sobre alguno, y elija **Copiar**. Vuelva a la otra ventana del Explorador, presione en cualquier zona libre con el botón derecho, y elija **Pegar**.

IMPORTANTE: Los mensajes que tuviese en la nueva PC se perderán.

De esta manera, usted puede trasladar su información de relevancia de una PC a otra sin grandes problemas. ¿Qué me dice?

## Con lo que aprendió en este capítulo, usted conoce:

- Qué es la Libreta de direcciones.
- Cómo puede agregar una persona a su libreta.
- Cómo usar la Libreta de direcciones.
- Cómo llevar la libreta y/o mensajes de una PC a otra sin inconvenientes.

Luego de este capítulo, usted ya aprendió a manejarse con el útil auxiliar que es la Libreta de direcciones.

### Ejercicio práctico:

Muy fácil: agrégueme a mí a su libreta. Nunca está de más.

## CAPÍTULO 12

# HERRAMIENTAS AVANZADAS

**En este capítulo conocerá una serie de herramientas avanzadas que brinda el correo electrónico. Es ideal para aquellos que quieren descubrir los nuevos beneficios que el e-mail tiene para brindarles. Además, seguramente le interesará cómo, por ejemplo, enviar mensajes hablados por correo electrónico.**

57. ¿Puedo obtener mayor información de los mensajes?
58. ¿Hay alguna forma de firmar los mensajes automáticamente?
59. Tengo varias cuentas, ¿puedo comprobarlas por separado?
60. ¿Puedo escribir desde una dirección pero que me contesten a otra?
61. ¿Cómo hago para que cuando pongo "Responder" no aparezca todo el mensaje que recibí?
62. ¿Puedo mandar mensajes hablados?
63. ¿Qué son los mensajes HTML?
64. ¿Cómo hago para enviar mensajes con texto en negrita, en colores o en distintos tamaños? ¿Y con dibujos?
65. ¿Puedo ver una página web por correo electrónico?

## 57. ¿Puedo obtener mayor información de los mensajes?

Si usted desea obtener mayor información sobre los mensajes que le llegan, también puede hacerlo. Esto es útil para saber quién le envió un e-mail, cuando no figura el remitente o figura un nombre falso.

### Paso a Paso

1) Seleccione el mensaje que le interesa haciendo clic sobre él.

2) Vaya al menú **Archivo/Propiedades**.

3) Haga clic en la lengüeta **Detalles**.

4) Presione en **Origen del mensaje**.

5) De la ventana que aparece, puede rescatar, entre otras, la información que le dan **Recived** (proveedor y dirección de Internet) y **From**.

Origen del mensaje

```
Received: from postino2.prima.com.ar - 200.42.0.133 by ciudad.com.ar with Microsoft SMTPSVC;
        Thu, 21 Jan 1999 20:37:32 -0300
Received: from lionelza (host021042.ciudad.com.ar [200.42.21.42])
       by postino2.prima.com.ar (8.9.1a/8.9.1) with SMTP id UAA02559
       for <lioneljo@ciudad.com.ar>; Thu, 21 Jan 1999 20:42:03 -0300 (ART)
Message-ID: <001301be4597$85d59d60$8e1c2ac8@lionelza>
From: "Juan Carlos Varela" <lioneljo@ciudad.com.ar>
To: <lioneljo@ciudad.com.ar>
Subject: Mensaje de prueba
Date: Thu, 21 Jan 1999 20:39:46 -0300
MIME-Version: 1.0
Content-Type: text/plain;
       charset="iso-8859-1"
Content-Transfer-Encoding: 8bit
X-Priority: 3
X-MSMail-Priority: Normal
X-Mailer: Microsoft Outlook Express 4.72.3155.0
X-MimeOLE: Produced By Microsoft MimeOLE V4.72.3155.0
Content-Transfer-Encoding: 8bit
Return-Path: lioneljo@ciudad.com.ar

Me mando este mensaje a mi mismo para ver si me llega bien.
OK?

Juanca
```

De esta manera, si alguien le mandó un mensaje agresivo y ocultó su nombre, podrá descubrir de quién se trata y cuál es su dirección de correo.

## 58. ¿Hay alguna forma de firmar los mensajes automáticamente?

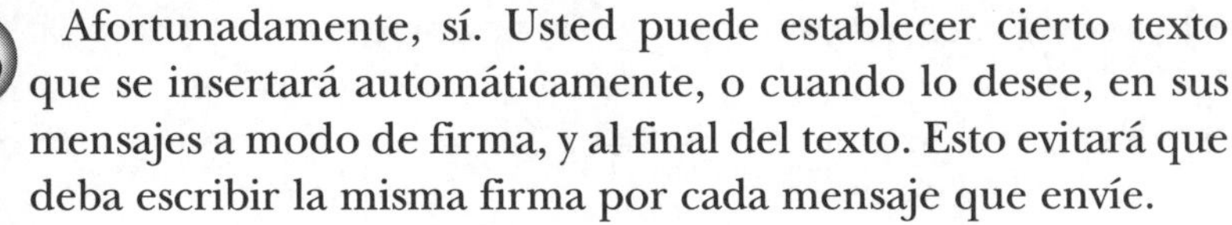

Afortunadamente, sí. Usted puede establecer cierto texto que se insertará automáticamente, o cuando lo desee, en sus mensajes a modo de firma, y al final del texto. Esto evitará que deba escribir la misma firma por cada mensaje que envíe.

***Firma***

Una firma es cierto texto que se ubica al final de los mensajes, identificando al remitente. Es conveniente utilizarla, para que los destinatarios del correo identifiquen rápidamente de quién proviene el mensaje, cuál es su dirección de correo y otros datos que desee comentar.

Para definir cuál será la firma, siga estos pasos:

### ✗ Paso a Paso

1) Con Outlook Express abierto, vaya al menú **Herramientas /Material de papelería**.

2) Haga clic en **Firma**.

3) En el recuadro donde dice **Texto**, inserte su firma. Elija la que le guste más.

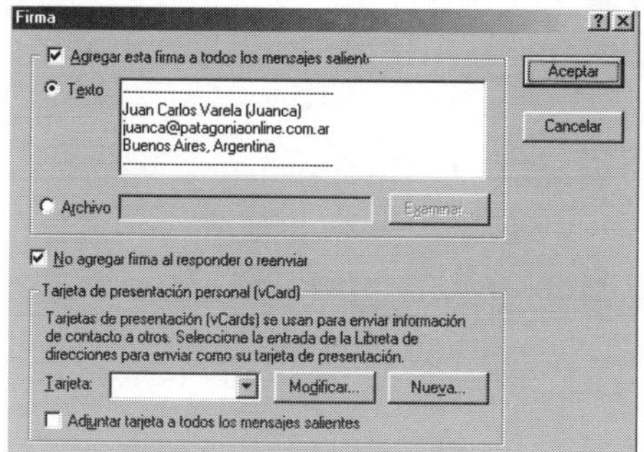




4) Si desea que su firma se inserte automáticamente cada vez que crea un mensaje nuevo, seleccione la casilla **Agregar firma a todos los mensajes salientes**, ubicada en la parte de arriba de la ventana. Para que no se agregue la firma cuando con teste o reenvíe un mensaje, marque la casilla **No agregar firma al responder o reenviar**.

5) Cliquee en **Aceptar** para cerrar esta ventana y **Aceptar** nuevamente para cerrar la otra.

6) Ahora, cree un nuevo mensaje, presionando el botón **Redactar mensaje**. Si había seleccionado que la firma se inserte automáticamente, ésta deberá aparecer frente a usted. De lo contrario, haga clic en el botón que tiene una lapicera, y la firma se insertará.

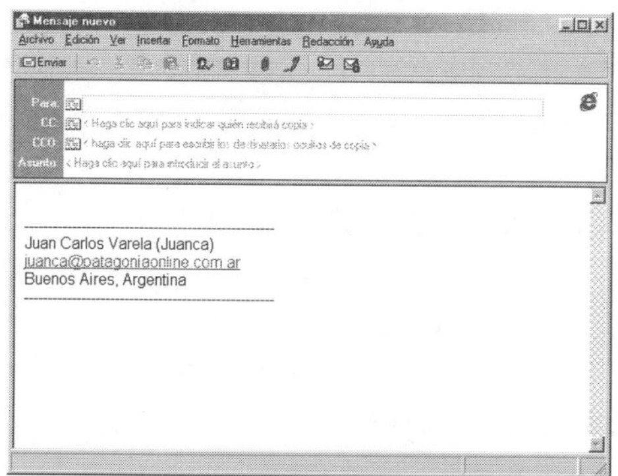


Listo, ya no deberá escribir manualmente su firma en los mensajes que envíe. ¿Vio qué fácil era?

## 59. Tengo varias cuentas, ¿puedo comprobarlas por separado?

Por supuesto que sí. Una de las características más interesantes de Outlook Express es la capacidad de manejar múltiples cuentas, no sólo de correo, sino también de noticias y servidores de directorio.

Para comprobar una cuenta por separado, vaya al menú **Herramientas/Enviar y recibir** y seleccione la cuenta a comprobar.

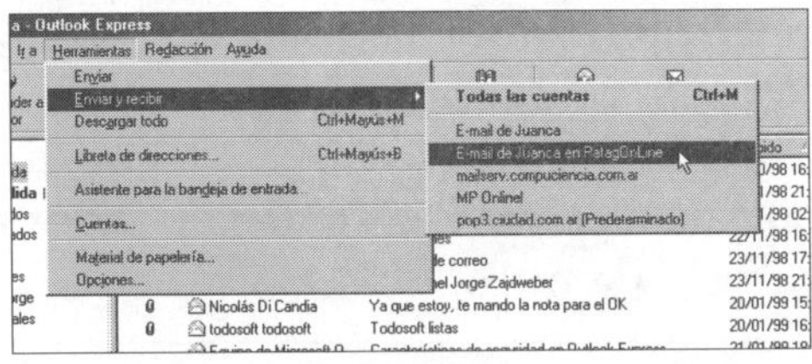


Ojo, si presiona el botón **Enviar y recibir** se comprobarán todas las cuentas que tenga configuradas.

## 60. ¿Puedo escribir desde una dirección pero que me contesten a otra?

Esto puede serle útil cuando quiera escribir desde su trabajo, y que le contesten en la cuenta de su casa, por ejemplo.

El truco consiste en cambiar la **dirección de respuesta**, que aparece cuando la otra persona presiona **Responder al autor** en su programa de correo.

Para esto, deberá modificar su cuenta:

## Paso a Paso

1) Con Outlook Express abierto, vaya a **Herramientas/ Cuentas**.

2) Seleccione la cuenta a modificar y haga clic en **Propiedades**.

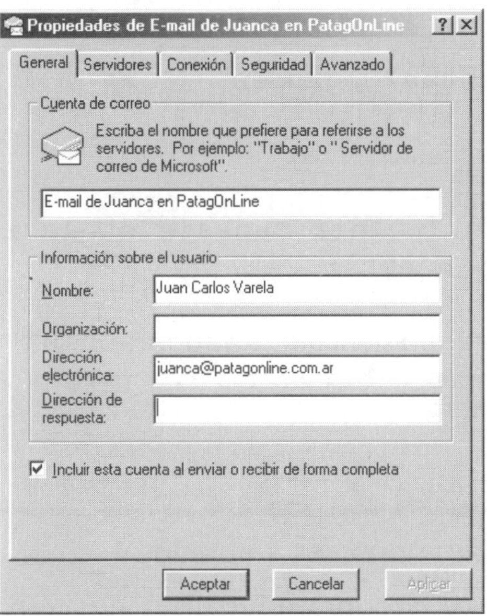


3) En **Dirección de respuesta** introduzca la dirección a la que desea que las demás personas le contesten. Tenga cuidado en escribirla correctamente.

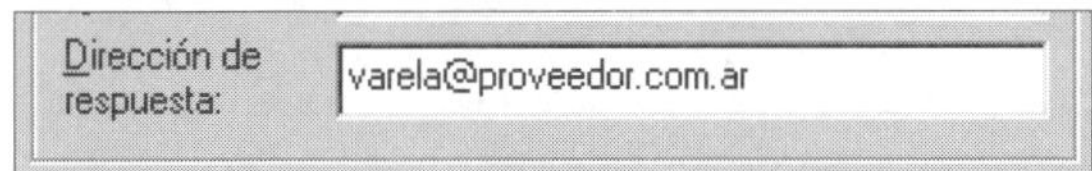


4) Presione **Aceptar** y **Cerrar**, para finalizar.

Listo, cada vez que usted envíe un e-mail por esa cuenta, se le contestará a la que hubiese elegido.

## 61. ¿Cómo hago para que cuando pongo "Responder" no aparezca todo el mensaje que recibí?

Si a usted le molesta que esto suceda, puede modificarlo.

**Paso a Paso**

1) Vaya a **Herramientas/Opciones**.

2) Haga clic en la lengüeta **Enviar**.

3) Desmarque la casilla **Incluir mensaje en la respuesta** y presione **Aceptar**.

Luego, pruébelo presionando **Responder al autor** sobre algún mensaje, y observará que éste no aparecerá.

## 62. ¿Puedo mandar mensajes hablados?

Si bien el correo electrónico fue diseñado, en principio, para el envío único de textos, es posible también mandar algunos mensajes hablados. Esto se debe a que se puede adosar un archivo de sonido a un e-mail, para que el destinatario lo escuche.

Para enviar un mensaje hablado, necesitará primero grabar lo que quiera decir y luego enviarlo. Vea cómo hacer esto, utilizando la **Grabadora de sonidos** (incluida con Windows), un micrófono estándar y Outlook Express.

### Grabar el mensaje

1) Abra la Grabadora de sonidos yendo a **Inicio/Programas/Accesorios/Entretenimiento/Grabadora de sonidos**.

2) Grabe el mensaje que quiere enviar, siguiendo los pasos de la guía visual de más abajo. Debe hacerlo lo más corto posible (igual, el límite es 1 minuto) o el archivo será demasiado pesado.

1. Presione aquí para empezar a grabar su mensaje.
2. Cuando haya terminado de hablar, presione acá para detener la grabación.
3. Haga clic aquí para ver cómo quedó el mensaje. Si no le gusta, vaya a Archivo/Nuevo.
4. Avance rápido.
5. Retroceso rápido.
6. Deje presionado el botón del mouse para desplazarse por el mensaje.
7. La duración total del mensaje.
8. Si la línea verde no se modifica cuando graba, es que no recibe sonido. Verifique que el micrófono esté bien conectado.

**3)** Cuando haya terminado, debe guardar el archivo. Vaya a **Archivo/Guardar como**. Navegue hasta el Escritorio. En **Nombre de archivo**, ingrese un nombre para éste.

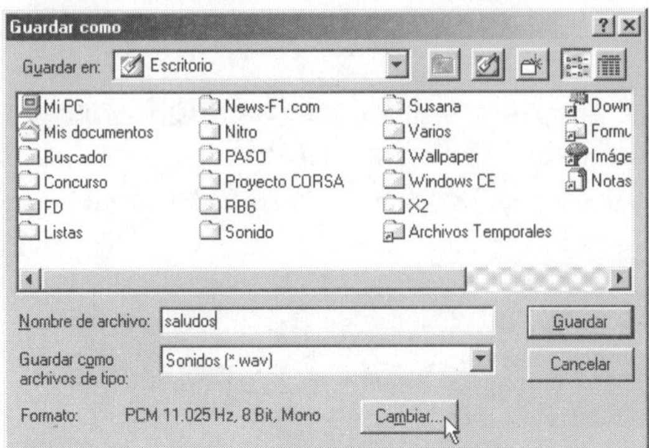


**4)** Antes de guardar el archivo, habrá que reducir la calidad del mismo para que el tamaño sea menor. Haga clic en **Cambiar**, seleccione **Calidad de teléfono** y presione **Aceptar**. Finalmente, clic en **Guardar**.

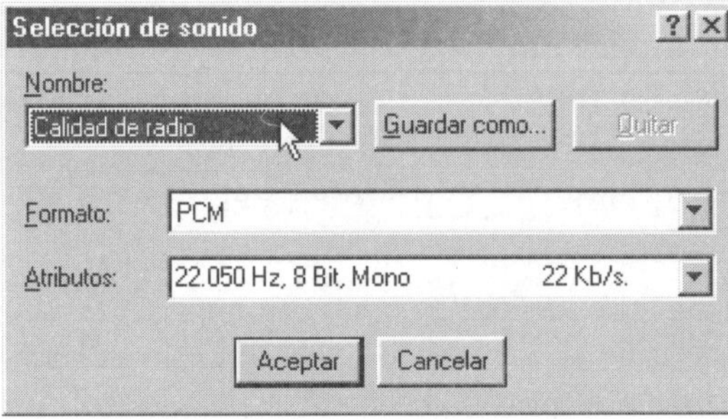


### Enviar el mensaje

**5)** Una vez que grabó el archivo, puede enviarlo como cualquier otro, adosado a un mensaje.

**6)** Minimice todas las ventanas hasta ver el Escritorio, haga clic derecho sobre el archivo que guardó, y elija **Enviar a/Destinatario de correo**.

7) Complete los datos y envíe el mensaje. Si le responden de la misma manera, simplemente abra el archivo y éste se reproducirá automáticamente.

Si bien ésta es una posibilidad para comunicarse con "voz" por medio de Internet, tal vez lo mejor que podrá hacer será usar un programa de videoconferencias. Así, el diálogo en tiempo real será más fluido y entretenido. Como si se tratase del teléfono.

## 63. ¿Qué son los mensajes HTML?

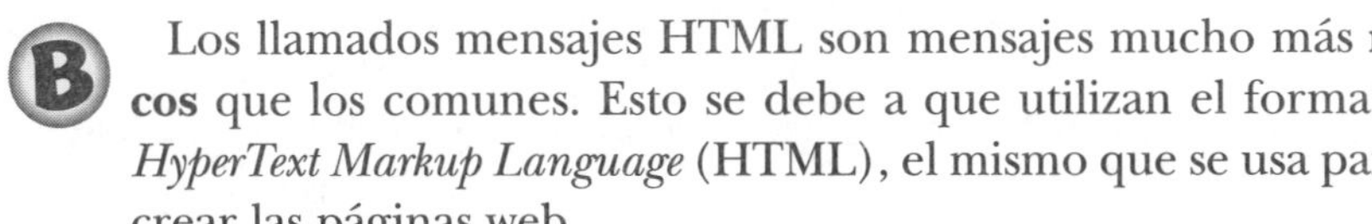

Los llamados mensajes HTML son mensajes mucho más **ricos** que los comunes. Esto se debe a que utilizan el formato *HyperText Markup Language* (HTML), el mismo que se usa para crear las páginas web.

Este formato para los mensajes surgió de la idea de dar mayor variedad y opciones a los fríos mensajes de texto puro. En la actualidad, la mayoría de los programas de correo los soportan.

Gracias a los mensajes HTML es posible enviar textos con diversas fuentes, tamaños y colores, como así también fondos, dibujos o fotos incrustadas.

Sin embargo, a pesar de los beneficios que posee este formato, enviar mensajes de este tipo a todas las personas es poco aconsejable. Muchos todavía tienen programas antiguos, y el mensaje les llegará como un archivo adosado.

Además, los mensajes demasiado sobrecargados suelen molestar. Como si fuese poco, los HTML tardan más en enviarse y llegar (especialmente si poseen imágenes). Por eso es preferible preguntar antes al destinatario si desea recibir este tipo de mensajes o no.

*Un mensaje HTML típico. Mucho más sofisticado que uno común, pero también más pesado.*

## 64. ¿Cómo hago para enviar mensajes con texto en negrita, en colores o en distintos tamaños? ¿Y con dibujos?

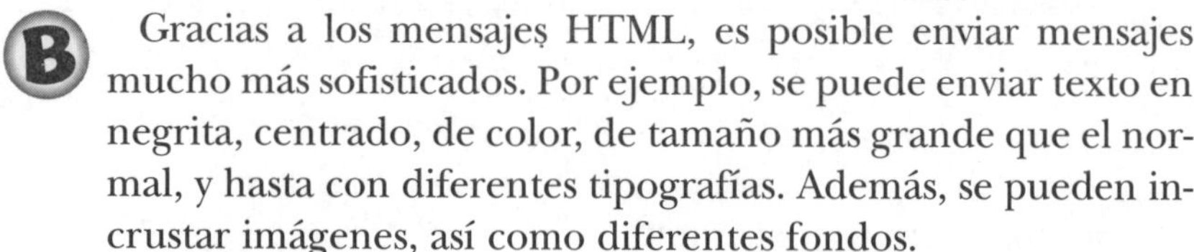

Gracias a los mensajes HTML, es posible enviar mensajes mucho más sofisticados. Por ejemplo, se puede enviar texto en negrita, centrado, de color, de tamaño más grande que el normal, y hasta con diferentes tipografías. Además, se pueden incrustar imágenes, así como diferentes fondos.

## Cómo redactar mensajes HTML

1) Para crear un mensaje HTML nuevo, haga clic sobre la flechita hacia abajo que aparece a la derecha de **`Redactar mensaje`**, y elija un fondo que sea de su agrado (Hiedra, por ejemplo).

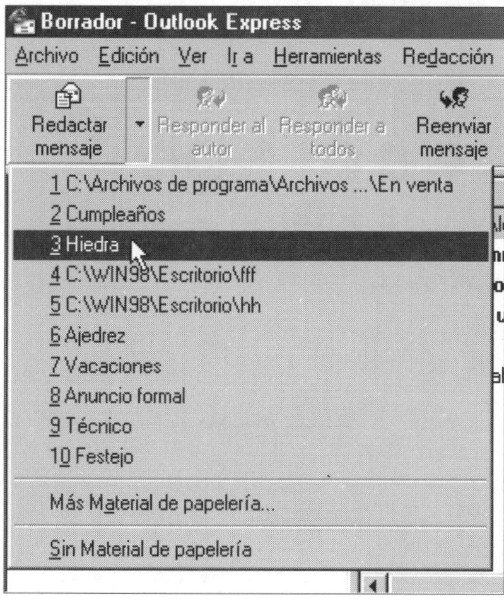


2) Aparecerá la ventana de redacción de mensajes con una nueva barra, la de formato de carácter. Gracias a ella puede escribir mensajes con todas las posibilidades que el HTML brinda.

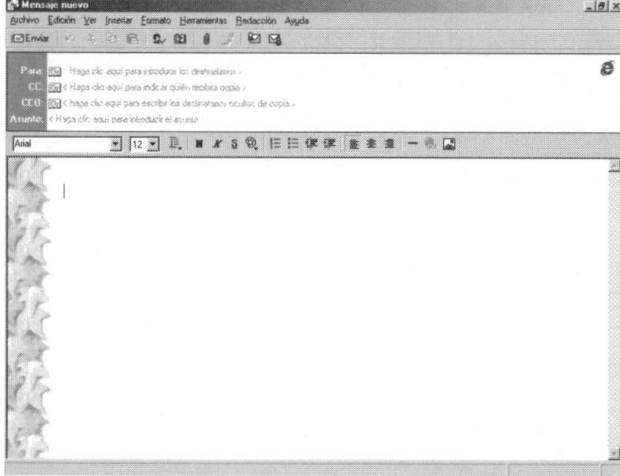

**3)** Escriba su mensaje siguiendo esta guía visual. Cuando termine, complete también los datos del destinatario (el "sobre") de la misma forma en que siempre lo hizo.

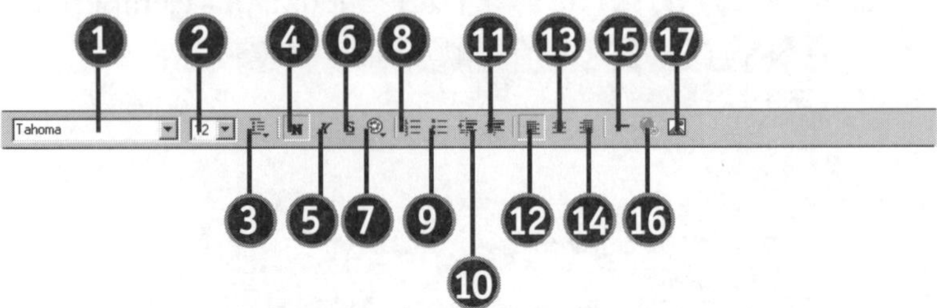

1. Fuente de la letra.
2. Tamaño de la letra.
3. Aplica diferentes estilos al texto.
4. Negrita.
5. Cursiva.
6. Subrayado.
7. Color del texto.
8. Lista numerada.
9. Lista con viñetas.
10. Reduce la sangría.
11. Aumenta la sangría.
12. Alinea el texto a la izquierda.
13. Centra el texto.
14. Alinea el texto a la derecha.
15. Inserta una línea horizontal.
16. Inserta un hipervínculo (link) a una página web o dirección de correo electrónico.
17. Inserta una imagen.

**4)** Una vez terminado el mensaje, presione **Enviar** y luego **Enviar y recibir**, para mandarlo.

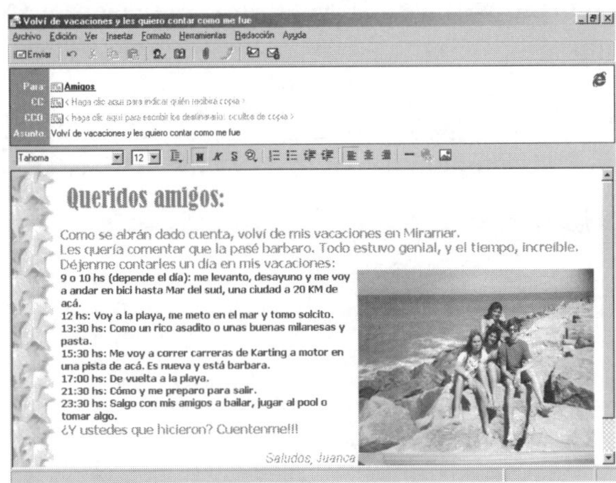


Un consejo: no envíe mensajes demasiado sobrecargados, ya que estos serán molestos y de difícil lectura. Además, incluir imágenes muy pesadas hará que el mensaje tarde bastante en ser enviado y recibido.



## 65. ¿Puedo ver una página web por correo electrónico?

**A** Increíblemente, sí. Aunque usted sólo posea una cuenta de e-mail (sin acceso a los demás servicios de la Web), podrá ver páginas web, aunque con grandes limitaciones.

Esto es posible gracias a los servicios gratuitos que se brindan en Internet. Usted envía un mensaje con las intrucciones del sitio que desee ver, y al tiempo lo recibirá por e-mail.

Para poder ver una página web por correo electrónico, siga estos pasos:

### Paso a Paso

1) Redacte un mensaje nuevo (clic en **Redactar mensaje**, ¿no se acordaba?).

**2)** En **`Para`**, ingrese **`webmail@www.ucc.ie`** Deje el **`Asunto`** sin completar.

**3)** En el cuerpo del mensaje, escriba **go** y la dirección de la página que desea recibir. Por ejemplo, **`go http://www.altavista.com`**.

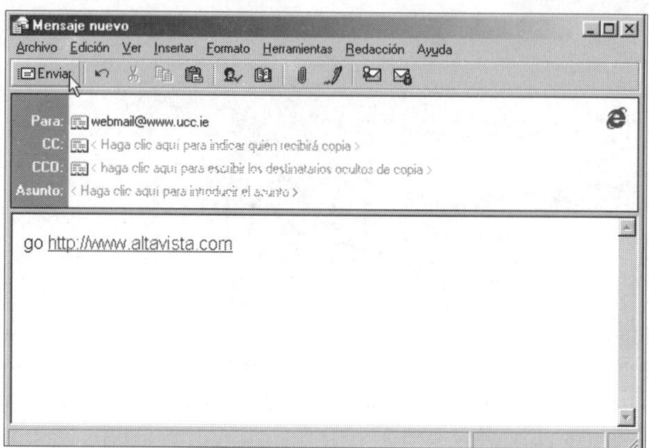


**4)** Envíe el mensaje y, al cabo de algunos minutos, fíjese si obtuvo respuesta.

Así como se pueden ver páginas web por correo electrónico, se pueden utilizar otros servicios por este medio. Por ejemplo, FTP. Sin embargo, esto ya excedería los límites de este libro.

## Con lo que aprendió en este capítulo, usted conoce:

- Cómo obtener mayor información de sus mensajes.
- Cómo firmar los mensajes de forma automática.
- Cómo comprobar cuentas por separado.
- Cómo modificar la dirección de respuesta.
- Cómo mandar mensajes hablados.
- Qué son los mensajes HTML.
- Cómo mandar mensajes HTML.
- Cómo puede ver una página web por correo electrónico.

Luego de este capítulo, usted ya tiene conocimientos avanzados sobre el e-mail. Sin embargo, hay aún mucho por descubrir.

**Ejercicio práctico:**

Envíeme un lindo y colorido mensaje HTML a mi dirección (lionel@mponline.com.ar), poniendo como asunto a "111 HTML". Cuénteme cómo resulta su experiencia con el libro hasta ahora.

# CAPÍTULO 13

# PRODUCTIVIDAD

**Usted puede sacar más provecho del correo electrónico haciendo nuevas cosas que le simplifiquen tareas. A eso se lo llama productividad. Anímese a descubrir qué más puede hacer. Algo interesante: cómo conseguir cuentas de correo electrónico estándar gratuitas. ¿Qué me dice?**

66. ¿Dónde puedo conseguir la dirección de correo electrónico de una persona?
67. ¿Puedo trabajar más rápido usando las teclas?
68. ¿Puedo leer mi correo desde otra computadora? ¿Aunque me conecte a través de otro proveedor?
69. ¿Puedo crear un grupo de personas para no tener que elegirlas una por una cada vez que quiero mandarles un mensaje?
70. Somos una familia numerosa, ¿podemos tener una cuenta de correo electrónico para cada uno? ¿Y una gratis?

## 66. ¿Dónde puedo conseguir la dirección de correo electrónico de una persona?

Si usted tiene amigos o familiares perdidos en el exterior y sospecha que pueden llegar a tener e-mail, con un poco de suerte podrá averiguar sus direcciones de correo electrónico. Esto, gracias a los llamados **directorios de personas**.

En la actualidad, una de las pocas formas de conseguir direcciones de e-mail de conocidos es a través directorios.

Con un sistema similar al de las páginas amarillas, los directorios registran determinados datos personales de la gente, únicamente de las personas que desean que éstos sean de dominio público. Para que uno pueda ser ubicado es necesario que antes se haya registrado, por lo que sólo una pequeña parte de todos los usuarios de Internet se encuentran inscriptos. Sin embargo, no quedan muchas otras opciones para ubicar personas en la Red. Uno de los directorios más conocidos y completos es **Yahoo! People Search** (www.yahoo.com/search/people), anteriormente conocido como Four 11. Éste, junto a otros como **Bigfoot** (www.bigfoot.com), **Infospace** (www.infospace.com), **Switchboard** (www.switchboard.com), **WhoWhere** (www.whowhere.com), se encuentran integrados en **el sistema de búsqueda de personas** de Outlook Express.



Si desea buscar a alguien, siga estos pasos:

### Paso a Paso

1) En Outlook Express vaya al menú **`Edición/Encontrar usuarios`**.

2) Donde dice **`Buscar en`** seleccione el directorio que desea utilizar (puede empezar a probar con el de Yahoo!).

3) En **`Nombre`**, ingrese el apellido o nombre completo de la persona que desea buscar. Imagínese que si sólo escribe "García", podrá encontrar miles de resultados.

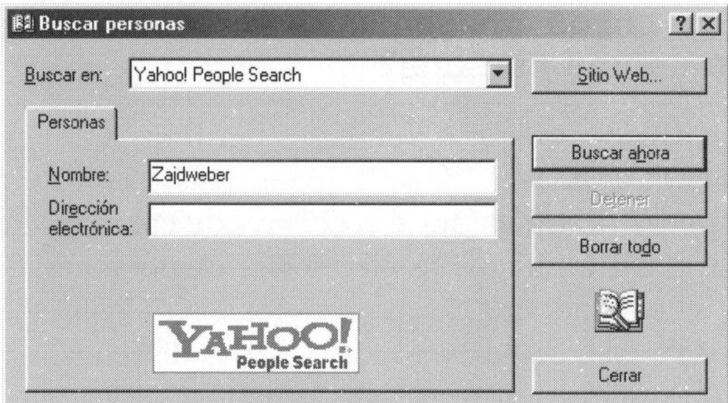


**4)** Presione el botón **Buscar ahora** (deberá conectarse para poder realizar la búsqueda).

**5)** Aparecerán los resultados. Si desea obtener más información de una persona, márquela y presione **Propiedades**. Si es la persona que buscaba, puede hacer clic **Agregar a la Libreta** para incorporarla a la Libreta de direcciones y enviarle un e-mail.

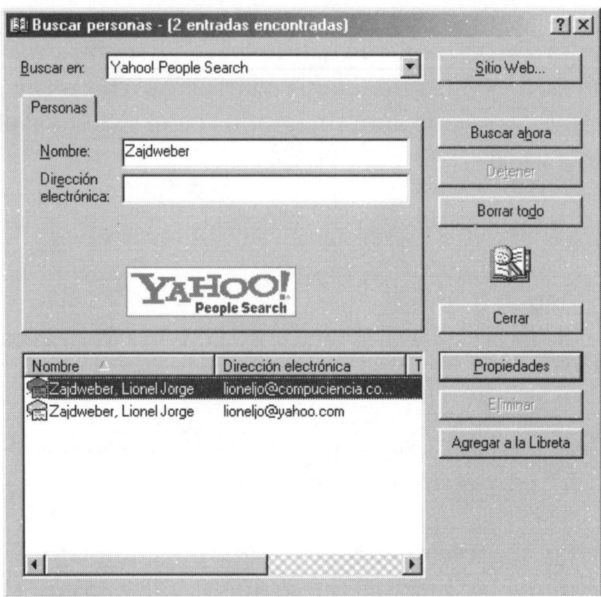


*Al parecer, el único "Zajdweber" en este planeta que usa Internet soy yo (para colmo, aparezco dos veces).*

**6)** Si desea incorporar sus datos en alguno de los directorios para que las demás personas puedan también encontrarlo, presione el botón **`Sitio Web`**, para ir a la página correspondiente y llenar el formulario.

| *Algunas direcciones de interés* | |
|---|---|
| Bill Gates | askbill@microsoft.com |
| Bill Clinton | president@whitehouse.gov |
| El Papa | webmaster@vatican.va |
| Lionel J. Zajdweber | lionel@mponline.com.ar |
| PC Users Responde | pcusers@mponline.com.ar |
| Libros PC Users | libros@mponline.com.ar |



Si lo que en realidad busca es averiguar a qué persona corresponde una determinada dirección de correo (útil cuando nos envían e-mails sin firma alguna), simplemente siga el mismo procedimiento, salvo el paso **3**. Allí, en vez del nombre, complete en **`Dirección electrónica`** el e-mail de la persona que busca.

## 67. ¿Puedo trabajar más rápido usando las teclas?

Por supuesto que sí. A veces, las combinaciones de teclas son una forma más rápida de realizar operaciones, especialmente al no tener que ir con la mano del teclado al mouse mientras estamos escribiendo.

Para hacer estas funciones, simplemente presione al mismo tiempo las teclas mencionadas*:

## Outlook Express

### Generales

| Para... | Presione... |
|---|---|
| Abrir temas de Ayuda | **F1** |
| Enviar y recibir correo | **CTRL+M** |

### Ir, ver y marcar

| Para... | Presione... |
|---|---|
| Seleccionar todos los mensajes | **CTRL+A** |
| Ir a la Bandeja de entrada | **CTRL+I** |
| Ir al siguiente mensaje de la lista | **CTRL+>** o **ALT+FLECHA A LA DERECHA** |
| Ir al mensaje anterior de la lista | **CTRL+<** o **ALT+FLECHA A LA IZQUIERDA** |
| Ir al siguiente mensaje de correo no leído | **CTRL+U** |
| Desplazarse entre las listas | **TAB** |
| Actualizar los mensajes | **F5** |
| Ver las propiedades del mensaje seleccionado | **ALT+ENTRAR** |
| Mostrar u ocultar la lista de carpetas | **CTRL+L** |
| Marcar un mensaje como leído | **CTRL+ENTER** o **CTRL+Q** |

### Manejo de mensajes

| Para... | Presione... |
|---|---|
| Abrir el mensaje seleccionado | **CTRL+O** o **ENTER** |
| Redactar un nuevo mensaje | **CTRL+N** |
| Responder al autor de un mensaje | **CTRL+R** |
| Reenviar un mensaje | **CTRL+F** |
| Responder a todos | **CTRL+SHIFT+R** |
| Eliminar un mensaje | **SUPR** o **CTRL+D** |
| Imprimir el mensaje seleccionado | **CTRL+P** |

### Ventana de mensajes

| Para... | Presione... |
|---|---|
| Cerrar un mensaje | ESC |
| Buscar texto en un mensaje | F3 o CTRL+SHIFT+F |
| Comprobar nombres | CTRL+K o ALT+K |
| Comprobar la ortografía | F7 |
| Insertar firma | CTRL+SHIFT+S |
| Enviar un mensaje | CTRL+ENTER o ALT+S |

### Edición de texto

| Para... | Presione... |
|---|---|
| Deshacer | CTRL+Z |
| Repetir | CTRL+Y |
| Cortar | CTRL+X |
| Copiar | CTRL+C |
| Pegar | CTRL+V |
| Seleccionar todo | CTRL+E |

### Libreta de direcciones

| Para... | Presione... |
|---|---|
| Nuevo contacto | CTRL+N |
| Nuevo grupo | CTRL+G |
| Propiedades del contacto o grupo | ALT+ENTER |
| Buscar | CTRL+F |

(*) El nombre de las teclas puede variar con el tipo de teclado.

## 68. ¿Puedo leer mi correo desde otra computadora? ¿Aunque me conecte a través de otro proveedor?

Claro que sí. Si, por ejemplo, usted se va un mes a Australia a trabajar y adquiere una cuenta de Internet allí, podrá leer su correo de Argentina.

Lo único que tendrá que hacer es configurar adecuadamente el programa de correo de la nueva computadora. Así que no olvide llevar este libro consigo

El único perjuicio de acceder desde otro proveedor es que si tiene que bajar mensajes con archivos pesados, notará que anda un tanto más lento. Esto se debe a que no es lo mismo leer su casilla "desde afuera", que conectándose directamente con su proveedor.

Ahora, si la PC es de un amigo y éste ya tiene su correo configurado para su propia cuenta, lo ideal será acceder a su correo por medio de la WWW. De esta manera, no interfiere en nada con los e-mail de su conocido. Una opción es ir al sitio de MailStart (**mailstart.com**), ingresar su e-mail y contraseña, y así leer su correo o enviar mensajes.

## 69. ¿Puedo crear un grupo de personas para no tener que elegirlas una por una cada vez que quiero mandarles un mensaje?

Supongamos que usted tiene un grupo de amigos a los cuales todos los sábados les quiere informar sobre cosas que le hayan sucedido. Cada vez que manda un mensaje, tiene que seleccionarlos uno por uno de la Libreta de direcciones o escribir su e-mail. Sin embargo, he aquí una solución más rápida y sencilla.

Se pueden crear "grupos" de personas. Cuando usted manda un mensaje dirigido a ese grupo, el e-mail le llega a todos sus integrantes.

Para **crear un nuevo grupo**, siga estos pasos:

## Paso a Paso

**1)** Abra la Libreta de direcciones (**Inicio/Programas/Internet Explorer/Libreta de direcciones**).

**2)** Haga clic en **Nuevo grupo**.

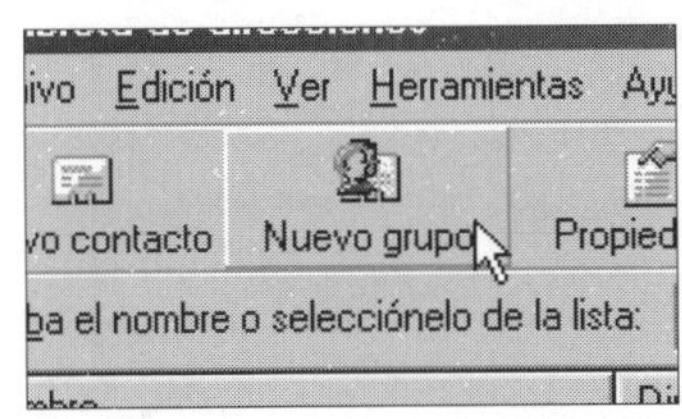


**3)** En **Nombre del grupo**, introduzca un nombre que lo caracterice. Si quiere, en **Notas** escriba una descripción del mismo.

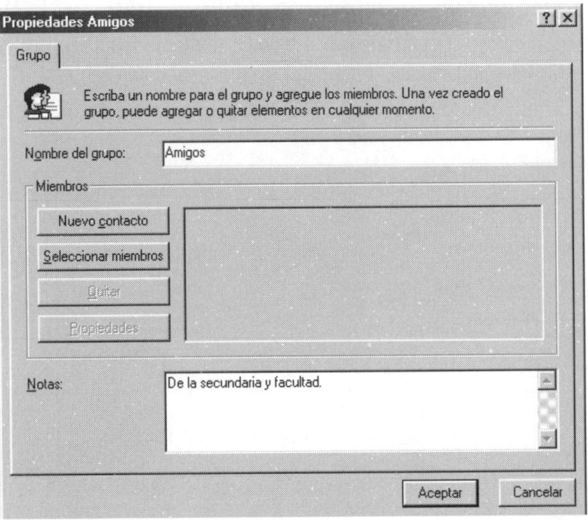


**4)** Haga clic en **Seleccionar miembros** para elegir los integrantes del grupo. Márquelos y presione **Seleccionar** para agregarlos. Cuando termine, haga clic en **Aceptar**.

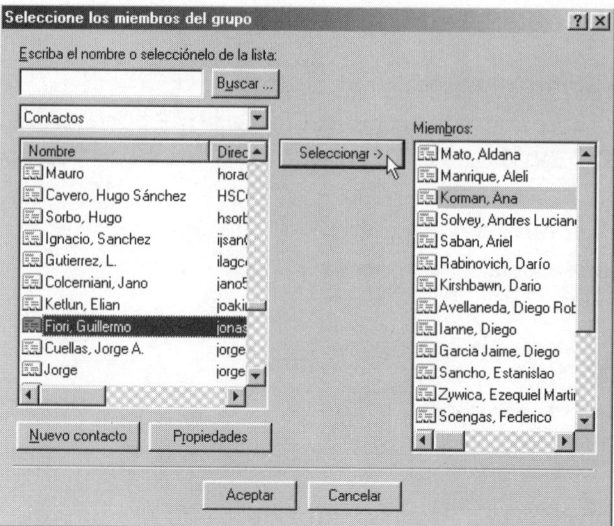


**5)** Si desea agregar a alguna persona que no estaba en la lista, puede presionar el botón **Nuevo contacto** para crearlo.

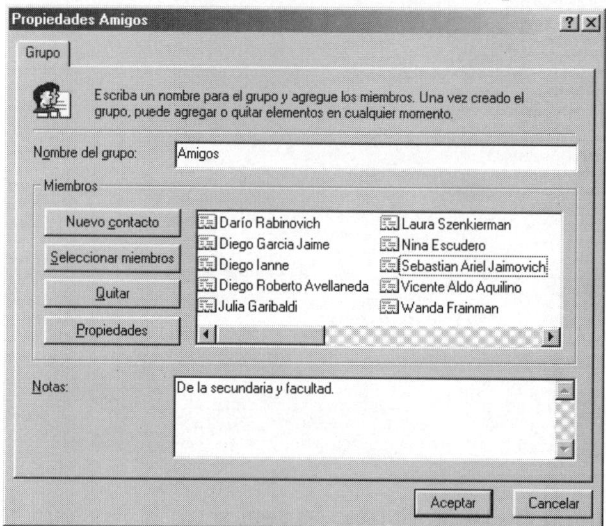


**6)** Presione **Aceptar**. Volverá a la pantalla inicial de la Libreta de direcciones. Observará que ha aparecido su grupo. Si deja el puntero unos segundos sobre él, aparecerá la lista de integrantes.

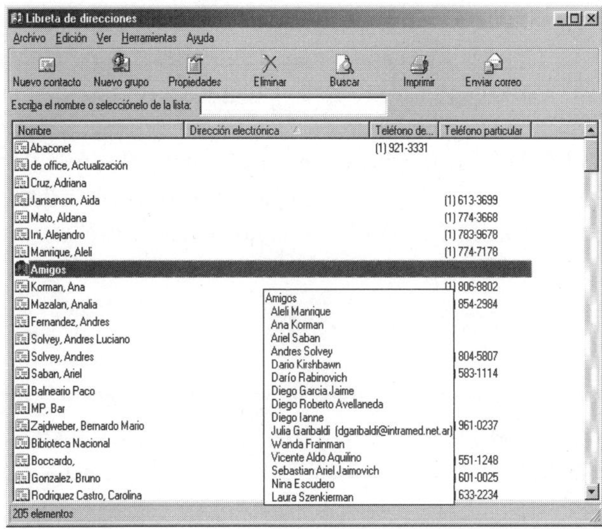


Finalmente, para **enviar mensajes al grupo**:

## Paso a Paso

**1)** Abra Outlook Express y presione **`Redactar mensaje`**.

**2)** Haga clic en la tarjeta que aparece a la derecha de **`Para`**.

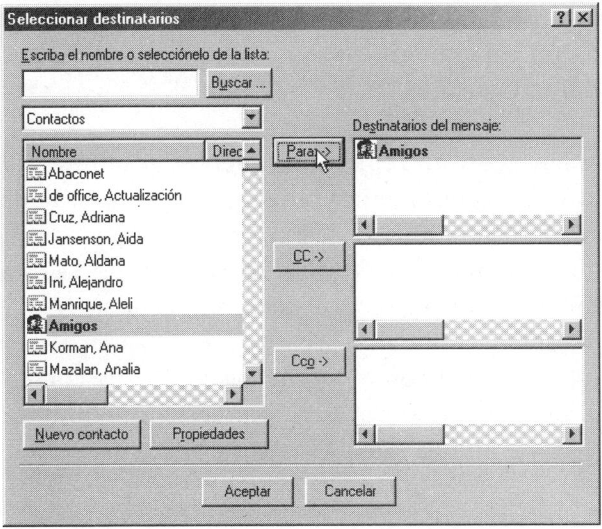

**3)** Seleccione el grupo y presione en `Para:->` para agregarlo.

**4)** Continúe el mensaje en la forma usual y envíelo.

Cuando algún integrante del grupo use la opción **`Responder a todos`** del programa de correo, responderá no sólo al que le haya enviado el mensaje, sino también a todos los que conforman el grupo.

## 70. Somos una familia numerosa, ¿podemos tener una cuenta de correo electrónico para cada uno? ¿Y una gratis?

Si son varios los miembros de una familia que usan correo electrónico, lo ideal es tener una cuenta para cada uno. De esa manera los mensajes no se mezclan, y cada integrante tiene una dirección personalizada.

Algunos proveedores ofrecen determinados "paquetes familiares", que suelen incluir varias cuentas de correo para cada miembro de la familia. No suele existir mucha diferencia de precio con una cuenta común, por lo que es una opción a considerar. Consulte.

También es posible conseguir **cuentas gratuitas** en Internet. Si bien serán apenas lentas para recibir correo, no variarán si cambia de proveedor.

Uno de los sitios que lo ofrecen es USA.net (**www.usa.net**). Sin embargo, un proveedor nacional, Ciudad Internet, también lo está haciendo. Ofrece una cuenta que puede ser leída tanto por webmail como con un programa de correo común. Esto último es lo que nos interesa. Veremos cómo sacar todas las cuentas gratuitas que desee por este medio.

Obtener una cuenta gratuita

## Paso a Paso

1) Diríjase con su navegador a la página inicial de Ciudad Internet\ (**www.ciudad.com.ar**) y haga clic en el logo de Webmail.

2) Aparecerá la ventana inicial de WebMail. Haga clic en **Registrar una cuenta de WebMail** para crear una nueva.

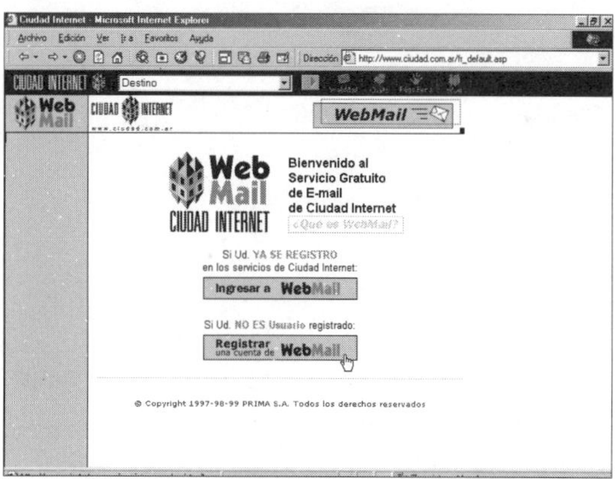


3) Verá la Página de Registración. Ingrese un nombre de usuario (recuerde que éste determinará la dirección de e-mail), y una contraseña. En caso de que el nombre de usuario que eligió ya esté en uso, deberá cambiarlo. Cuando termine, presione **Ingresar**.

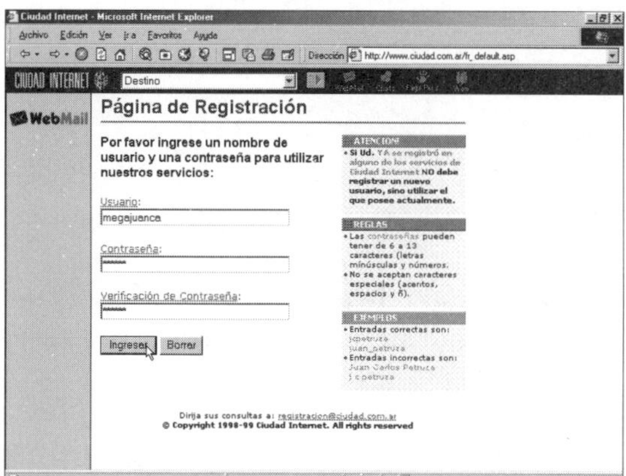

**4)** A continuación, un formulario le pedirá sus datos personales. Completarlo no es difícil, sólo sepa que el año de nacimiento debe escribirse con 4 cifras (1979, por ejemplo). Cuando termine, presione **Continuar**.

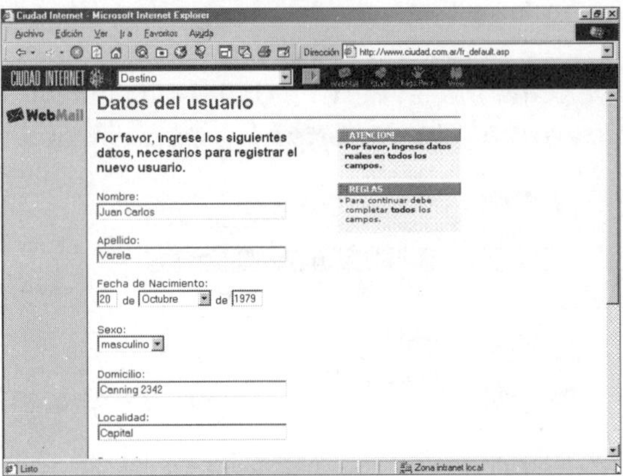


**5)** Se le pedirá que ingrese los temas de su interés. Si no tiene, presione directamente **Continuar**.

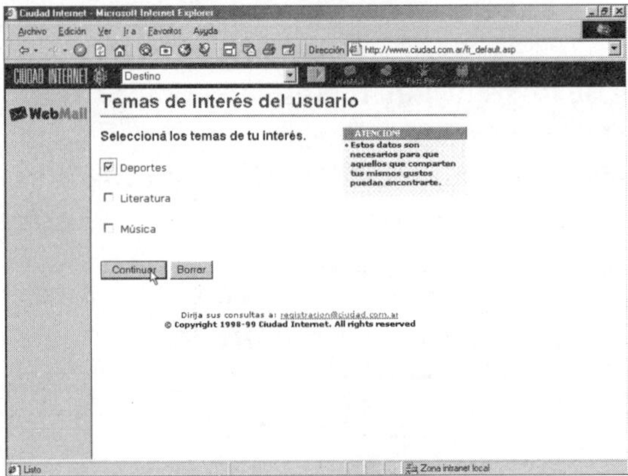


**6)** Como bien dice la página, felicitaciones. Ya tendrá su cuenta POP/WebMail lista. Anote su dirección de correo (**megajuanca**

**@ciudad.com.ar**, en este caso) porque la necesitará para dársela a las personas que desea que le escriban.

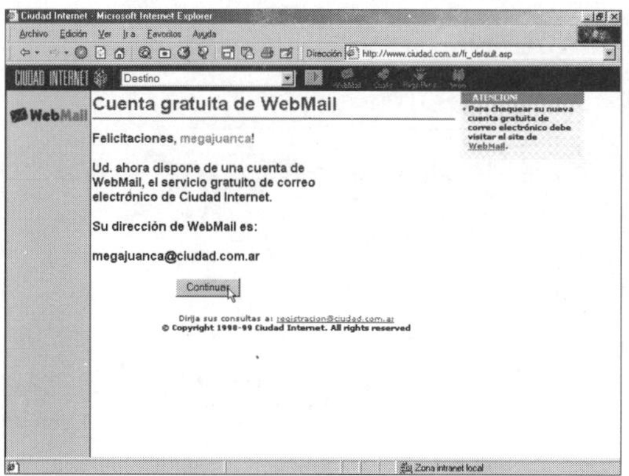


Muy bien, ahora ya tiene creada su nueva cuenta. Puede repetir el proceso para conseguir una para cada miembro de la familia.

## Configurar la cuenta

Una vez que consiguió las cuentas de correo que necesitaba, deberá configurarlas en Outlook Express.

### Paso a Paso

1) Con Outlook Express abierto, vaya a **Herramientas/Cuentas** y haga clic en **Agregar/Correo**.

2) Ingrese el nombre del dueño de la cuenta que quiere configurar y presione **Siguiente**. Luego, la dirección de correo de esta persona. **Siguiente**.

3) Se le pedirá que ingrese las direcciones del servidor de correo. En **POP3** escriba **pop3.ciudad.com.ar**, mientras que en SMTP, **smtp.ciudad.com.ar**. Presione **Siguiente**.

**4)** En **Nombre de cuenta POP** ingrese el nombre de usuario eligido para esa cuenta (lo que está antes de la @), mientras que en **Contraseña**, la clave correspondiente. Luego, presione **Siguiente**.

**5)** Nombre a la cuenta con el nombre de la persona que corresponda, para así reconocerla. Luego, presione **Siguiente**.

**6)** Cuando se le pregunte **¿De qué forma desea conectarse a Internet?**, seleccione **Conectar por medio de la línea telefónica**. Clic en **Siguiente**.

**7)** Finalmente, seleccione su conexión y presione **Siguiente**. Luego, **Finalizar** para crear la cuenta.

**NET@DDRESS, *la otra posibilidad.***

Si el servicio de e-mail gratuito de Ciudad Internet deja de estar disponible, o prefiere utilizar otro, NET@DDRESS es una alternativa. Saque las cuentas que necesite en la dirección **www.usa.net**. Luego, cuando tenga que configurar su cuenta, introduzca como servidor POP3 a **pop.usa.net**, y en SMTP, el que su proveedor le ha dado.

### Asistente para la Bandeja de entrada o varios perfiles

Una vez que posee una cuenta de correo para cada miembro de la familia, le convendrá organizar los mensajes, para qué estos no se mezclen.

Tiene dos opciones: o que el Asistente para la Bandeja de entrada los organice automáticamente en carpetas, según la cuenta de la cual provenga; o generar distintos perfiles en Windows, de manera que una persona no podrá tener acceso a los mensajes de los demás. El primer método es más sencillo, mientras que el segundo le da mayor privacidad. Usted elige.



### Asistente

Para que el Asistente para la Bandeja de entrada organice automáticamente los mensajes, moviéndolos a determinadas carpetas según la cuenta de que se trate, siga estos pasos:

### Paso a Paso

1) Cree una carpeta para cada miembro con una cuenta (**Archivo/Carpeta/Carpeta nueva**).

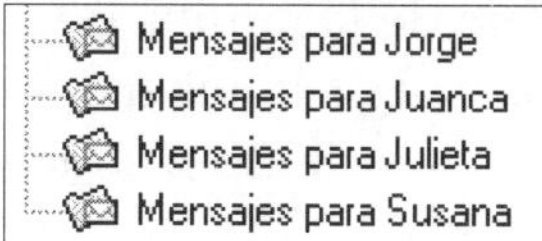


2) Vaya a **Herramientas/Asistente para la Bandeja de entrada** y haga clic en **Agregar**.

3) Marque la casilla **Cuenta** y seleccione una de éstas. De esta manera, se seleccionarán todos los mensajes que provengan de esa cuenta.

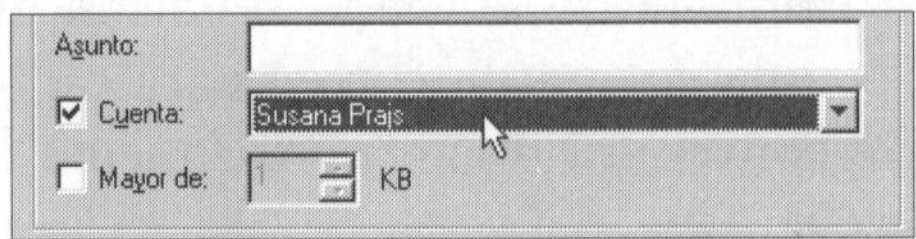


**4)** Ahora marque la casilla **`Mover a`** y haga clic en **`Carpeta`**. Seleccione la que corresponda a esa persona, y presione **`Aceptar`**.

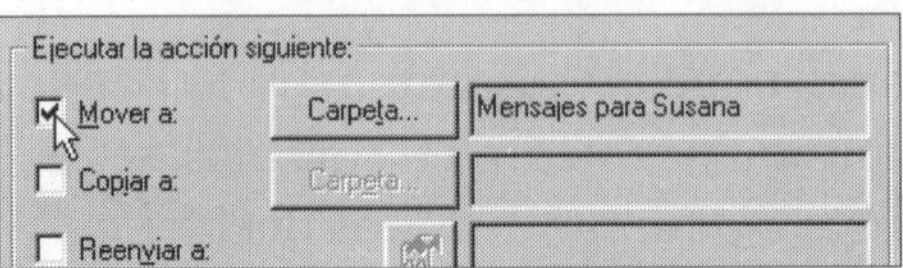


**5)** Finalmente, haga clic en **`Aceptar`**. Deberá repetir el procedimiento por cada cuenta que posea.

Listo. Ahora, cada vez que se compruebe el correo, los mensajes que pertenezcan a determinada cuenta se almacenarán en la carpeta seleccionada. Recuerde que los mensajes en negrita son los no leídos.

## Perfiles

Windows incorpora los llamados "perfiles de usuario", cuya función es facilitar el uso de una misma PC por varias personas. Gracias a estos, cada integrante de la familia puede tener su propio Escritorio, fondo de pantalla, íconos del menú Inicio y más. Pero lo que nos interesa en esta oportunidad es un Outlook Express para cada uno.

Usted puede crear diversos perfiles, con o sin contraseña, según si desea que los demás puedan o no ver sus mensajes. Pero tenga algo en cuenta: a partir de ahora, cuando prenda su computadora, se le pedirá que ingrese el nombre de usuario y contraseña de la persona que va a usar la máquina. Algo nuevo, ¿vio?

En Windows 98, haga lo siguiente:

## Paso a Paso

1) Vaya a **Inicio/Configuración/Panel de Control** y haga doble clic en **Usuarios**.

2) Aparecerá el asistente para la creación de múltiples usuarios. Haga clic en **Siguiente**.

3) Introduzca un nombre de usuario para la persona. **Siguiente**. Si desea, ingrese una contraseña; luego, nuevamente presione **Siguiente**.

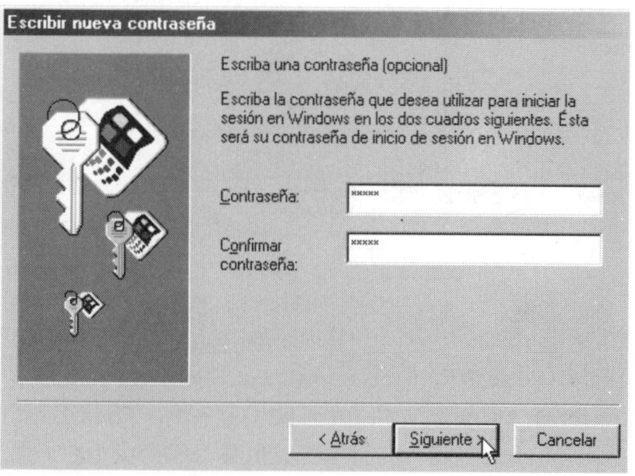


4) En la siguiente pantalla puede seleccionar qué elementos personalizados tendrá. Luego, clic en **Siguiente**. Presione **Finalizar** para que Windows se reinicie.

5) Cuando arranque su PC, se le pedirá que seleccione el usuario. Cuando abra Outlook Express, notará que está "pelado". Necesitará volver a configurar su cuenta de correo y opciones.

Productividad 13

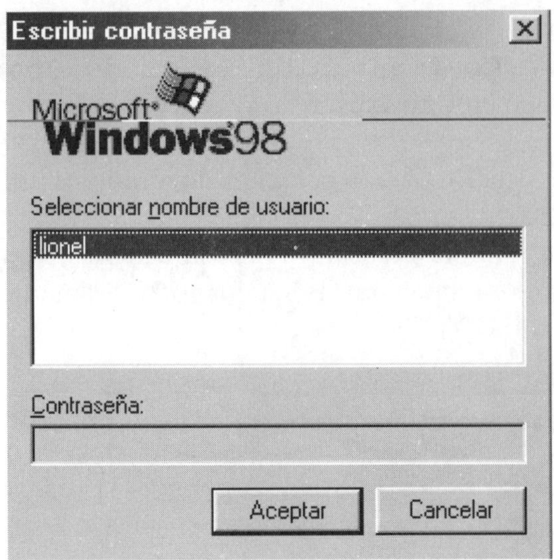


***Si se arrepintió...***

...puede deshabilitar la opción de perfiles. Asegúrese de que no esté usando ningún perfil (vaya a `Inicio/Cerrar sesión` y luego cuando se le pida el usuario, presione `Cancelar`). Vaya a `Inicio/Configuración/Panel de control/Contraseñas`. Seleccione `Todos los usuarios de este equipo usan las mismas preferencias y configuración de escritorio`, y presione `Aceptar`. Reinicie la PC. Cuando se le pida una contraseña no ingrese nada. Listo.

## Con lo que aprendió en este capítulo, usted conoce:

- Dónde puede encontrar la dirección de correo electrónico de una persona.
- Cuáles son las teclas de método abreviado de Outlook Express.
- Que puede leer su correo desde otra computadora, incluso con otro proveedor.
- Que puede crear las llamadas listas de distribución.
- Cómo conseguir cuentas de e-mail gratuitas para toda la familia.

Aprendió entonces muchas cosas nuevas sobre el correo electrónico, para hacer más llevadero su trabajo. Sin embargo, hay más.



**Ejercicio práctico:**

Intente memorizar las teclas de método abreviado de las operaciones que realiza más comúnmente (Enviar y recibir, Redactar mensaje, Contestar al autor, etc.).

## CAPÍTULO 14

# SEGURIDAD Y PRIVACIDAD

**Como todo medio de comunicación, el correo electrónico tiene algunas falencias en cuanto a seguridad y privacidad se refiere. Por ejemplo, sus mensajes pueden llegar a ser leídos por otras personas, le pueden llegar mensajes molestos de publicidad, o hasta puede recibir virus por e-mail. Sepa cómo prevenirse.**

71. ¿Puedo contagiarme un virus por correo electrónico? ¿Cómo me protejo?
72. ¿Es verdad que si abro ciertos mensajes, mi máquina explotará o se contagiará de virus?
73. ¿Puedo hacer copias de seguridad de mensajes para no perderlos?
74. ¿Cómo hago para no recibir mensajes indeseados?
75. ¿Mi proveedor o alguien más puede leer los mensajes que envío (además del destinatario)?
76. ¿Hay alguna forma de enviar mis mensajes importantes de una manera más segura?

## 71. ¿Puedo contagiarme un virus por correo electrónico? ¿Cómo me protejo?

Desafortunadamente, sí. Internet se ha vuelto el medio más popular para la transmisión de virus. Sin embargo, si uno se encuentra bien prevenido, no hay de qué preocuparse.

La **única forma** de contagiarse un virus (informático, por supuesto) es **copiando y ejecutando un archivo que le hayan enviado, que sea del tipo ejecutable o de Office** (Word, Excel). Por supuesto, éste debe además encontrarse infectado.

Los únicos archivos que pueden estar infectados por virus son los de extensión `.EXE`, `.COM`, `.DOC`, `.DOT` y `.XLS` (salvo algunos otros de raro uso). Por lo tanto, si le envían un e-mail con una imagen, no tendrá de qué preocuparse: este tipo de archivos no puede contener virus.

**Archivos que pueden infectarse**

Archivos ejecutables: *.COM; *.EXE

Archivos de Office (Macrovirus): *.DOC; *.XLS; *.DOT; *.PPT

Otros archivos (rara vez): *.386; *.BIN; *.DRV; *.SCR

14 Seguridad y privacidad

Veamos un ejemplo y cómo reaccionar frente a él:

1) A usted le envían un mensaje con un archivo adosado.
2) Si **no** se trata de un archivo ejecutable o de Office, ábralo y utilícelo sin inconvenientes.
3) Si es uno de esos archivos, haga clic en el clip que aparece a la derecha de la vista del mensaje y elija `Guardarlo en disco`.
4) Grábelo en una carpeta provisoria y pásele un buen antivirus.
5) Si no detectó nada, ábralo y utilícelo normalmente.

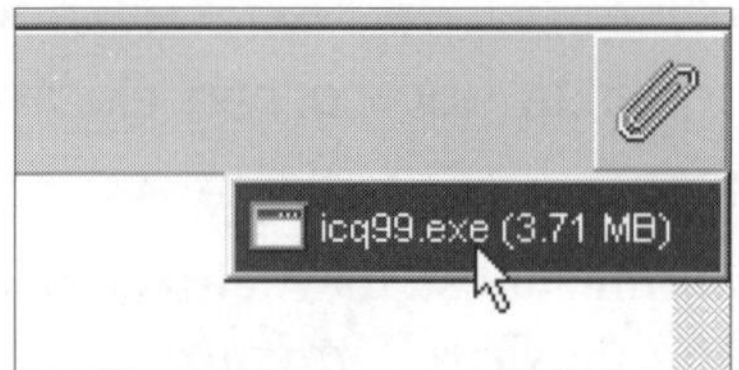


*Ojo, este tipo de archivos (.EXE, ejecutable) puede llegar a contener virus.*

*Un archivo como éste (una imagen) no puede llegar a contener virus alguno.*

***Virus***

Un virus informático tiene puntos en común con un virus real. Estos se pueden contagiar de diversas maneras. Cuando lo hacen, se expanden por sí solos y pueden causar daños. Sin embargo, si bien el virus real lo que hace es enfermar (dañar) nuestro cuerpo, el informático sólo altera la información; de modo que **no es capaz de realizar daño algu-no a las partes físicas** de la computadora (como algunos suelen pensar).
Esto se debe a que un virus de computadoras es ni más ni menos que **un pequeño programa**, como si se tratase del Word en versión minúscula, que en vez de tener la función de permitirnos escribir documentos intenta dañar la información (archivos).

***Antivirus***

Los antivirus son programas que se encargan de "examinar" archivos en busca de virus. En caso de encontrarlos, los eliminan. Se pueden conseguir diversos antivirus shareware (de evaluación) en forma gratuita. Los más famosos son el McAfee VirusScan (www.mcafee.com), Norton Antivirus (www.symantec.com), Tbav (www.thunderbyte.com), Panda (www.pandasoftware.es), F-prot y otros. Puede bajarlos de Internet o conseguirlos de cualquiera de los CDs de la revista PC Users Extra.

Ya sabe, como dice el dicho: no tenga miedo, tenga cuidado.

## 72. ¿Es verdad que si abro ciertos mensajes, mi máquina explotará o se contagiará de virus?

Rotunda, total y completamente NO. Estos no son más que mensajes enviados por "graciosos" (al parecer con toneladas de tiempo libre) que se dedican a asustar a usuarios novatos.

Generalmente, los mensajes dicen algo así como que alguien está mandando virus por e-mail, por lo que no abra mensajes con el título "¡Qué cara está la merluza!", sino su disco rígido se borrará, el monitor se romperá y su esposa lo dejará... ¡Ah! y que le advierta a todos sus conocidos. Patrañas.

Repasando la pregunta anterior... sabemos que la única forma de contagiarse virus es copiando y ejecutando archivos infectados. Además, un virus nunca afecta al hardware, sino al software.

La única manera de que se contagie un virus por correo electrónico es que le envíen un mensaje con un archivo adosado infectado. Y que usted lo abra y ejecute. El **texto puro nunca puede contener virus**, ni alterar el sistema de manera alguna.

¿En que termina todo esto? Al asustarse, el usuario novato envía decenas de mensajes a todos los que conoce para advertirles, y éstos a su vez hacen lo mismo. Esto hace que haya un enorme caudal de información circulando y enlenteciendo la Red inútilmente. Como si fuese poco, el usuario novato deja, por miedo, de usar el correo electrónico.

¿Cómo combatirlo? No continuando la cadena. Si recibe un mensaje de este tipo, simplemente bórrelo y no se lo envíe a las demás personas. Y si la persona que se lo mandó es de su confianza, contéstele que estas cosas no existen, que no las distribuya y que, de paso, se compre este libro para aprender por qué (y otras cosas, claro está).

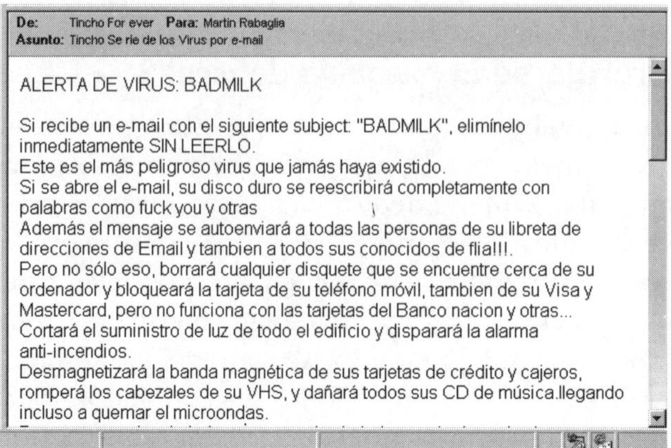
De: Tincho For ever Para: Martin Rabaglia
Asunto: Tincho Se rie de los Virus por e-mail

ALERTA DE VIRUS: BADMILK

Si recibe un e-mail con el siguiente subject: "BADMILK", elimínelo inmediatamente SIN LEERLO.
Este es el más peligroso virus que jamás haya existido.
Si se abre el e-mail, su disco duro se reescribirá completamente con palabras como fuck you y otras
Además el mensaje se autoenviará a todas las personas de su libreta de direcciones de Email y tambien a todos sus conocidos de flia!!!.
Pero no sólo eso, borrará cualquier disquete que se encuentre cerca de su ordenador y bloqueará la tarjeta de su teléfono móvil, tambien de su Visa y Mastercard, pero no funciona con las tarjetas del Banco nacion y otras...
Cortará el suministro de luz de todo el edificio y disparará la alarma anti-incendios.
Desmagnetizará la banda magnética de sus tarjetas de crédito y cajeros, romperá los cabezales de su VHS, y dañará todos sus CD de música.llegando incluso a quemar el microondas.

*Un típico "virus falso". Estos mensajes no hacen más que molestar, así que no les haga caso y bórrelos.*

## 73. ¿Puedo hacer copias de seguridad de mensajes para no perderlos?

Por supuesto que sí. Hacer copias de seguridad hará que no pierda información valiosa en caso de que su computadora se rompa, tenga que reinstalar el programa o formatear el disco rígido. Desafortunadamente, Outlook Express no ofrece "por defecto" un sistema eficiente para realizar copias de seguridad (también llamadas de respaldo) de los mensajes. Sin embargo, aquí le mostramos la manera de hacerlo en sencillos pasos.

Para hacer copias de **un mensaje en particular**:

### Paso a Paso

1) Marque el mensaje haciendo clic sobre él.
2) Vaya al menú `Archivo/Guardar como`.

3) Elija una ubicación para guardarlo y, si quiere, cámbiele el nombre.
4) Cliquee en **`Guardar`**.
5) Listo, cuando quiera abrir el mensaje, simplemente haga doble clic sobre ese archivo.

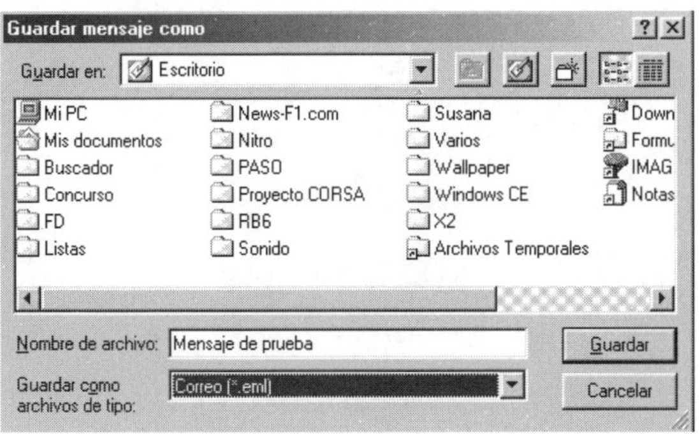


Para hacer copias de **algunas o todas las carpetas**:

## Paso a Paso

1) Haga doble clic sobre el ícono de **`Mi PC`** ubicado en el escritorio.
2) Vaya a su disco rígido, carpeta **`Archivos de programa/Outlook Express/Mail`**.
3) Selecione los archivos **`.idx`** y **`.mbx`** de la o las carpeta/s que desea guardar (cada carpeta tiene uno de cada uno). Las bandejas y carpetas principales tienen nombre propio, mientras que las creadas por usted tienen como nombre carpeta1, carpeta2, etc., según el orden de creación.
4) Seleccione también el archivo **`folders.nch`** y **`pop3uidl.dat`**.
5) Presione el botón derecho sobre alguno de los archivos seleccionados y elija **`Copiar`**.

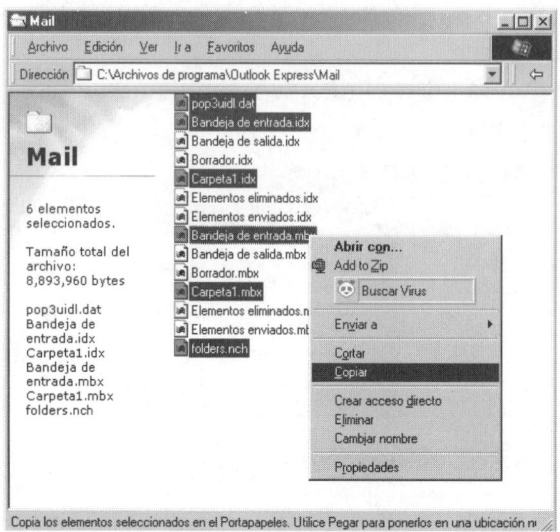


**6)** Vuelva hasta el inicio de su disco rígido, cree una carpeta llamada **`Copia de seguridad`** y haga doble clic sobre ella.

**7)** Haga clic derecho sobre cualquier parte blanca de la carpeta y elija **`Pegar`**.

**8)** Listo, si desea restaurar sus mensajes, simplemente vuelva a copiar los archivos que guardó a su ubicación original.

## 74. ¿Cómo hago para no recibir mensajes indeseados?

**A** Los mensajes indeseados son conocidos como el "**correo basura**" o *spam*; siendo *spammers* sus creadores. Estos son mensajes que se envían con publicidad, promociones, chistes sin gracia o hasta otros que anuncian "el fin del mundo".

Para una persona que recibe decenas de e-mails diarios, esto es muy molesto, especialmente si los creadores de estos mensajes escriben asuntos como "IMPORTANTE", "hola!" o

"Urgente". De esa manera obligan a la persona a leerlos.

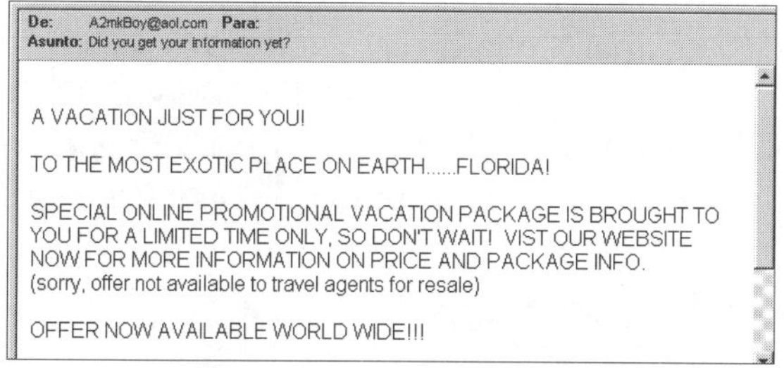
De: A2mkBoy@aol.com Para:
Asunto: Did you get your information yet?

A VACATION JUST FOR YOU!

TO THE MOST EXOTIC PLACE ON EARTH......FLORIDA!

SPECIAL ONLINE PROMOTIONAL VACATION PACKAGE IS BROUGHT TO YOU FOR A LIMITED TIME ONLY, SO DON'T WAIT! VIST OUR WEBSITE NOW FOR MORE INFORMATION ON PRICE AND PACKAGE INFO.
(sorry, offer not available to travel agents for resale)

OFFER NOW AVAILABLE WORLD WIDE!!!

*Un típico mensaje "basura" de publicidad.*



Seguramente se preguntará de dónde sacan estas personas su dirección de e-mail. La respuesta son las páginas web. Existen miles que, para acceder a tal o cual servicio, requieren que ingrese su dirección electrónica. Luego, esa información a veces se vende a compañías para hacer este tipo de publicidad.

¿Quiere algo gracioso? En el suplemento de computación de un famoso diario matutino, apareció una nota titulada "La basura de Internet", en donde se explicaba cómo combatir, utilizando programas específicos, el spam. En la misma página, al final de la nota, aparecía una publicidad titulada "10.000 e-mails argentinos en CD-ROM", a un precio de 120 pesos. ¿Se imagina para qué serán?

## Cómo combatirlos

Desgraciadamente, no existe aún un buen método para combatir el correo basura. Esto se debe a la dificultad de diferenciar los mensajes de este tipo de los comunes. Sin embargo, usted puede hacer que no le vuelva a llegar ningún otro correo de la persona que se lo envió. Esto, gracias al **Asistente para la Bandeja de entrada**.

## Paso a Paso

1) Haga doble clic sobre el "mensaje basura".
2) A la derecha de **De**, aparece la dirección de correo o nombre del remitente. Haga clic derecho sobre ella y seleccione **Agregar a la Libreta de direcciones**. Póngale un nombre como "Correo basura" o similar. Presione **Aceptar**. Cierre la ventana del mensaje.

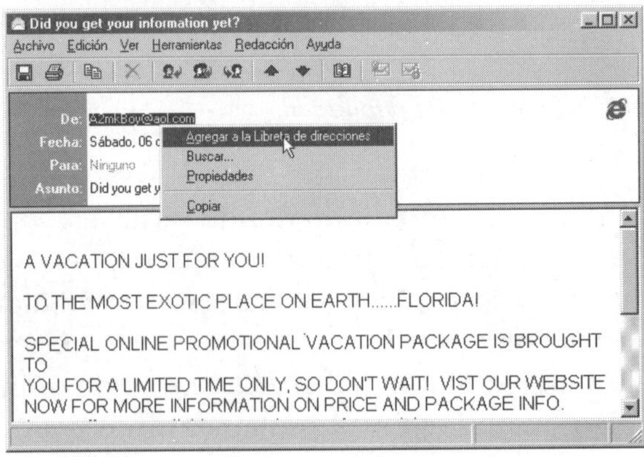


3) Vaya a **Herramientas/Asistente para la Bandeja de entrada**. Haga clic en **Agregar**.
4) Haga clic en la tarjeta que aparece a al derecha de **De**, seleccione el remitente que agregó a la libreta, haga clic en **De ->** y presione en **Aceptar**. De esta manera ya seleccionó todos los mensajes provenientes de esa dirección.
5) Marque la casilla **Eliminar del servidor** para que los mensajes que provengan de esa dirección no sean bajados a su PC. Si prefiere revisarlos antes de eliminarlos, puede, en cambio, seleccionar la casilla **Mover a** y una determinada carpeta del programa de correo.

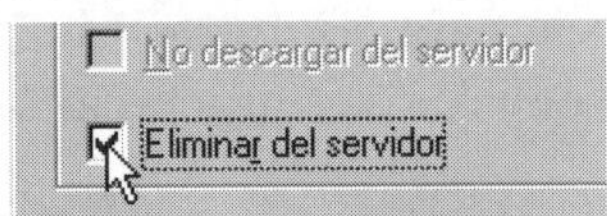

**6)** Cuando termine, presione en **`Aceptar`** y **`Aceptar nuevamente`** para salir del asistente.

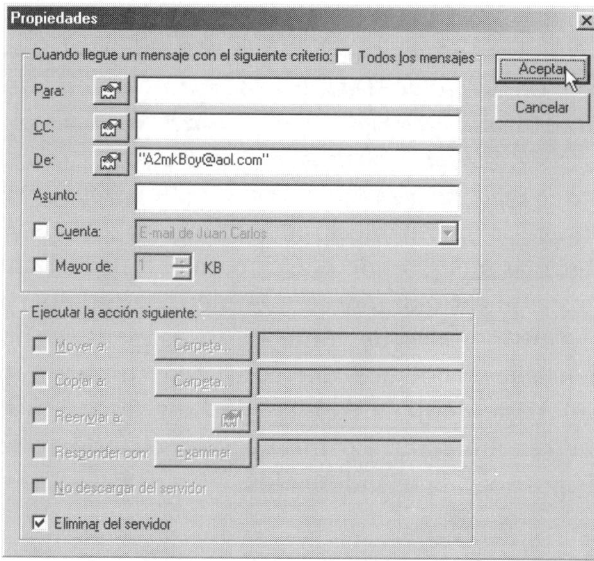


De esta manera, por más que le envíen más mensajes molestos, usted no los recibirá.

Esperemos que, de una vez por todas, se elimine este tipo de publicidad que, al fin de cuentas, sólo denigra a la empresa que la hace y molesta a los usuarios que la reciben.

## ✔ Para tener en cuenta

- No dar la dirección de correo primaria en cada página que se lo pida. Sólo hágalo en las que sea estrictamente necesario, o cuando tenga confianza. Si no, cree una segunda cuenta para ingresar en estos casos.

- Si alguna persona le envió innumerables mensajes repetidos, puede intentar el mismo proceso para eliminar los mensajes del servidor. Otra opción es comunicarse con su proveedor y pedir que ellos se encarguen de "filtrarlos" o eliminarlos.

- Si recibimos un mensaje del tipo *"Por cada mail de estos que se reenvíe, la Asociación Americana de Lucha contra el Cáncer donará $0,0002 a la investigación..."*, *"Si recibe un mensaje con el título 'Qué cara está la merluza´ no lo abra porque es un virus"* o *"Si no reenvía este mensaje al menos a 10 personas recibirá una maldición"*, respondámoslos dejando claro que no queremos recibir más mensajes de este tipo en el futuro. También podemos explicar que todo eso es mentira. Si la persona que nos lo envió nos es desconocida o sus mensajes no son indispensables, podemos amenazarla con filtrar su dirección con el Asistente de la Bandeja de Entrada y, si insiste, concretar esa amenaza. Lo mismo pasa cuando recibimos e-mails pornográficos indeseados.

## 75. ¿Mi proveedor o alguien más puede leer los mensajes que envío (además del destinatario)?

A Desgraciadamente sí, aunque es bastante difícil. Y muy alejado para un usuario común.

Su proveedor difícilmente pueda leer los mensajes que usted envía, pero sí podría hacerlo con los que recibe. Siempre y cuando usted no los haya bajado antes. Sin embargo, uno debe confiar en su proveedor, como lo hace con el servicio postal. Claro está que usted tiene más confianza a una compañía de correos conocida que a una menor.

Las otras personas que podrían llegar también a leer su correo, son los llamados "hackers". Sin embargo, es difícil que uno de estos se interese en sus mensajes, ¿o no?

***Hacker***

Un hacker (léase *jaquer*), es un una persona que goza alcanzando un conocimiento profundo sobre el funcionamiento interno de un sistema, de una computadora o de una red informática. La palabra hacker sue le utilizarse indebidamente con sentido peyorativo, cuando en este úl timo sentido sería más correcto utilizar el término "cracker".

Si usted envía mensajes importantes, y desea que nadie tenga la posibilidad de leerlos, tiene la opción de conseguir un identificador digital y encriptar los mismos.

76



## 76. ¿Hay alguna forma de enviar mis mensajes importantes de una manera más segura?

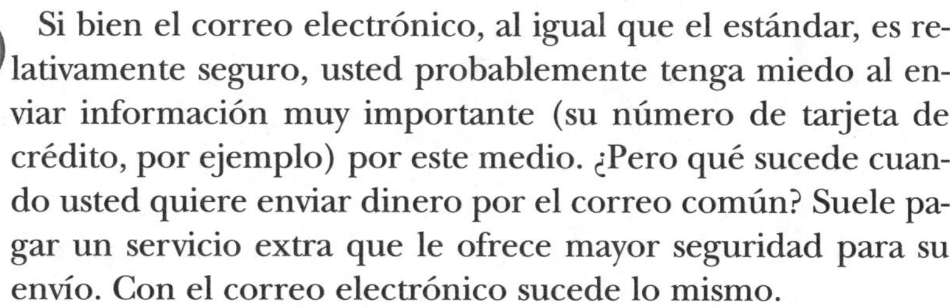

Si bien el correo electrónico, al igual que el estándar, es relativamente seguro, usted probablemente tenga miedo al enviar información muy importante (su número de tarjeta de crédito, por ejemplo) por este medio. ¿Pero qué sucede cuando usted quiere enviar dinero por el correo común? Suele pagar un servicio extra que le ofrece mayor seguridad para su envío. Con el correo electrónico sucede lo mismo.

La **firma digital** le permite ingresar en sus mensaje un código que le asegura al destinatario que es usted y nadie más que usted el que está enviando el mensaje. Para poder firmar de esta manera los mensajes, necesitará un **identificador digital**. Empresas como **Verisign** lo ofrecen en forma gratuita por 30 días. Si después de ese lapso lo quiere seguir utilizando, deberá abonar una suma (si no quiere usarlo más, no se le cobrará nada).

Para obtener su firma en forma gratuita, vaya a **Herramientas/Opciones**, haga clic en la lengüeta **Seguri-**

**dad** y presione **Obterner identificador digital**. Si quiere, también puede hacer clic en **Más información** para interiorizarse del tema. Se abrirá Internet Explorer y se dirigirá a la página de Verisign. Siga los pasos que aparecen para obtener el identificador.

*Presione aquí para obtener un identificador digital gratuito, o más información sobre el tema.*

Una vez obtenido el identificador digital, tendrá que hacer clic sobre correspondiente en la ventana de redacción del mensaje, para formarlos.

Una vez que obtuvo su identificador, también podrá **cifrar los mensajes**. Esto hará que únicamente el destinatario pueda leerlos, y ninguna otra persona "en el camino". Para poder cifrar los mensajes, el destinatario también deberá poseer un identificador digital.

Para cifrar sus mensajes, en la ventana de redacción de mensajes, haga clic en el sobre con un pequeño candado . Cuando intente enviar el mensaje, el programa comprobará si el destinatario posee o no un identificador.

Sin embargo, una recomendación: si tiene que enviar a alguna persona, por ejemplo, una clave importante, hágalo por teléfono o correo estándar. Uno nunca sabe...

## Con lo que aprendió en este capítulo, usted conoce:

- Que sólo algunos archivos adosados a los mensajes pueden contener virus.
- Que no hay que creer en las "falsas alarmas".
- Que puede hacer copias de seguridad de sus mensajes para no perderlos.
- Que puede defenderse de los mensajes "basura".
- Que alguna otra persona puede leer sus mensajes, aunque es difícil que ocurra.
- Que tiene formas de enviar sus mensajes importantes con mayor seguridad.

Luego de este capítulo, usted ya está prevenido ante cualquier falencia en la seguridad o falta de privacidad del correo electrónico.

**Ejercicio práctico:**

Apenas le llegue un mensaje publicitario, cree una regla para que éste vaya directamente a la carpeta de Elementos eliminados.

CAPÍTULO 15

# ERRORES Y PROBLEMAS COMUNES

**En este capítulo aprenderá a solucionar todos los errores y problemas comunes que pueden aparecer en el uso del correo electrónico. Identifique el inconveniente, vaya a la pregunta correspondiente, y problema solucionado.**

77. Me da un error al intentar conectarme, ¿qué estoy haciendo mal?
78. Me da un error al enviar y recibir, ¿qué estoy haciendo mal?
79. Sé que me enviaron un mensaje pero no me llegó, ¿qué anda mal?
80. Cuando imprimo los mensajes la letra está muy chiquita y no la leo, ¿cómo la puedo cambiar?
81. Me llegan mal los mensajes con eñes y acentos, ¿qué está pasando?
82. Cuando mando mensajes HTML a algunas personas les llegan mal, ¿qué hago?

## 77. Me da un error al intentar conectarme, ¿qué estoy haciendo mal?

A

Si tiene inconvenientes a la hora de realizar la conexión con su proveedor, deberá verificar que ésta esté bien configurada, y que haya ingresado los datos correctamente.

Si bien en este libro damos por sentado que su proveedor ya le configuró la conexión, le daremos algunas pistas para revisar que todo se encuentre en orden. Si después de seguir todos los pasos continúan teniendo problemas para conectarse, llame al soporte técnico de su proveedor. Ellos sabrán ayudarlo.

### Compruebe lo siguiente:

- Que el cable telefónico proveniente de la pared esté bien conectado a su módem en donde dice "Wall" o "Line". El conector de al lado, llamado "Phone", está reservado para conectar un teléfono aparte a la PC.

Las conexiones del módem
ON
OFF
PHONE
LINE
POWER

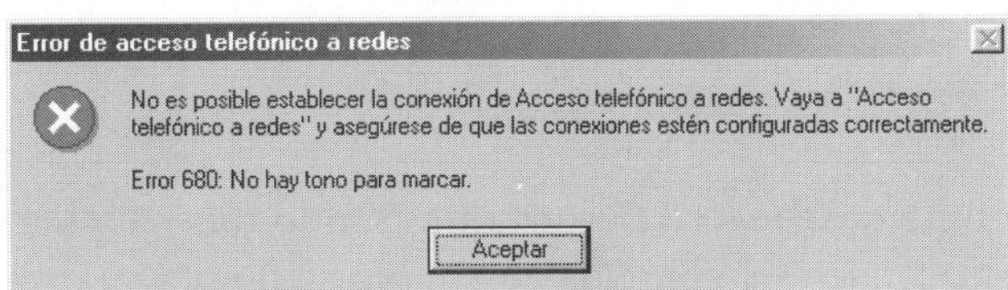
Error de acceso telefónico a redes
No es posible establecer la conexión de Acceso telefónico a redes. Vaya a "Acceso telefónico a redes" y asegúrese de que las conexiones estén configuradas correctamente.
Error 680: No hay tono para marcar.
Aceptar

*Si aparece un error como éste, significa que su módem no está bien conectado a la línea telefónica. Compruébelo.*

- Que tenga bien configurado el módem (si éste llega a levantar la línea y discar, estará funcionando correctamente).

- Que tenga bien configurada la cuenta e ingresados los datos.

Para verificar esto último, siga estos pasos:

## Paso a Paso

1) Vaya a **Inicio/Programas/Accesorios/Comunicaciones/Acceso telefónico a redes**.

2) Haga clic derecho sobre el ícono de su conexión y elija **Propiedades**.

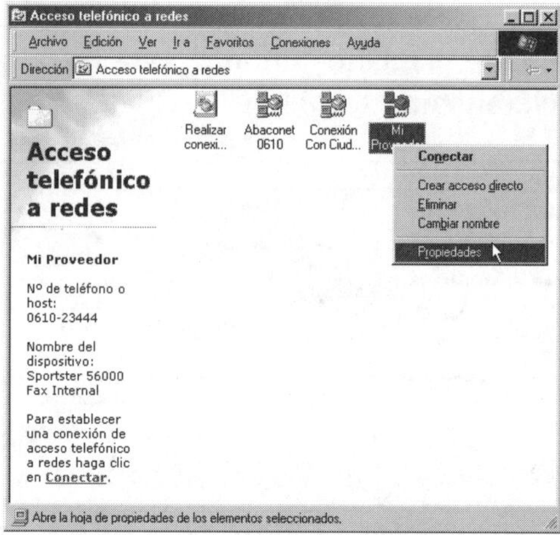


3) En la lengüeta **General**, verifique donde dice **Número de teléfono** que éste coincida con el otorgado por su proveedor (ojo, no el del soporte técnico, el del módem). Si no es necesario marcar ningún prefijo para conectarse con éste, fíjese en que esté deshabilitada la opción **Utilizar código de área y propiedades de marcado**. Además, que en **Conectar usando**, aparezca su módem.

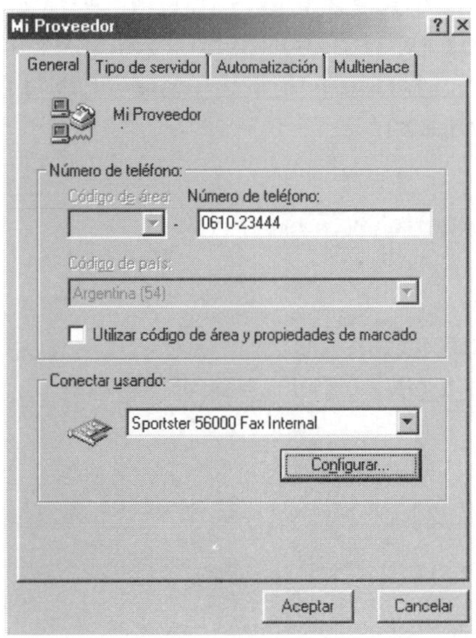


4) Para poder oír "lo que pasa" cuando intenta conectarse (si da ocupado, si contestan en una casa de familia), debe subir el volumen del módem. Para eso haga clic en el botón **Configurar**. Luego, donde dice **Volumen del altavoz**, elija el valor deseado. Finalmente, presione **Aceptar**.

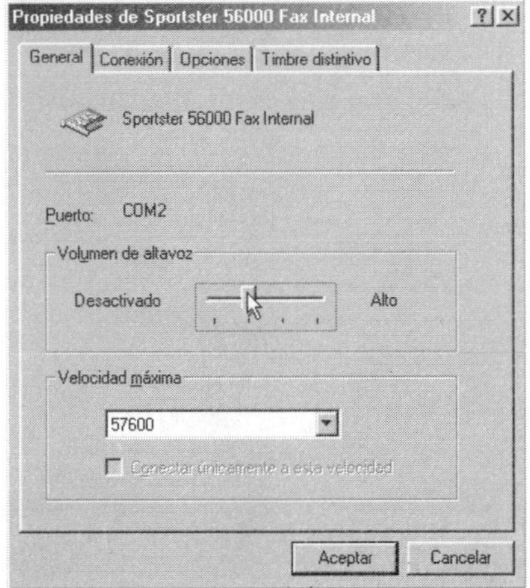

5) Haga clic en la lengüeta **Tipo de servidor**. Allí verifique que en **Opciones avanzadas** sólo **Habilitar la compresión por software** esté habilitada, mientras que en **Protocolos** de red admitidos únicamente **TCP/IP** esté marcado. Presione **Aceptar**.

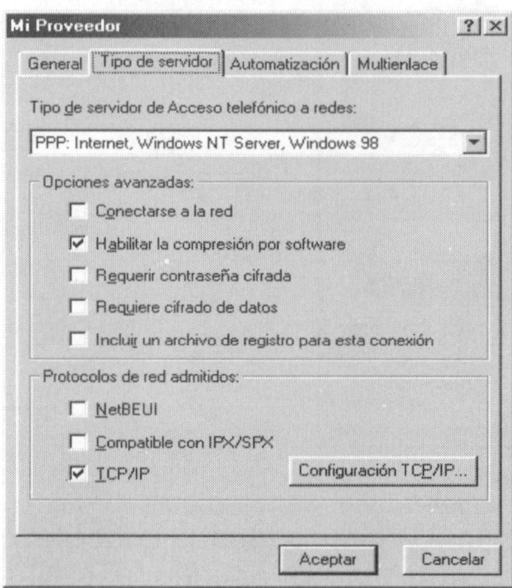


6) Haga doble clic sobre el archivo de conexión. Lo primero que debe verificar es que el nombre de usuario que aparece sea el suyo y que esté escrito sin espacios, sin acentos y todo en minúsculas. Luego, donde dice **Contraseña**, escriba nuevamente su clave, fijándose que la tecla **Caps Lock** no esté activada, lo que provocaría que su contraseña no se encuentre todo en minúsculas.

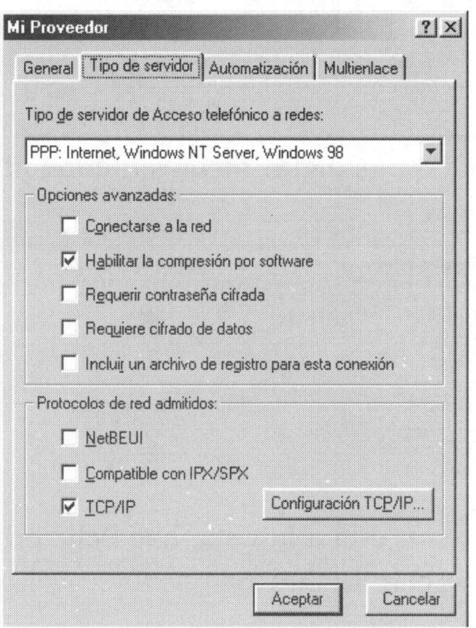


7) Presione el botón **Conectar**. Si sigue sin poder conectarse, y no tiene idea de cuál puede ser la causa, llame al soporte técnico de su proveedor. En cambio, si logró comunicarse, genial, siga sacándole provecho al correo electrónico.

Como dato extra, verifique que el tono de marcado sea el normal, y que nadie esté usando el teléfono.



## 78. Me da un error al enviar y recibir, ¿qué estoy haciendo mal?

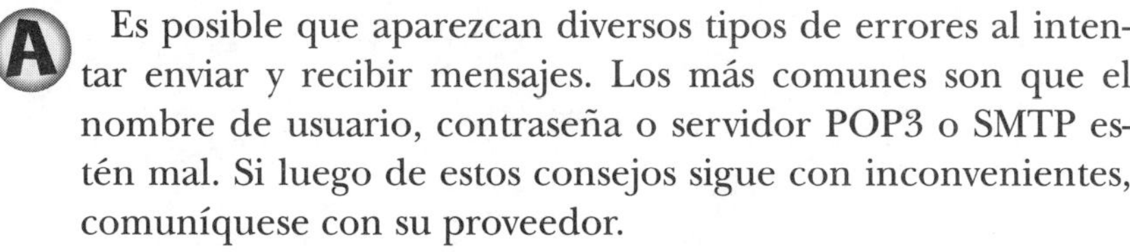

**A** Es posible que aparezcan diversos tipos de errores al intentar enviar y recibir mensajes. Los más comunes son que el nombre de usuario, contraseña o servidor POP3 o SMTP estén mal. Si luego de estos consejos sigue con inconvenientes, comuníquese con su proveedor.

Cuando el programa tenga algún inconveniente, aparecerá un mensaje como éste:

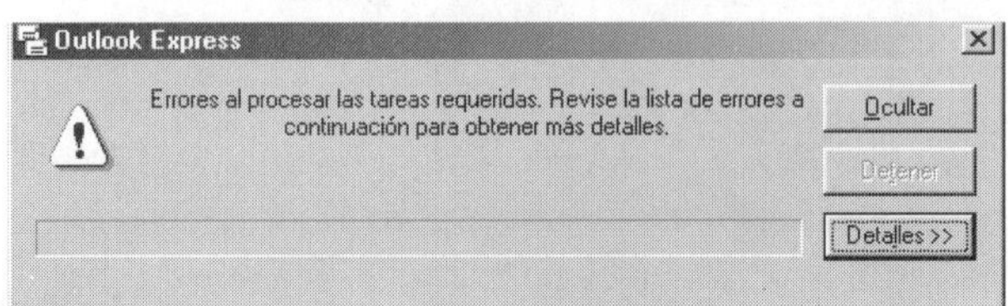


Si la lista de detalles no está a la vista, haga clic en **Detalles** para abrirla. Observe lo que aparece.

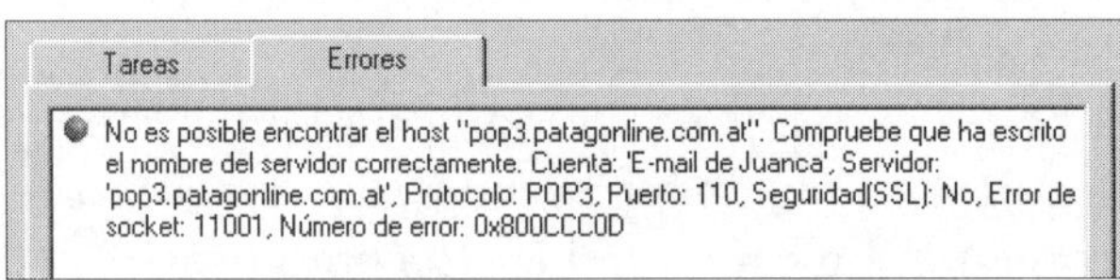


Si aparece un mensaje como éste, significa que el **servidor POP3** (de entrada de correo) está mal escrito. Para cambiarlo, vaya a **Herramientas/Cuentas**, seleccione la cuenta a modificar y presione **Propiedades**. Haga clic en **Servidores**, y donde dice **Correo entrante (POP3)** escriba el correcto.

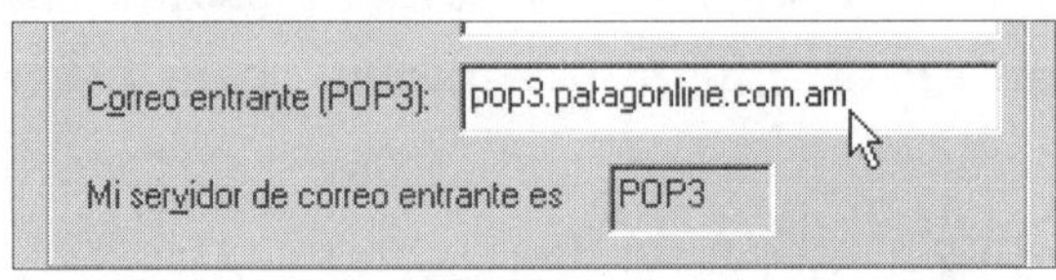

Si el mensaje de error que aparece es como éste, significa que el **servidor STMP** (de salida de correo) que ingresó es incorrecto. De la misma forma que el anterior, vaya a **Herramientas/Cuentas**, seleccione la cuenta a modificar y presione **Propiedades**. Haga clic en **Servidores**, y donde dice **Correo saliente (SMTP)** ingrese el que corresponda.

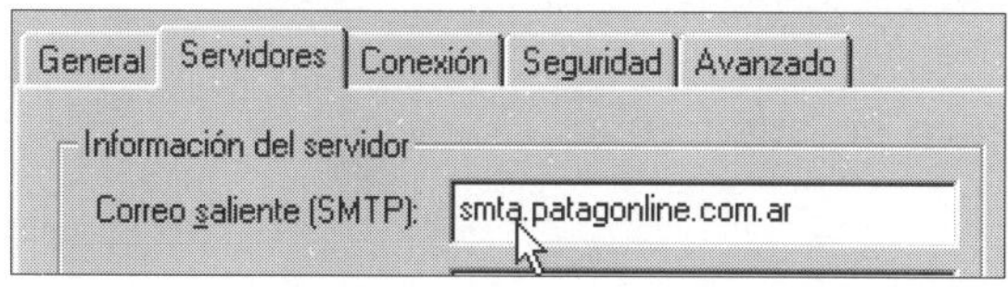


También es posible que el **nombre de usuario o contraseña** estén mal. En ese caso, aparecería un mensaje como éste:

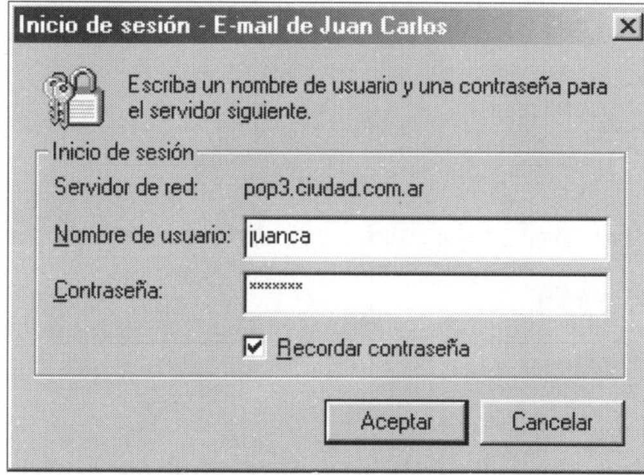


Esto significa que, o el nombre de usuario o la contraseña, se encuentran escritos de forma incorrecta. En ese caso, reescríbalos. Preste mucha antención a si la tecla **Caps Lock** se encuentra activada, ya que en ese caso, la contraseña se escribiría en forma incorrecta. Presione **Aceptar**. Si continúa con problemas, consulte con su proveedor.

## 79. Sé que me enviaron un mensaje pero no me llegó, ¿qué anda mal?

Este problema es casi siempre causado por un error de los usuarios Sin embargo, puede pasar también que el servidor tenga inconvenientes y el mensaje haya rebotado. Intente resolverlo haciéndose estas preguntas:

* ¿Estoy seguro de que lo mandó?

* ¿Le di mi dirección electrónica correcta?; ¿en minúsculas y sin espacios?

* ¿No tuve ningún problema al conectarme con mi proveedor?

* ¿Comprobé mi casilla al menos media hora después de que lo mandó?

* ¿Recibo otros mensajes sin problemas?

Si después de hacerse estas preguntas no pudo resolver su problema, simplemente intente nuevamente.

## 80. Cuando imprimo los mensajes la letra está muy chiquita y no la leo, ¿cómo la puedo cambiar?

Muchos son los usuarios que se quejan de que cuando imprimen sus mensajes, éstos están con letra demasiado chica como para leerla con comodidad.

Outlook Express brinda la opción de cambiar el tamaño de la fuente, pero esto implica que el de las letras que aparecen en la pantalla también se modifique.

Para cambiar la fuente predeterminada:

### Paso a Paso

1) Dentro de Outlook Express vaya a **Herramientas/Material de papelería**.

2) Haga clic en **Fuentes**.

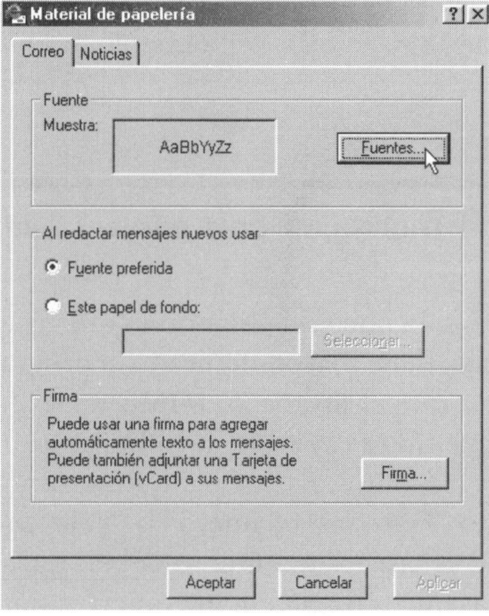

**3)** Seleccione en **Tamaño** un número mayor. Si quiere, también puede seleccionar **Negrita** en **Estilo de fuente**.

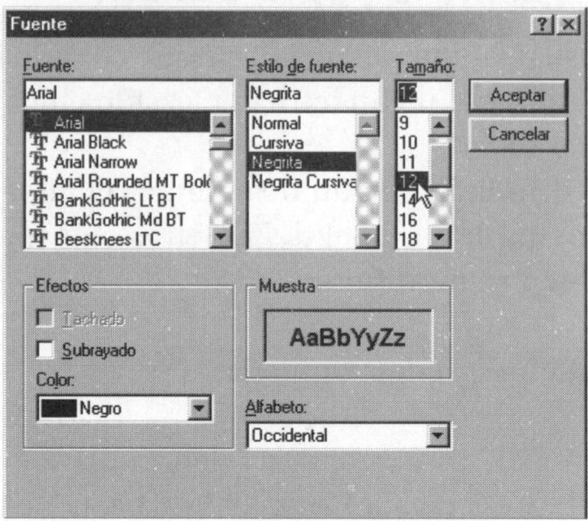


**4)** Presione **Aceptar**, y **Aceptar** nuevamente.

Listo. Además, con el mismo procedimiento, puede cambiar la tipografía por una que le guste más. Así, obtiene un Outlook a su medida.

## 81. Me llegan mal los mensajes con eñes y acentos, ¿qué está pasando?

En resumidas cuentas, lo que está pasando es que usted, o el que le envía el mensaje, tiene mal configurado el programa de correo. Esto se debe a que el protocolo MIME no se encuentra activado, por lo que no es capaz de decodificar los mensajes que incluyen eñes o acentos. Es por eso que, seguramente, recibe mensajes como "Feliz a=D1o nuevo" o "Feliz aqo nuevo". Si quiere saber con precisión a qué se deben estas fallas, siga leyendo; mientras que si directamente quiere saber cómo solucionarlo, saltee esta parte.

## Algo más técnico

El correo electrónico, tal como fue creado, no contempla el envío de caracteres no ingleses. Esto se debe a que utiliza el llamado código ASCII de 7 bits, o ASCII puro. ¿Qué es esto? Todas las computadoras usan un juego de caracteres que les permite dibujar las letras cuando muestran texto. Este, en las PCs, se llama código ASCII. Todas las computadoras usan la versión estándar del código, de 7 bits, que permite 126 caracteres, entre los que hay que incluir todas las letras mayúsculas y minúsculas, los números y signos como el asterisco, el guión o los paréntesis. El código ASCII (*American Standard Code for Information Interchange*) original no contempla ningún carácter que no se use en el idioma inglés, como los acentos, la eñe, la cedilla (Ç), etc. Para solucionar eso se hicieron extensiones al código, dejándolo de 8 bits (256 caracteres). Pero estos códigos de 8 bits no se estandarizaron, y hoy coexisten varias versiones, todas con los primeros 126 caracteres iguales entre sí, que equivalen al código ASCII original de 7 bits. El e-mail está basado en ese ASCII de 7 bits, por lo que no acepta acentos ni eñes, con lo cual debería evitar su uso. Pero hay formas de solucionar esto.

Hay algunos servidores de e-mail que aceptan código ASCII de 8 bits, por lo que los programas de correo nos dan la posibilidad de usarlos. Esto a simple vista solucionaría el problema, pero si nos detenemos un poco veremos que si el servidor de la persona a quien le enviamos un mensaje tiene un código de 8 bits distinto al nuestro, los acentos le llegarán convertidos vaya a saber en qué. Además, si sólo uno de los servidores por los que pasa un mensaje en el camino hacia el servidor de destino no acepta 8 bits o tiene un código diferente, tendremos el mismo resultado. Por lo tanto, es recomendable **no enviar e-mails con caracteres de 8 bits.**

El método definitivo para solucionar el problema del correo electrónico multilingüe es el MIME (*Multipurpose Internet Mail Extensions*). Éste es un estándar que da un método de codificación de los caracteres no ingleses, con el que cada letra que no esté en el código original de 7 bits se codifica con tres caracteres que sí están en ese código. Así, la ñ se escribe **=D1**. Usted escribe su mensaje y el programa de e-mail se encarga de convertir todas las letras que hagan falta a este formato. Esto tiene la ventaja de que, al ser de 7 bits, pasa por todos los servidores, incluso aquellos que usan el código estándar. Luego, cuando el mensaje llega, es decodificado por el programa de e-mail del receptor, si está debidamente configurado.

### Cómo solucionar el problema

Recuerde que las dos computadoras, la suya y la del remitente de los mensajes, deben estar configuradas para aceptar el protocolo MIME. Para hacerlo, en Outlook Express vaya a **Herramientas/Opciones/Enviar/Formato para envío de correo** y haga clic en **Configuración** a la derecha de **Texto sin formato**. Elija **MIME/Cifrar texto usando Quoted Printable**. Acepte.

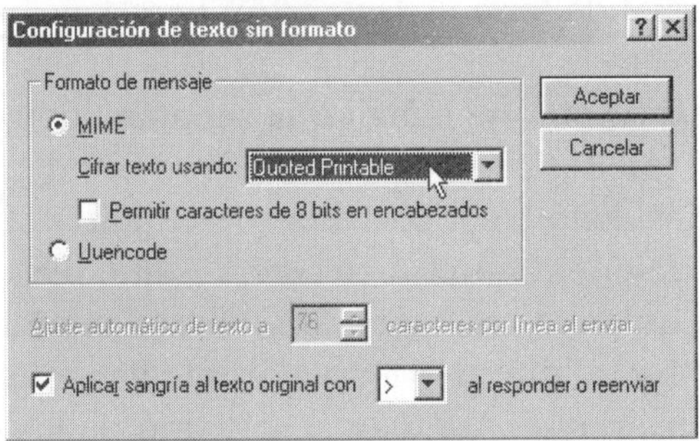


Listo. Ya podrá enviar mensajes con acentos y eñes en forma correcta. Ahora, si alguien le dice que recibe cosas extrañas en sus mensajes, seguramente será porque no tiene activado el MIME. Puede mandarle las instrucciones para configurar su programa para que trabaje con ese protocolo.

## 82. Cuando mando mensajes HTML a algunas personas les llegan mal, ¿qué hago?

Si a algunas personas los mensajes HTML que usted envía le llegan incorrectamente (como un archivo adosado, por ejemplo), se debe a que poseen un programa de correo antiguo, que no soporta estos mensajes. Eudora, Internet Mail o Outlook 97 son algunos ejemplos.

Puede hacer dos cosas: enviar a estas personas mensajes de texto puro, o inducirlas a que cambien el programa que utilizan.

Como la segunda opción es difícil, veremos cómo hacer la primera.

Si la persona se encuentra en la Libreta de direcciones:

**Paso a Paso**

1) Abra la libreta (**Inicio/Programas/Internet Explorer/Libreta de direcciones**).
2) Seleccione el contacto correspondiende y presione en **Propiedades**.
3) Marque la casilla **Enviar correo electrónico sólo con texto sin formato**.

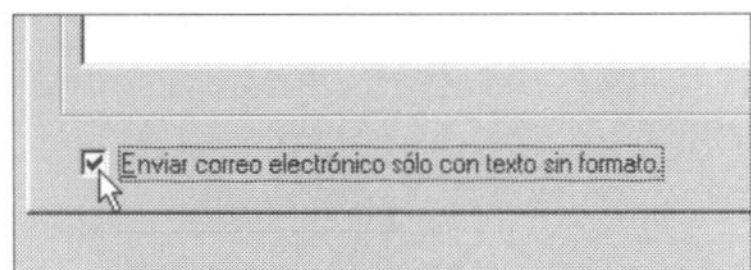


4) Presione **Aceptar** y salga de la libreta.



Errores y problemas comunes 15

Si la persona no se encuentra en la Libreta de direcciones:

## ✗ Paso a Paso

1) En la pantalla de redacción de mensajes, vaya a **`Formato`** y seleccione **`Texto sin formato`**.

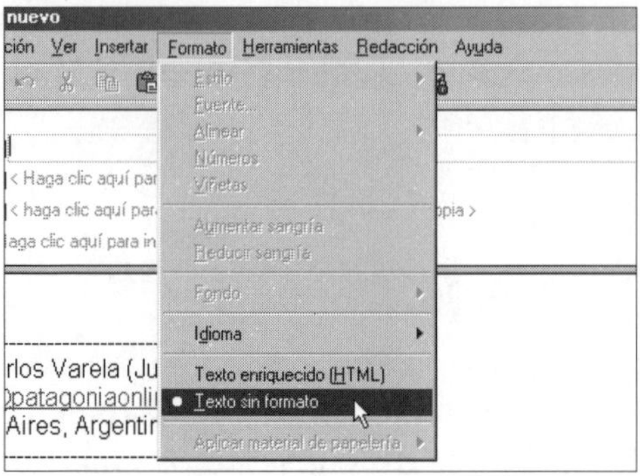


2) Por último, si quiere que **todos** los mensajes que envíe sean de texto puro, en Outlook Express vaya a **`Herramientas/Opciones/Enviar,`** y en **`Formato para el envío de correo`**, elija **`Texto sin formato`**. Así de fácil.

## Con lo que aprendió en este capítulo, usted conoce:

- Qué hacer si le aparece un error al intentar conectarse.
- Lo mismo al enviar y recibir.
- Qué puede estar pasando si le enviaron un mensaje y no le llegó.
- Cómo agrandar la fuente de los mensajes.
- Cómo solucionar el problema con eñes y acentos.
- Lo mismo con los mensajes HTML.

Luego de este capítulo, usted ya no tendrá ningún inconveniente a la hora de solucionar los problemas más comunes con el correo electrónico.

# CAPÍTULO 16

# MENSAJES REBOTADOS

**En este corto capítulo se explica qué son los mesajes rebotados, por qué llegan y cómo solucionar el problema de acuerdo al error que le dio el mensaje.**

83. Me llegó un mensaje raro que dice "Mail Delivery Subsystem", ¿qué es?
84. ¿Por qué rebotan los mensajes?
85. ¿Qué significa el error que me dio? ¿Cómo lo soluciono?

## 83. Me llegó un mensaje raro que dice “Mail Delivery Subsystem”, ¿qué es?

Si alguna vez le llega un mensaje así, o que diga “Nondeliverable mail” o “Processing Error”, significa que un e-mail que usted envió, **“rebotó”**. Para enterarse de cuál se trata, puede observar que este mensaje tiene un archivo adosado. Ábralo y verá su mensaje original.

Si un mensaje rebotó, significa que tuvo problemas para enviarse. En consecuencia, no llegó a destino (a menos que se trate de una falla temporaria)

Reenviar el mensaje no es la solución. Siga leyendo para enterarse cuál es.

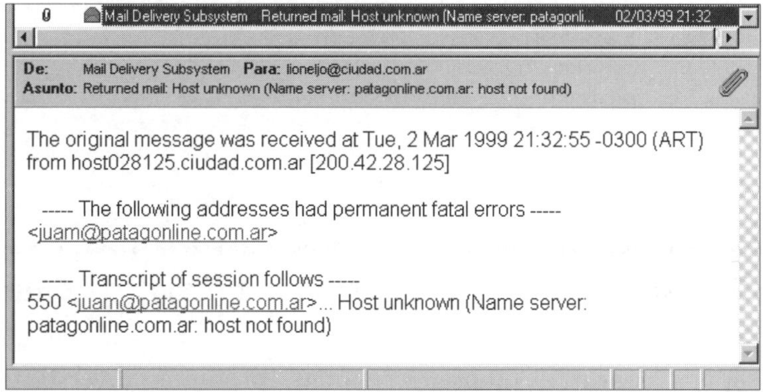


*Un típico mensaje rebotado. Si abre el archivo que éste tiene adosado, encontrará el e-mail original que no pudo ser enviado.*

## 84. ¿Por qué rebotan los mensajes?

Cuando un mensaje "rebota", significa que tuvo algún inconveniente para llegar a destino. Algo así como si hubiésemos puesto mal el destinatario de una carta.

Las causas son varias, aunque la más frecuente es que haya escrito incorrectamente la dirección electrónica del destinatario. Si esto es así, el programa de correo de su proveedor intentará mandar el mensaje a una dirección desconocida, y al no poder hacerlo, se lo devolverá.

También es posible que el error haya sido causado por una falla externa, como que el servidor se encuentre inhabilitado (roto) u otras cosas por el estilo.

Si quiere saber cómo identificar y solucionar el problema, pase a la próxima pregunta.

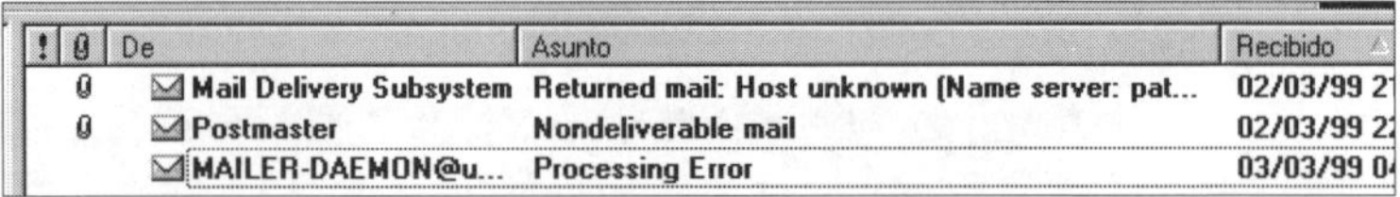

De
Asunto
Recibido
Mail Delivery Subsystem
Returned mail: Host unknown (Name server: pat...
02/03/99 2
Postmaster
Nondeliverable mail
02/03/99 2
MAILER-DAEMON@u...
Processing Error
03/03/99 0


*Tres típicos mensajes de error por mensajes rebotados.*

## 85. ¿Qué significa el error que me dio? ¿Cómo lo soluciono?

Cuando los mensajes rebotan, presentan diversos mensajes de error. Sabiendo analizar estos mensajes es posible saber cuál fue la causa del inconveniente, y así solucionarla.

## User unknow *(usuario desconocido)*

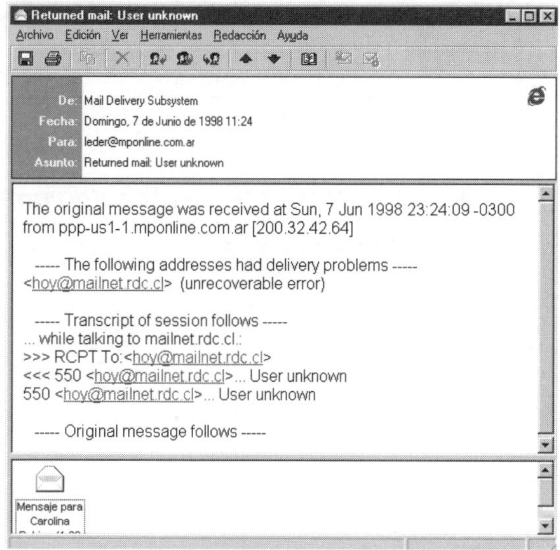


Este error aparece cuando el mensaje arribó correctamente al proveedor del destinatario, pero éste no pudo enviar el mensaje al usuario determinado (probablemente porque no existe). Por lo tanto, el dominio está escrito correctamente (lo que está después de la @), pero **el nombre de usuario está mal**. Verifíquelo.

## Host unknow *(servidor desconocido)*

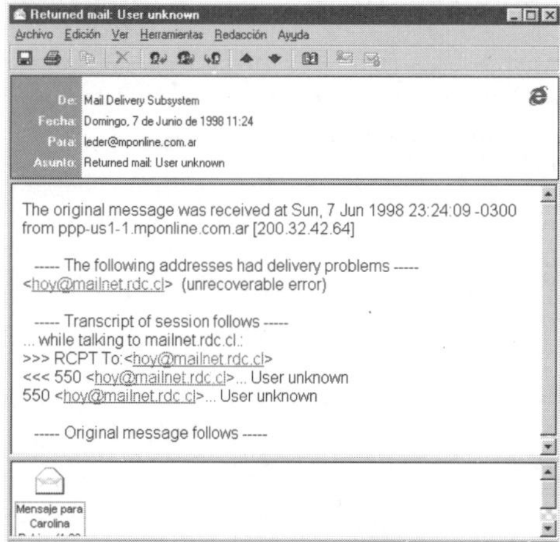

Este mensaje aparece cuando su servidor de correo no encuentra al del destinatario. En este caso, **el dominio es lo que está mal**. Verifique que la parte que está a la derecha de la @ esté bien escrita.

## Remote protocol error *(error del protocolo remoto)*

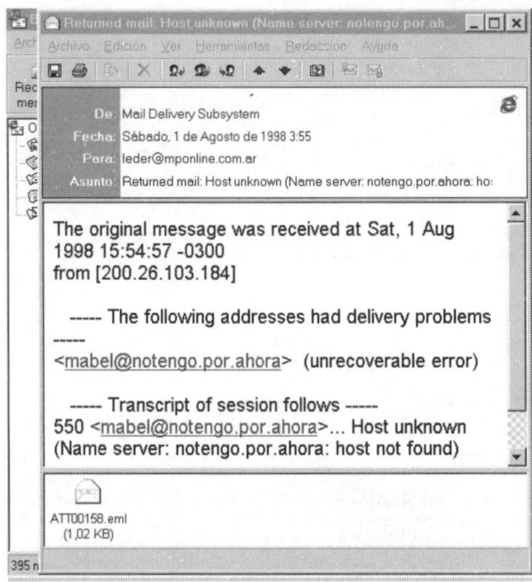


Este mensaje aparece muy raramente. Revise en **el cuerpo del mensaje,** para ver si hay algún carácter extraño que pueda estar molestando. Por ejemplo, una comilla simple (‘).

## Transient faliure *(falla temporaria)*

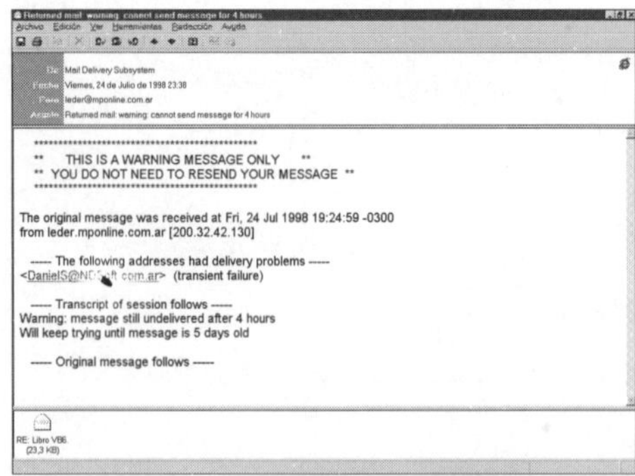

En esta falla no tiene usted la culpa. Es un error temporario causado porque **el proveedor del destinatario está funcionando mal**. No se preocupe, no es necesario que reenvíe el mensaje, ya que su proveedor seguirá intentando por 5 días. Si luego de ese lapso siguió con problemas, recibirá un e-mail avisándole de la cancelación del envío.

***Cuidado cuando responde***

Cuando responda mensajes (usando `Responder al autor`, por ejemplo), fíjese cuidadosamente cuál es la dirección del destinatario. Mucha gente configura mal (o directamente no lo hace) la dirección de la respuesta. En caso de que ésta sea errónea, escriba la correcta en el campo `Para`.

## Con lo que aprendió en este capítulo, usted conoce:

- Qué son los mensajes rebotados.
- Por qué rebotan los mensajes.
- Cómo identificar y solucionar el problema.

**Ejercicio práctico:**

Envíe un mensaje a la dirección juanca@patagonline.com.ar. Cuando el mensaje rebote, identifique por qué.

CAPÍTULO 17

# CORREO ELECTRÓNICO VÍA WEB (WEBMAIL)

**El Webmail o correo electrónico vía Web es un servicio muy útil y popular de los últimos tiempos. Además, es gratuito, como casi todo Internet. En este capítulo aprenderá qué es con exactitud, cómo conseguir una cuenta sin cargo, y cómo utilizarlo sacándole el máximo provecho.**

## 86. ¿Qué es el correo vía Web o *Webmail*?

El correo electrónico vía Web, más conocido como *Webmail*, es un servicio que se puso muy de moda en los últimos tiempos. Brinda una cuenta de correo casi siempre gratuita, a la que se puede acceder por medio de la WWW, sin necesidad de usar programa de correo alguno.

Cualquier persona puede obtener una dirección de e-mail llenando un simple formulario. Los usuarios deben ingresar al sitio web de la empresa que da el servicio, para leer, enviar y responder correo.

Un aspecto muy positivo del Webmail es que usted puede leer o enviar mensajes desde cualquier computadora con acceso a Internet, sin necesidad de configurar programa alguno. Esta PC puede ser suya, de un amigo o hasta una en un cibercafé. Además, puede tener todas las cuentas que quiera en forma totalmente gratuita.

Sin embargo, no todas son rosas. Para poder escribir y leer el correo deberá estar conectado. De esa manera, gastará más pulsos telefónicos que con el sistema convencional. Además, el proceso es bastante más lento.

En la actualidad, son muchísimos los sitios que ofrecen e-mail gratuito; incluso, algunos argentinos. Los más conocidos son **Hotmail** (de Microsoft) y **Yahoo! mail** (el servicio de correo vía Web del famoso buscador). En nuestro país, el Webmail de **Ciudad Internet** (www.ciudad.com.ar).

En este libro, vamos a explicar cómo usar el de Yahoo!, dado que es sencillo, potente y rápido. Sin embargo, el proceso suele ser muy similar con los otros sitios; por lo que si prefiere utilizar otro servicio no tendrá problema alguno.



### Las ventajas del Webmail son:

- Puede leer su correo desde cualquier computadora del mundo que tenga acceso a Internet, sin necesidad de configurar nada.

- Si ya está acostumbrado a navegar por Internet, encontrará que le resultará mucho más fácil de utilizar.
- Podrá a acceder a su agenda de direcciones desde cualquier PC.
- Si no tiene computadora ni Internet, puede tener su cuenta de correo gratuita, usándola en cibercafés o en la máquina de algún amigo.
- La cuenta es absolutamente anónima. Nadie sabrá (a menos que lo diga) que ésta le pertenece.
- ¡Es gratis!

**Por su parte, las desventajas son:**

- Para leer o escribir correo hay que estar conectado, utilizando la línea telefónica.
- Es más lento que el correo común, ya que para cada paso hay que cargar una nueva página.

No lo entretengo más y le dejo seguir leyendo para que sepa cómo tener su cuenta de Webmail gratuita.

## 87. ¿Para qué me puede servir una segunda cuenta de correo?

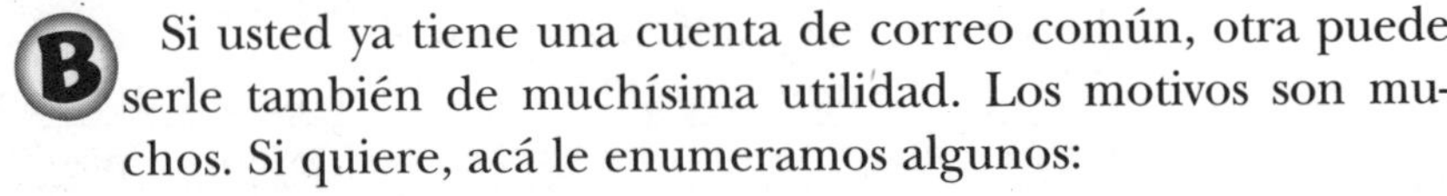

Si usted ya tiene una cuenta de correo común, otra puede serle también de muchísima utilidad. Los motivos son muchos. Si quiere, acá le enumeramos algunos:

- Para tener una dirección "secundaria", la cual ingresar en sitios que requieren de su e-mail para asociarse a determinado servicio, cuando no desea que lo molesten con propagandas inútiles. También, si tiene que dársela a alguien que no es de su confianza.

- Si desea tener una cuenta para cada miembro de la familia. Así, las recetas de cocina de mamá no se mezclan con los e-mails de negocios de papá o los de los amigos del nene.

- Para poder acceder al correo desde el trabajo o lo de un amigo, y así siempre estar al tanto de sus mensajes. Además, para poder mandar e-mails de forma urgente.

- Para "transportar" información de una PC a otra. Usted envía un e-mail a su cuenta de Webmail desde su casa y lo abre desde el trabajo.

- Si cambia de proveedor, seguirá manteniendo la misma dirección de correo electrónico.

Si aún no quedó convencido, le doy un último motivo: ¡el Webmail es *fashion*!



## 88. ¿Por qué me dan una cuenta de correo gratis?

La respuesta es fácil: **publicidad**. Usted, para poder revisar el correo, deberá primero entrar a la página web del sitio. Cuando lo hace, ve los *banners* (carteles de publicidad) que los anunciantes de éste pusieron. De esa manera, las visitas aumentan, la gente es seducida por la publicidad y las empresas ganan dinero. Claro está que eso no está mal. Es la forma que tiene el sitio de mantenerse o expandirse.

Cuando Hotmail, pionero en esto del e-mail gratuito, comenzó a ofrecer cuentas de correo electrónico sin cargo, se convirtió en un boom. Al poco tiempo, decenas de empresas lo copiaron.

## 89. ¿Qué sitios me ofrecen Webmail gratuito?

Aquí tiene una lista de sitios que ofrecen Webmail gratuito. Si bien hay varios más, éstos son los más conocidos:

| Nombre | Dirección | Observaciones |
|---|---|---|
| Yahoo! mail | mail.yahoo.com | El que utilizamos en este libro. |
| Hotmail | www.hotmail.com | El más famoso. |
| Starmedia | www.starmedia.com | El latinoamericano. |
| Ciudad Internet | www.ciudad.com.ar | Uno argentino. |
| NetAddress | www.usa.net | Se puede utilizar desde un programa de correo común. |
| Geocities | www.geocities.com | Se lo dan junto a espacio gratuito para poner su sitio web. |
| Lycos | www.lycos.com | El de otro famoso buscador. |
| Mixmail | www.mixmail.com | Otro argentino. |

La lista es aún muchísimo mayor, dada la gran cantidad de sitios que ofrecen correo gratuito. Navegue y lo comprobará.

## 90. ¿Cómo abro una cuenta de Webmail?

Todos los sitios que ofrecen correo gratuito requieren que complete un formulario para poder brindarle una cuenta. Si bien completar los formularios correspondientes no es nada difícil (se verá haciéndolo a menudo), iremos paso a paso para que no se pierda y lo tome como referencia para futuras ocasiones.

Para crear una nueva cuenta de correo gratuito en **Yahoo! mail**, siga estos pasos:

## Paso a Paso

1) Ingrese a su navegador de Internet, conéctese a su proveedor y diríjase a la dirección **mail.yahoo.com**.

2) Aparecerá la página inicial de Yahoo! mail. Haga clic en `Sign me up!` para crear una nueva cuenta.

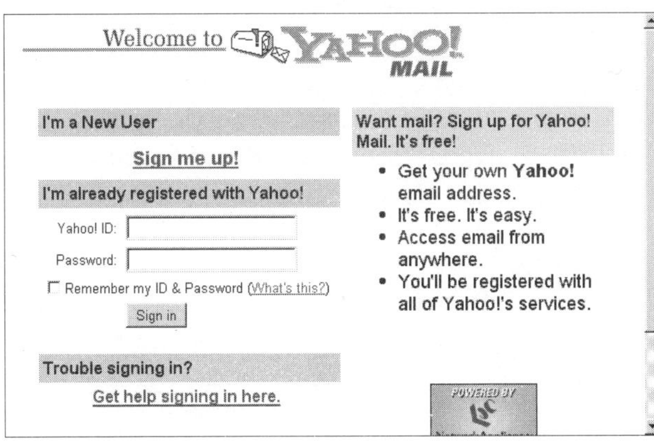


3) Aparecerá el contrato para la nueva cuenta. Baje la pantalla y presione el botón `I Accept` (yo acepto).

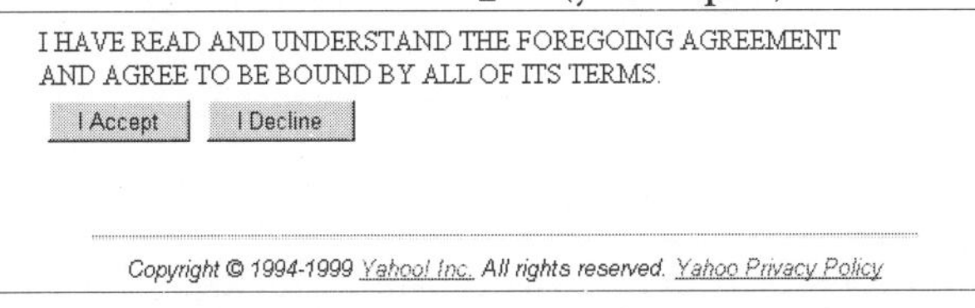


4) Baje por la página hasta encontrar esta leyenda, y haga clic en `this form`. Esto se debe a que el formulario anterior es sólo para estadounidenses.

If you are **NOT** a United States (50 state) resident, please continue with [this form]

**5)** Complete el formulario que aparece, siguiendo estos avisos:

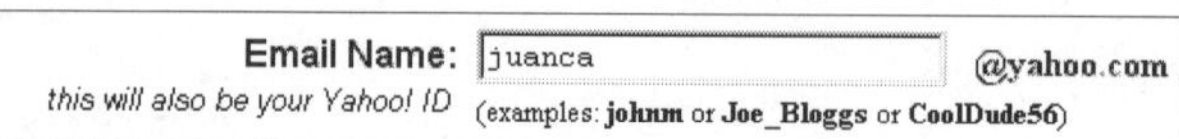


Ingrese un nombre de usuario. Este también determinará cómo será su dirección de correo, de la forma **usuario@yahoo.com**.

**Password:** ******
**Re-enter Password:** ******

Escriba una contraseña (asegúrese de que la tecla **Caps Lock** no esté activada). Luego, vuelva a escribirla, a modo de confirmación, en la casilla de abajo.

**Password Question:** cual es mi comida favorita?
*will be asked if you forget your password*
(for example: **What is my favorite pet's name?**)

Aquí puede ingresar una pregunta personal, cuya respuesta usted sólo conozca. Se le será solicitada si olvida su contraseña.

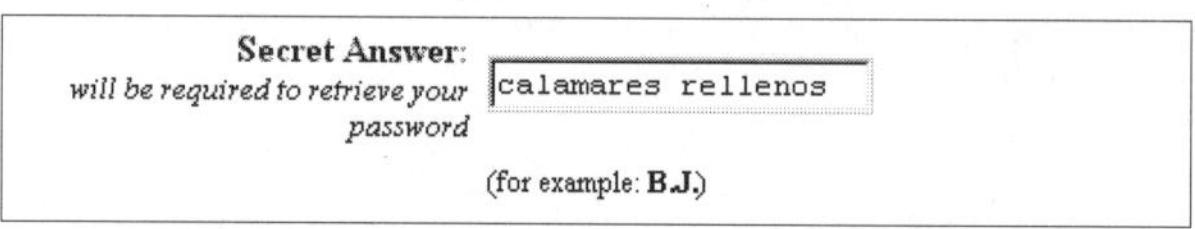


Escriba la respuesta a la pregunta anterior.

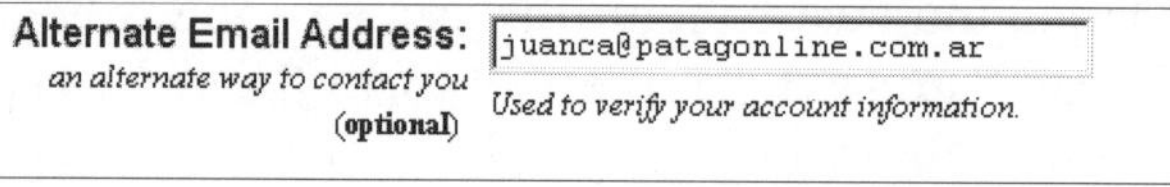

Ingrese su dirección de correo electrónico primaria. Si no desea recibir ningún tipo de mensajes molestos por ese medio, puede no ponerla.

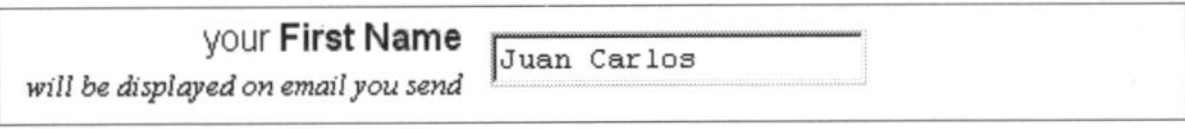

Ingrese su primer y, en caso de tenerlo, segundo nombre.

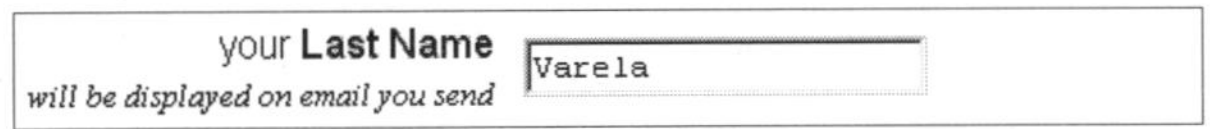


Ingrese su apellido. Lo que haya escrito en este casillero y el anterior, aparecerá cómo remitente cuando envíe un mensaje.

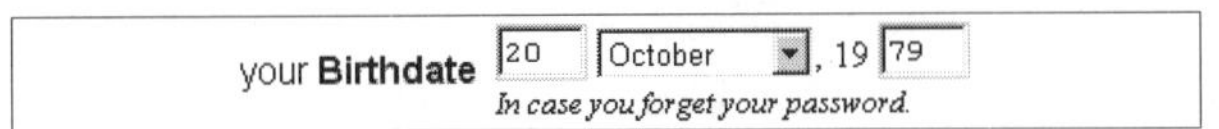


Escriba su fecha de nacimiento.

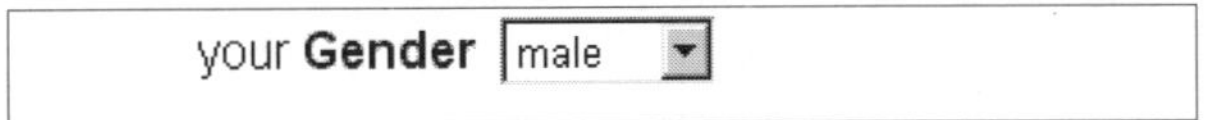


Seleccione si es hombre (`male`) o mujer (`female`).

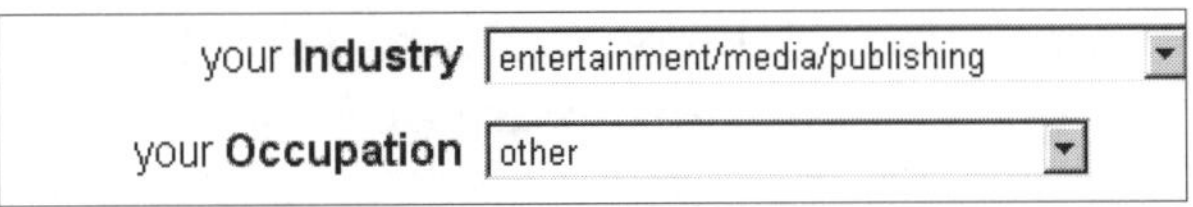


En estos casilleros puede ingresar a qué se dedica.

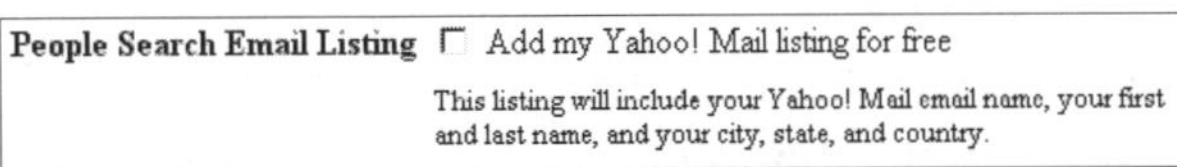


Marque esta casilla si quiere que su nombre, dirección de e-mail, ciudad y país, estén disponible en el directorio de personas de Yahoo!.

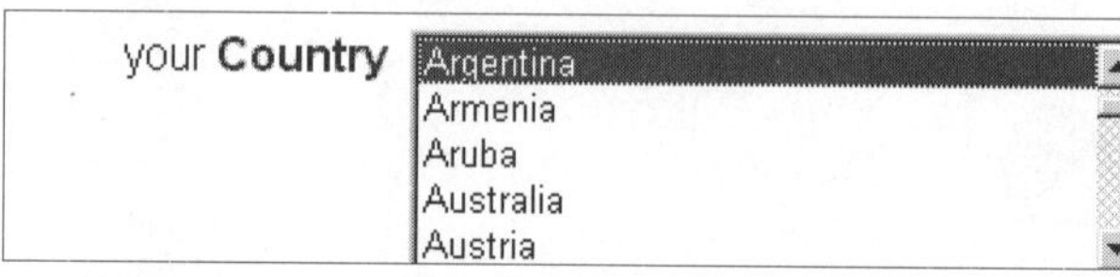


Seleccione el país en el que vive.

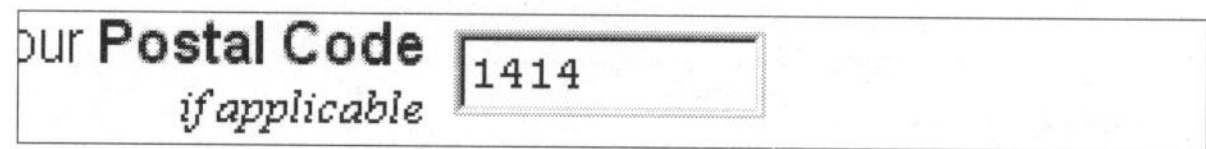


Ingrese su código postal (de poca relevancia).

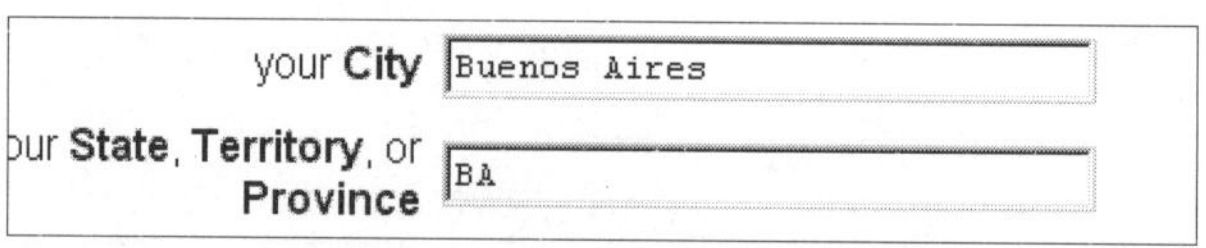


Escriba su ciudad y provincia.

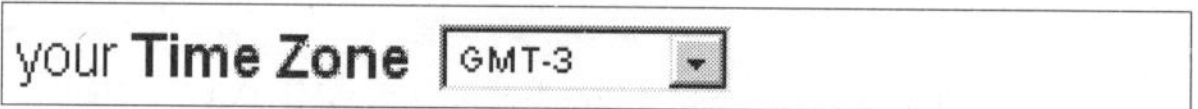


Seleccione el huso horario correspondiente a su país. Para la Argentina, éste es -3. En verano, pasa a ser -2 (dos horas más temprano que en el meridiano de Greenwich).

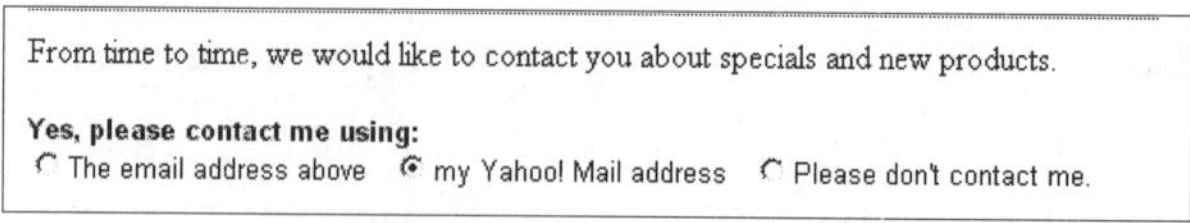


Seleccione si desea o no recibir mensajes con publicidad, y en caso afirmativo por qué medio. Lo más sano es elegir `Please don't contact me` (por favor, no me contacten).

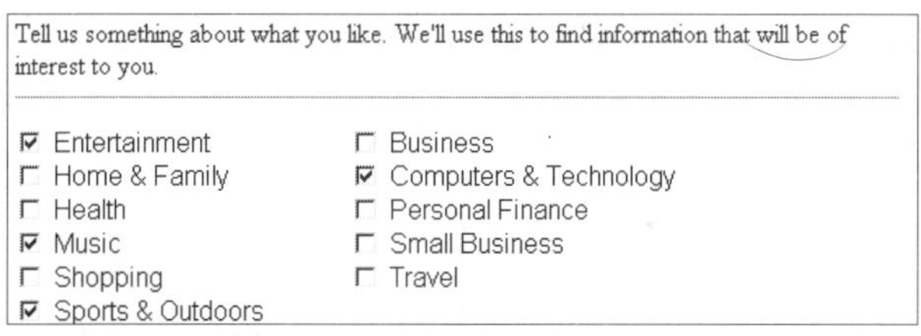


Aquí puede marcar los intereses y hobbies. Se utilizan, si en el campo anterior seleccionó que lo contacten, para enviarle publicidades y promociones.

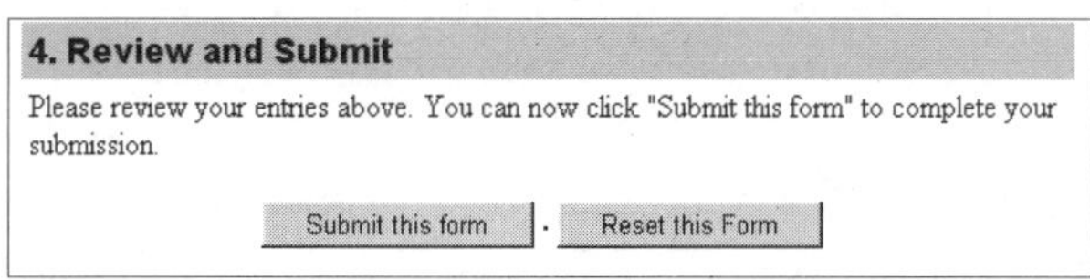


Finalmente, verifique que los datos que ingresó sean correctos y presione `Submit this form` para continuar.

**6)** Si aparece un mensaje como éste, significa que el nombre de usuario que eligió ya está siendo utilizado por otra persona. Puede probar con combinaciones de su nombre, o uno de fantasía. Elíjalo, escríbalo a la derecha de **`Email name`**, baje y presione nuevamente **`Submit this form`**.

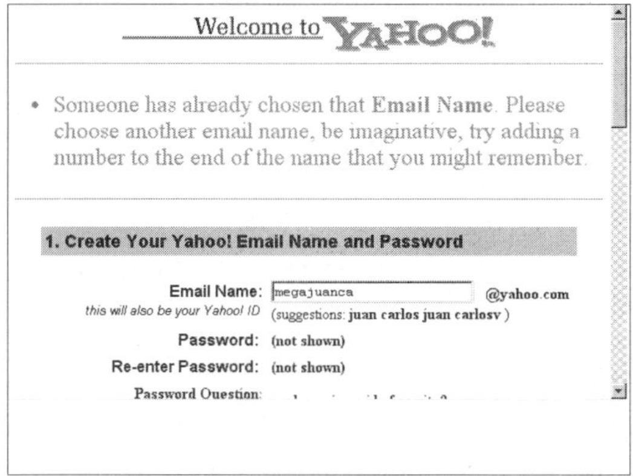


*El nombre de usuario que habíamos elegido ya estaba en uso por otra persona.*

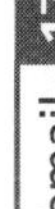

¡Listo! Ya tiene su cuenta de correo gratuito. Para probar su funcionamiento, ingrese su contraseña y presione **Submit** para ingresar.

## 91. ¿Cómo ingreso al Webmail?

Ingresar al Webmail es muy sencillo. Puede hacerlo desde cualquier computadora con acceso a Internet y con cualquier navegador que soporte *cookies* (casi todos lo hacen).

Para ingresar al Webmail, diríjase con su explorador de Internet a **mail.yahoo.com**. Donde dice **Yahoo! ID**, ingrese su nombre de usuario; y en **Password**, su contraseña. Cuando termine, haga clic en **Sign in** para ingresar. Ya se encuentra usando el Webmail.

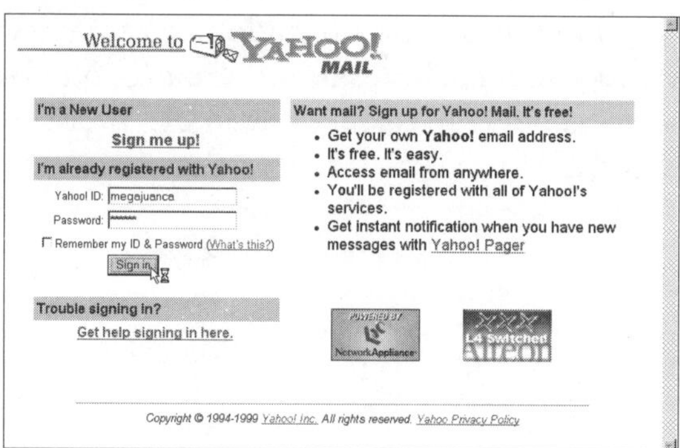


*Ingrese su nombre de usuario, contraseña y presione Enter. Así de fácil.*

**Si está en un cibercafé...**

...es probable que alguien haya ingresado al correo con anterioridad, por lo que su nombre de usuario (ID) aparecerá cuando quiera entrar. Para solucionar esto, haga clic en Change user para ingresar el suyo.

Al ingresar, se encontrará con la página inicial del Webmail. A través de ella podrá enviar y recibir correo electrónico, generar una libreta de direcciones y más.

## Pantalla inicial de Yahoo! mail

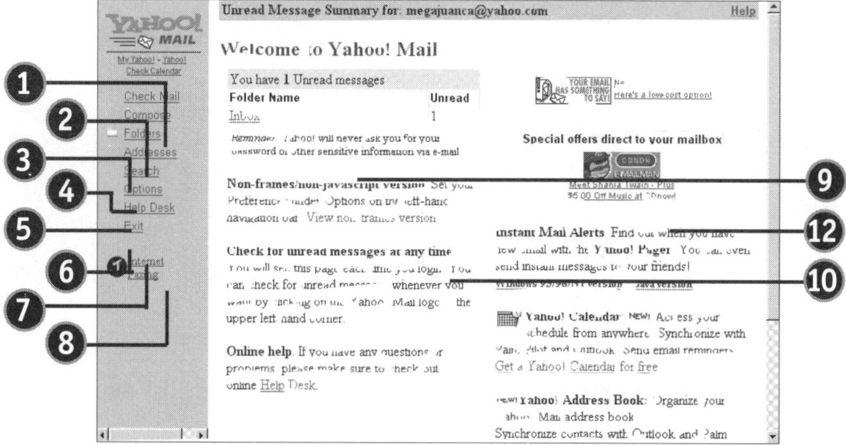


1. Abre la Bandeja de entrada o Inbox para ver los mensajes recibidos.
2. Abre la ventana de redacción de mensajes de Yahoo! mail.
3. Permite crear, borrar y mover carpetas personalizadas.
4. La Libreta de direcciones, versión Webmail.
5. Permite buscar mensajes entre las carpetas.
6. Para configurar opciones avanzadas.
7. Ayuda.
8. Haga clic aquí para salir, siempre que termine de usar el Webmail.
9. Las carpetas que poseen mensajes no leídos (unread messages).
10. Si utiliza un navegador antiguo y ve con dificultad la página, presione aquí para una versión simplificada de la misma.
11. Su dirección de correo electrónico de Webmail.
12. Publicidades y promociones.

***¡No se olvide de salir!***

Si no hace clic en Exit cuando termina de usar el correo, alguien puede leer sus mensajes. Esto, obviamente, sólo ocurrirá si está usando una computadora en un lugar público, como un cibercafé. Sin embargo, por seguridad, Yahoo! cierra automáticamente su cuenta luego de unos minutos, para que nadie pueda ingresar a ella.

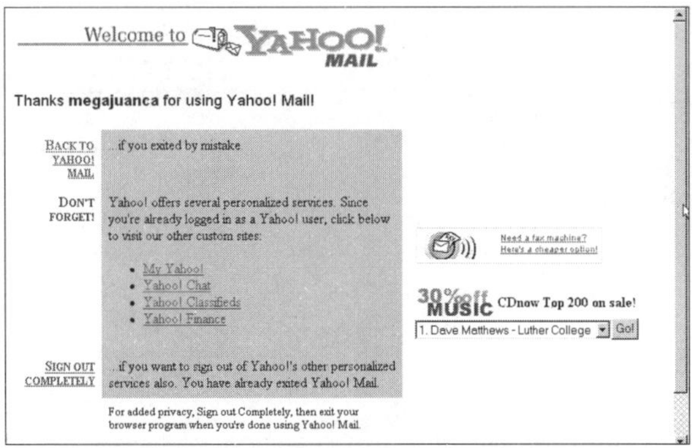


*Cuando sale de Yahoo! mail, se le da la despedida, y la posibilidad de volver (ingresando nuevamente su clave) si salió por error.*

## 92. ¿Cómo envío mensajes por Webmail?

Enviar mensajes desde Yahoo! mail es de lo más fácil. El único perjuicio es que deberá estar conectado mientras lo esté escribiendo.

### Paso a Paso

1) Haga clic en **Compose**.

**2)** Aparecerá la ventana de redacción de mensajes de Yahoo! mail. Complétela y escriba su carta.

### Redacción de mensajes en Yahoo! mail

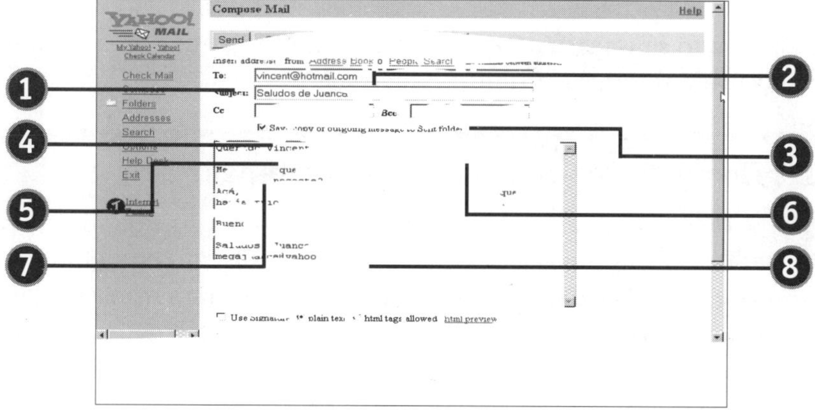


1. Envía el mensaje (ojo, presione sólo después de haberlo escrito).
2. Inserta una dirección de la libreta de direcciones de Yahoo! mail.
3. Escriba aquí la dirección del destinatario.
4. Escriba un asunto (subject) del mensaje.
5. Ingrese una dirección para enviar una copia del mensaje a otra persona.
6. Ingrese una dirección para enviar una copia oculta del mensaje a otra persona.
7. Guarda el mensaje en la carpeta de elementos enviados (sent folder).
8. Escriba aquí su mensaje.

**3)** Una vez que escribió el mensaje, recuerde presionar el botón **Send**. Aparecerá una nueva ventana informando que su mensaje se envió.

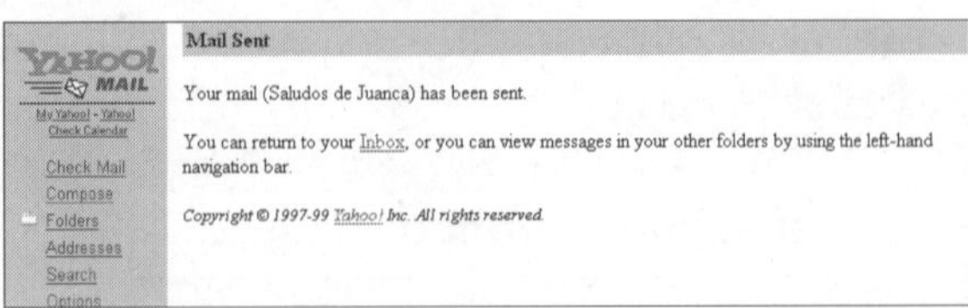


Como se imaginará, puede hacer nuevamente clic en **Compose** para enviar un nuevo mensaje.

## 93. ¿Cómo recibo mensajes por Webmail?

Como sucede con el correo electrónico común, cuando a usted le envían mensajes, éstos se van depositando en la Bandeja de entrada o *Inbox*. Sin embargo, no necesitará hacer ninguna acción de Enviar y recibir, ya que esto se hace de forma automática.

Para ver los nuevos mensajes, haga clic en **Check mail** (comprobar correo).

Aparecerá la Bandeja de entrada (*Inbox*) con los mensajes que ésta tenga. Si alguno se encuentra en negrita, significa que usted aún no lo leyó. Para hacerlo, simplemente haga clic sobre el asunto o *subject* del mismo.

*Haga clic sobre el asunto (Subject) del mensaje para leerlo.*

A continuación se abrirá una nueva página con el mensaje abierto.

## Ventana de manejo de mensajes

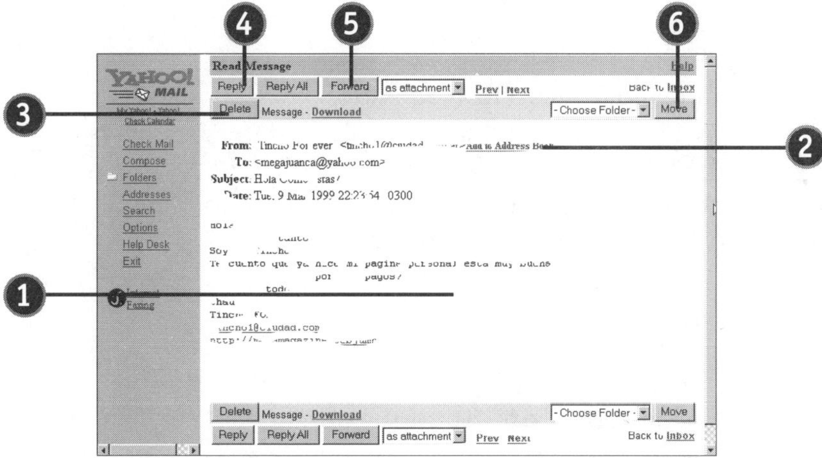


1. El mensaje que le enviaron, junto a datos como el remitente, asunto y fecha.
2. Haga clic aquí para agregar el remitente a su libreta de direcciones de Yahoo! mail.
3. Borra el mensaje actual (en realidad, lo mueve a la papelera de reciclaje de Yahoo!).
4. Contesta el mensaje (similar a **Responder al autor**).
5. Reenvía el mensaje a otra persona.
6. Mueve el mensaje a la carpeta seleccionada.

***Si quiere volver a fijarse...***

...lo más fácil es recargar o actualizar la página de la Bandeja de entrada (`Inbox`). Para esto, presione `F5` o el botón `Actualizar` de su explorador de Internet.

Recuerde que los mensajes en negrita son los no leídos, mientras que los que ya lo están se encuentran en estilo normal.

## 94. ¿Cómo adoso un archivo en Webmail? ¿Y si me mandaron uno a mí?

Adosar archivos, al igual que con el correo electrónico común, significa un pequeño paso extra en la creación del mensaje. Vea cuál.

Para mandar un archivo adosado

### Paso a Paso

1) Haga clic en **Compose** para redactar un nuevo mensaje. Complételo con los datos correspondientes.

2) Haga clic en **Make an Attachment**.

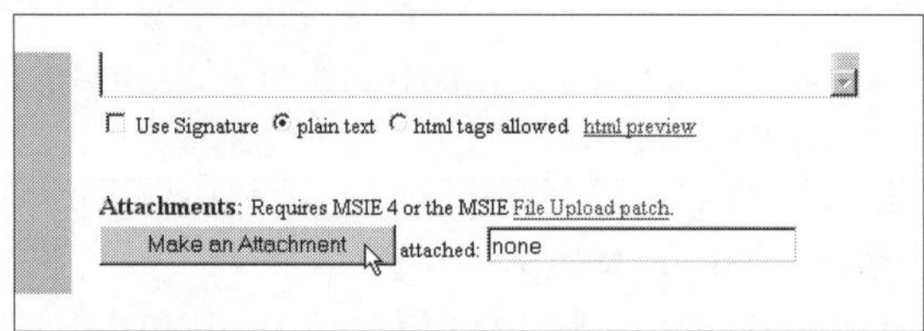


3) En la pequeña ventana que se abre, haga clic en **Examinar** para buscar el archivo que desea enviar. Recuerde que éste no debe ser demasiado pesado. Luego, presione **Attach**.

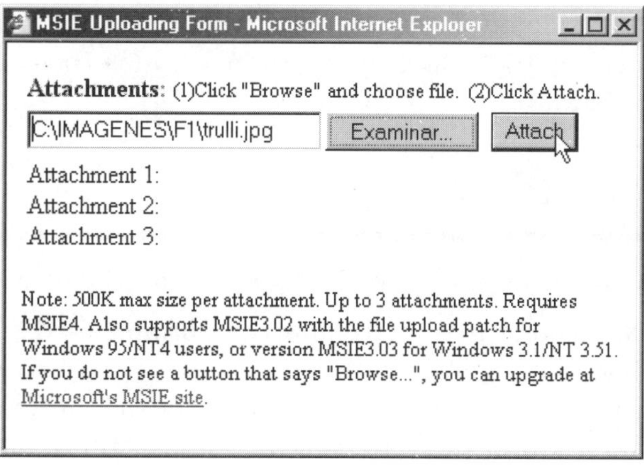


**4)** Termine el mensaje y envíelo como lo haría comúnmente.

Para abrir un archivo adosado que recibió:

## ✘ Paso a Paso

**1)** Abra el mensaje que contiene el archivo adosado que le mandaron.

**2)** Notará que en la parte inferior del mensaje aparece un recuadro. Haga clic en **`Attachment`**.

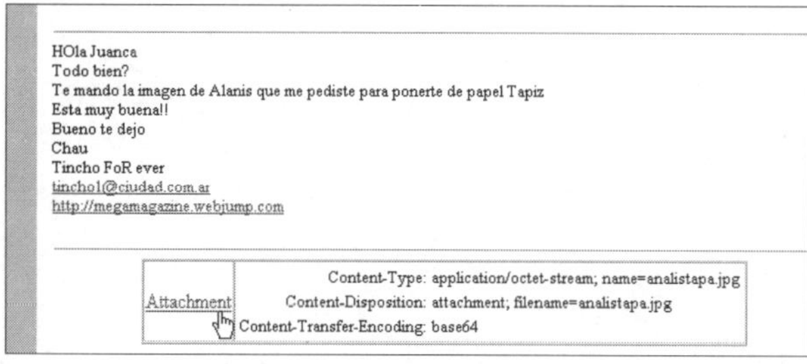


**3)** Se abrirá una nueva ventana para que baje el archivo a su PC. En caso de que éste fuese una imagen, podrá ser abierto en el mismo navegador.

Así de sencillo puede enviar los archivos que desee por Webmail. Pero recuerde, si éstos son muy pesados (ocupan mucho), tardarán bastante en enviarse y recibirse.

## 95. ¿Puedo leer mi cuenta de correo común por Webmail?

Una de las cosas más interesantes que brinda el Webmail es la posibilidad de leer su cuenta de correo común, con todas las facilidades que el correo electrónico vía Web brinda.

Una alternativa de esto son los sitios como Mailstart (**www.mailstart.com**), donde, simplemente introduciendo su dirección de e-mail y contraseña, podrá leer su correo, enviar mensajes, contestarlos, etc. Sin embargo, si usted ya tiene todo registrado en su Webmail, es más práctico.

Para leer su cuenta de correo común por Webmail:

### Paso a Paso

1) Haga clic en **`Check mail`**, luego en **`Check External mail`**.

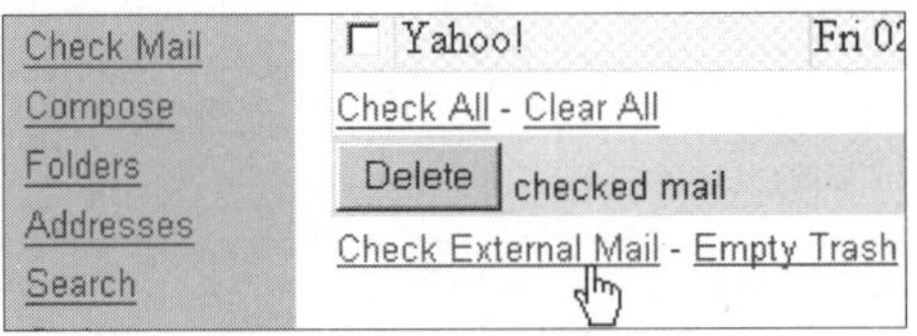


2) En la nueva página, elija **`Configure new server`** para configurar su cuenta (es necesario hacerlo únicamente la primera vez). Deberá tener a mano los datos de su proveedor.

3) Aparecerá otra página, donde se le pedirá que ingrese los datos. Complételos siguiendo esta guía.

## Configurar una cuenta nueva

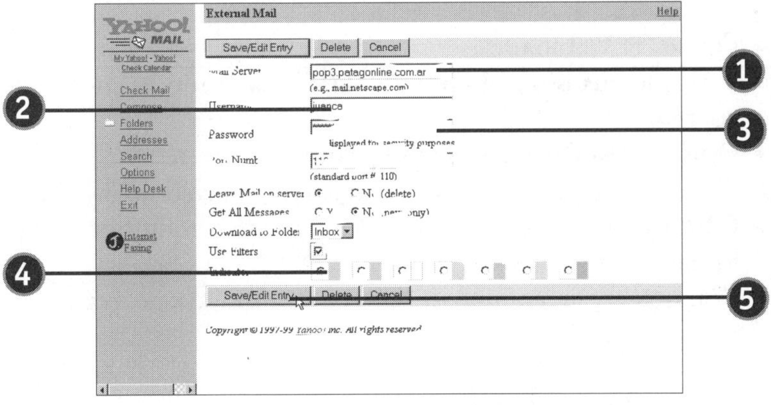


1: Ingrese su servidor de correo POP3.

2: Escriba su nombre de usuario.

3: Escriba su contraseña.

4: Seleccione el color con el que se identificarán los mensajes de esa cuenta.

5: Cuando termine, presione aquí para guardar.

**4)** Una vez configurada la cuenta, haga clic en **Get Pop Mail** para recuperar los mensajes. Esto último deberá hacerlo cada vez que desee ver su correo electrónico común.

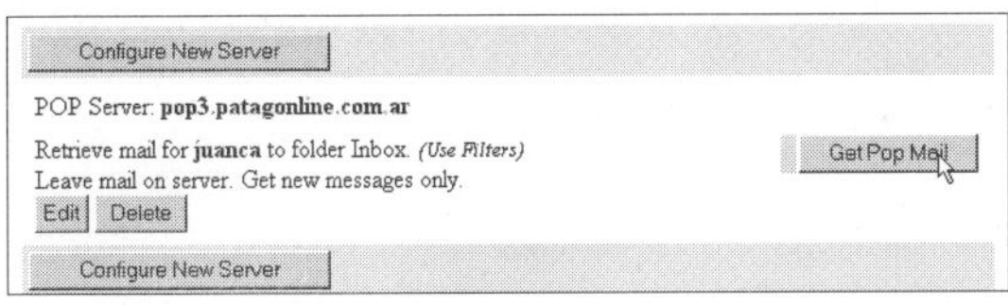


Tenga en cuenta que el límite máximo de cuentas a configurar es 3. Además, cuando usted baja los mensajes en el Webmail, no los pierde; cuando vuelva a su casa, con su programa de correo común, aún los tendrá.

## Con lo que aprendió en este capítulo, usted conoce:

- Qué es el Webmail.
- Todos los usos que le puede dar a una segunda cuenta de correo.
- Quiénes le ofrecen Webmail gratuito.
- Cómo conseguir una cuenta de correo electrónico vía Web.
- Cómo enviar y recibir mensajes por este medio, incluidos los archivos adosados.
- Cómo leer su cuenta de correo común desde cualquier computadora.

Luego de este capítulo, usted ya ha aprendido a utilizar el Webmail con todas sus funciones y beneficios.

**Ejercicio práctico:**

Saque una cuenta de Webmail en Yahoo! Envíe un mensaje de su cuenta POP a la que creó, y luego respóndalo. Si hizo todo bien, usted ya aprendió lo necesario del correo electrónico vía Web.

CAPÍTULO 18

# LISTAS DE CORREO

**Las listas de correo pueden ser una de las experiencias más interesantes y productivas de Internet. Existen de dos tipos muy diferentes, y aprenderá a utilizarlas, participar y hasta crear las suyas, todo en este capítulo.**

96. ¿Qué es una lista de correo?
97. ¿Para qué sirve?
98. ¿Qué tipo de listas hay?
99. ¿Qué listas hay disponibles?
100. ¿Cómo me suscribo y uso una lista participativa? ¿Qué normas tengo que cumplir?
101. ¿Cómo me suscribo a una lista informativa?
102. ¿Cómo creo mi propia lista de correo?

## 96. ¿Qué es una lista de correo?

Las listas de correo son listas a las que uno se suscribe, con el fin de recibir e-mails relacionados con el tema específico que se trata en ellas.

Existen listas para todos los gustos. En ellas se informan o discuten temas, que van desde series de ciencia ficción hasta políticas internacionales, pasando por actualidad deportiva, actualizaciones de un sitio web o trucos para Windows.

Varios sitios poseen una lista de correo propia, donde informan a sus visitantes de las novedades. Otros, le ofrecen crear una propia en forma gratuita.

Para poder conformar y participar en una lista, el usuario (usted) debe *suscribirse* (incorporarse) a ésta. Esto depende del tipo de lista de que se trate.

Aparte de suscribirse, puede hacer varias otras acciones con las listas, como desuscribirse (salir), escribir mensajes (*post*) en caso de que la lista lo permita, y, por supuesto, leer el correo.

Atrévase a participar en una lista de correo, puede ser una de las mejores experiencias de Internet.



## 97. ¿Para qué sirve?

La gente crea las listas como un medio donde los usuarios cuenten sus inquietudes sobre el tema de la lista, y se contesten entre sí. Por ejemplo, para debatir sobre el estado de determinado deporte.

También son muy utilizadas las listas en los sitios web. Los visitantes se suscriben sólo ingresando su dirección de correo electrónico, y reciben cada cierto tiempo novedades que la página incorporó, promociones, temas relacionados y demás. De esa forma, las personas vuelven a visitar el sitio, para ver los nuevos contenidos. Usted también puede crear su propia lista para, por ejemplo, debatir y hacer comentarios con profesionales de su misma área.

## 98. ¿Qué tipo de listas hay?

Hay dos grandes clases de listas. En unas, el usuario se suscribe y recibe mensajes en forma periódica (sin posibilidad de participar). Suelen ser las que ofrecen los sitios web, que envían novedades por correo electrónico cada cierto tiempo. Un ejemplo de esto es la de MP Ediciones, que informa mensualmente de las próximas revistas y eventos. Puede suscribirse ingresando su dirección de correo electrónico en **www.pcusers.com.ar**. A estas listas las llamaremos **informativas**, o no participativas.

Las otras listas están formadas por todos los suscriptos, ya que son ellos los que escriben. En éstas, generalmente uno escribe a una determinada dirección, para que ese mensaje llegue a todos los demás miembros. De esa manera, es posible debatir ciertos temas. A estas listas las conoceremos por el nombre de **participativas** o de discusión.

## 99. ¿Qué listas hay disponibles?

Existen miles de listas disponibles en todo el mundo. Especialmente las informativas. Aquí tiene sólo algunas. Además consulte, si lo desea, si su proveedor de Internet tiene propias.

## Listas informativas

| Nombre | Dirección web o de e-mail donde suscribirse | Descripción |
|---|---|---|
| Download.com | www.download.com | El último shareware para bajar de la Web (en inglés). |
| Emepetres | emepetres.com.ar | Novedades del formato de música MP3, e información de las novedades de la pág. |
| InfoEdu / Cursos | majordomo@ccc.uba.ar (subscribe infoedu-cursos) | Cursos de computación, diseño, etcétera. |
| News.com | www.news.com | Las últimas novedades en informática (en inglés). |
| Novedades MP Ediciones | www.pcusers.com.ar | Las últimas novedades de la editorial, revistas y libros por salir. |

## Listas participativas

| Nombre | Dirección web o de e-mail donde suscribirse | Descripción |
|---|---|---|
| Fórmula Uno | formulauno.listbot.com | Debates sobre la máxima categoría del automovilismo en español (la mía). |
| Música | majordomo@ccc.uba.ar (subscribe musica) | Intercambio de opiniones acerca de música erudita y popular. |
| Mercosur | majordomo@ccc.uba.ar (subscribe mercosur) | Debates acerca de este bloque económico. |
| Especial | majordomo@mcye.gov.ar (subscribe especial) | Destinada a tratar temas de educación de alumnos especiales |
| #Tucumanos | tucumanos-subscribe @egroups.com (sin nada en el asunto o cuerpo) | Lista oficial del canal #tucumanos de Dal.Net |

## 100. ¿Cómo me suscribo y uso una lista participativa? ¿Qué normas tengo que cumplir?

La forma de suscribirse y usar las listas participativas o de discusión (aquellas en las que uno participa contribuyendo con mensajes) son similares en la mayoría de los casos. Vamos a ver cómo puede usted suscribirse y utilizar una de las tantas listas de la UBA (Universidad de Buenos Aires), en este caso sobre música.

### Suscribiéndose a "Música"

"Música" es una lista que tiene como objetivo brindar un espacio para intercambiar ideas, proyectos, críticas y todo tipo de informaciones relacionadas con este tema. Al tratarse de una lista participativa, usted puede contribuir también con sus opiniones.

Para suscribirse, debe seguir los siguientes pasos:

### ✘ Paso a Paso

1) Envíe un mensaje sin asunto a **majordomo@ccc.uba.ar,** y en el cuerpo del mismo (o sea, donde se escribe la carta) escriba `subscribe musica`.

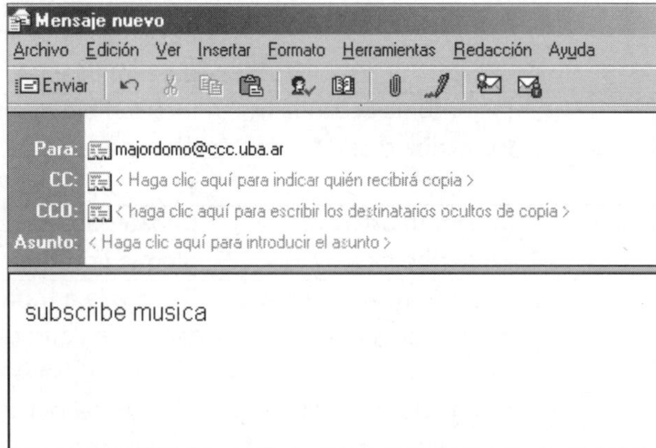


*El mensaje debe estar escrito así para poder suscribirse a la lista de música. Recuerde: para suscribirse, los mensajes son de la forma "suscribe nombrelista".*

2) Minutos después, recibirá un e-mail en inglés. Esto indica que la suscripción fue procesada. Consérvelo como futura referencia.

3) Los mensajes a los miembros de la lista deben estar dirigidos a la dirección **musica@ccc.uba.ar**. De este modo todos las personas suscriptas reciben sus mensajes.

***Consejo***

Para mantener su correo ordenado, es recomendable utilizar las reglas del Asistente para la Bandeja de entrada, para que los mensajes de la lista vayan directamente a una carpeta exclusiva. Así, los mensajes de ésta no se mezclan con los demás.

Para **cancelar su suscripción**, debe enviar un mensaje sin asunto a **majordomo@ccc.uba.ar**, pero esta vez escribiendo en el cuerpo `unsubscribe musica`. De este modo ya no recibirá más mensajes de la lista.

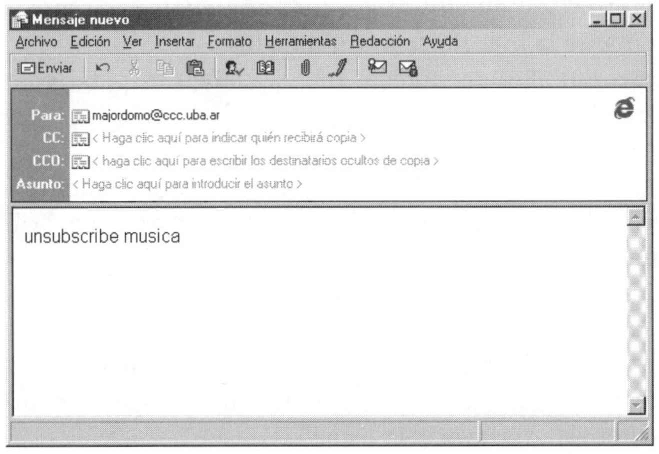


*Si lo que desea es desuscribirse, éste será el mensaje que deberá enviar. Recuerde que siempre es de la forma "unsuscribe nombrelista".*

***Por lo general, las listas de correo tienen las siguientes direcciones:***

* La del *owner* o "dueño" de la lista, generalmente usada para consultas.
* La dirección para realizar la suscripción/desuscripción . A veces se trata de dos direcciones distintas.
* La dirección para enviar los mensajes a todos los miembros de la lista (ojo, no confundir con la anterior).
* Pueden existir otras para, por ejemplo, dar ayuda sobre un tema específico relacionado con la lista.

Aunque se trate de listas distintas, la forma de manejarlas es, básicamente, la misma. O sea que si encuentra una que sea de su interés, los pasos a seguir serían mandar un mensaje que lo suscriba (generalmente será de la forma "suscribe nombrelista") y después sentirse libre de mandar críticas, opiniones, etcétera.

### Normas de una lista

Por lo general, las listas le permiten participar libremente, de manera que es posible dejar todo tipo de mensajes acordes al tema que ésta trate. Existen, sin embargo, algunas listas que cuentan con un moderador. Esta persona se encarga, entre otras cosas, de que los textos que no tienen nada que ver con el tema de la lista no sean publicados.

Éstas son algunas normas que se deben respetar cuando se encuentra en una lista:

- Los mensajes no deben ser ofensivos y, obviamente, deben estar relacionados con el tema que se trata en la lista. Si quiere contestar personalmete a alguien, hágalo a su dirección de correo, no a ésta.

- Existe un límite de tamaño para sus mensajes: por lo general, éste es de hasta 40 Kb. Por lo que tenga cuidado si desea enviar archivos a la lista.

- Es inútil mandar un e-mail a la lista diciendo "me quiero desuscribir". Esto sólo hace perder el tiempo a los demás miembros, y además no lo ayudará a salir de la lista. Existe una dirección especial para suscribirse/desuscribirse.

- Sea directo y breve: para hacer una buena lista, los miembros no deben abusar de sus libertades; esto termina ofendiendo a aquellas personas que respetan las normas vigentes en ella.

- ¡No a los mensajes sobre virus! Nunca envíe mensajes diciendo que existe un virus que se transmite por correo electrónico, que es muy peligroso, etc. Esas son sólo patrañas que molestan a todo el mundo.

Si respeta estas normas, no sólo disfrutará los beneficios de las listas, sino que también se ganará el respeto de los demás usuarios.

## 101. ¿Cómo me suscribo a una lista informativa?

Las listas informativas o no participativas envían información acerca de las novedades que hay en la empresa, sitio o lugar responsable de éstas. Un ejemplo es la de MP Ediciones (editorial, entre otras publicaciones, de PC Users), que envía información sobre los nuevos números de la revista, nuevos libros, notas completas y más. Por lo general, para suscribirse a estas listas debe ir a cualquier sitio que las ofrezca (como por ejemplo, **www.pcusers.com.ar** o **www.download.com**). Simplemente ingrese su dirección de correo electrónico en el casillero que corresponda, y al poco tiempo recibirá noticias frescas de su sitio favorito.

***Distinga la paja del trigo***

Muchas listas de correo informativas que se anuncian en diversos sitios suelen no ser útiles. Por eso es recomendable suscribirse únicamente a las que son de su interés, o no las leerá. Además, muchas, lo único que harán será llenar su casilla de correo con mensajes publicitarios.

La mayoría de las listas tienen información al pie de sus mensajes acerca de cómo desuscribirse. Generalmente, esto consiste en ir a una página e ingresar allí su dirección de correo para que sea borrada de la base de datos de la lista. De ese modo, no recibirá más mensajes de ese sitio o empresa.

## 102. ¿Cómo creo mi propia lista de correo?

Usted puede hacerlo, de manera mucho más sencilla de lo que se imagina. Vea cómo.

El sitio elegido para hacerlo es **ListBot** (**www.listbot.com**), sin lugar a dudas un excelente lugar en donde crear su propia lista de correo. Es muy fácil de utilizar, no sólo a la hora de crear la lista, sino también por la forma en que los miembros se incluyen/excluyen de la misma. El sistema es muy sólido, y cuenta con el respaldo de una importante compañía de servicios gratuitos de la red, como es LinkExchange. Otra de las características más importantes es que es completísimo, con la posibilidad de realizar encuestas personalizadas a los miembros a la hora de incorporarse (por ejemplo, para saber de qué edad o país es la mayoría de la gente) y varias opciones de moderación. Gratuitamente nos otorga una dirección de Web del tipo **nombrelista.listbot.com**, adonde se dirigirán las personas para incorporarse a la lista, y una dirección de e-mail, **nombrelista@listbot.com**, adonde deben estar dirigidos los mensajes.

Para crear su propia lista de correos, siga estos pasos:

## Paso a Paso

**1)** Diríjase con su navegador de Internet a **www.listbot.com**.

**2)** Baje por la página y haga clic en `I agree to these terms – I'm ready to sign up`.

**3)** Complete todos los datos del formulario que aparece. Luego, presione `Continue`.

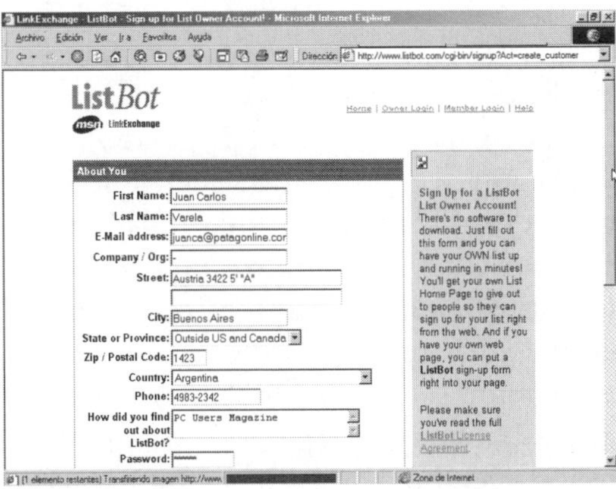

**4)** El siguiente formulario es más importante, ya que aquí se define la información de la lista. Deberá ingresar un nombre de usuario para ésta (**`List ID`**), que determinará la dirección electrónica de la lista. En **`List type`** debe elegir el tipo de la lista. Si desea que todas las personas puedan participar en ella, elija **`Discussion List`**. Por último, deberá seleccionar las preguntas que se le realizarán a los miembros a la hora de ingresar a la lista, a modo de en cuesta demográfica, que le llegará a usted.

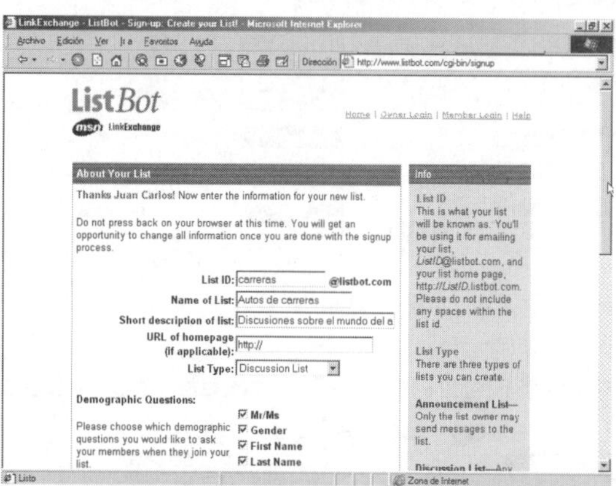


**5)** Finalmente, haga clic en **`Create new list`** para crear la lista.

### Cómo usar la lista

Una vez que ya creó su propia lista de correo, puede empezar a utilizarla. Según el nombre de usuario que eligió, se le habrán otorgado dos direcciones: **usuario.listbot.com** (adonde la gente debe dirigirse con su navegador para suscribirse a la lista) y **usuario@listbot.com** (la dirección de correo electrónico adonde usted y los demás usuarios escribirán).

Una vez que la gente se suscribe, deberán enviar los mensajes a la dirección de correo otorgada. Las cartas llegarán entonces a todos los miembros de la lista. Ésta ya ha despegado.

Para ver cuáles son las normas de una lista participativa, vuelva a la pregunta 100.

| ***Otros sitios donde crear su propia lista*** | |
|---|---|
| Cool List | www.coollist.com |
| eGroups | www.egroups.com |
| EuroFreebies | www.eurofreebies.com/maillist |
| GetReminded | www.getreminded.com |
| ONElist | onelist.com |
| Web Site Post Office | www.websitepostoffice.com |

## Con lo que aprendió en este capítulo, usted conoce:

- Qué son las listas de correo y para qué le pueden servir.
- Qué tipos y cuáles listas existen para suscribirse.
- Cómo manejar su suscripción tanto en una lista participativa como una informativa.
- Cómo crear su propia lista de correos.

Luego de este capítulo, usted ya conoce todo lo necesario sobre las listas de correos. Lo demás, lo aprenderá con el uso de las mismas.

**Ejercicio práctico:**

Suscríbase en un sitio de PC Users (**www.pcusers.com.ar**) a la lista de correos informativa de MP Ediciones. Allí encontrará noticias de nuevos libros, revistas y otras publicaciones de la editorial.

CAPÍTULO 19

# OTRAS PREGUNTAS FRECUENTES

**Las preguntas que quedaron en el tintero fueron a parar a este capítulo. Sin embargo, muchas de ellas son importantes y seguramente le aclararán varias dudas. No deje de darles un vistazo.**

103. ¿Qué son los emoticons?
104. ¿Cada cuánto tengo que comprobar mi casilla?
105. ¿Cómo sé que corté la comunicación?
106. ¿Cómo sé si el mensaje llegó a destino y fue leído por el destinatario?
107. ¿Cuánto tarda en llegar un mensaje?
108. ¿Puedo mandar un mensaje "anónimo"?
109. Escribí un mensaje todo en mayúsculas y el destinatario se ofendió, ¿por qué?
110. ¿Cómo puedo conocer gente con intereses similares con la que cartearme?
111. ¿Qué otros servicios similares al correo electrónico existen?

## 103. ¿Qué son los emoticons?

Los emoticons son simples símbolos gráficos, que representan un rostro humano en sus diversas expresiones. Gracias a ellos, una persona puede mostrar su estado de ánimo en un medio "frío" como es la PC, por ejemplo al comunicarse por correo electrónico.

Los emoticons se inventaron para agregar sentimientos a los sobrios mensajes de puro texto. Representan emociones, hechas simplemente con caracteres. El ejemplo más conocido es el de la carita sonriente (:-)), que se realiza con los símbolos de dos puntos, guión y paréntesis, utilizado para significar alegría.

¿Todavía no entendió cómo son? Simplemente incline la cabeza hacia la izquierda y verá cómo los simples caracteres se transforman en una simpática carita.

| *Algunos emoticons:* | |
|---|---|
| :-) ó :) | Contento. |
| :-( ó :( | Triste. |
| :-l | Indiferente. |
| :-O | Sorprendido. |
| ;-) | Guiñada de ojo. |
| 8-) | Persona que usa anteojos. |
| :*) | Nariz de payaso. |
| :-x | Besos. |

También usted puede crear sus propios emoticons, e intentar que los demás descubran su significado. ¡A imaginar!

## 104. ¿Cada cuánto tengo que comprobar mi casilla?

Ésta es una pregunta que muchos se hacen. Y la respuesta depende del uso que usted le dé al e-mail.

Si usted suele utilizar poco el correo electrónico, tal vez para recibir cartas de familiares y amigos, con que se conecte para leer el correo **una vez por día** estará bien.

Si por este medio suele recibir mensajes importantes y seguidos, leer el correo **tres veces por día** sería lo correcto. La mayoría de la gente hace eso.

En cambio, si su vida pasa por los bytes y el e-mail está desplazando al teléfono, seguramente comprobará su casilla unas **cinco veces al día**. Más, ya es obsesión.

## 105. ¿Cómo sé que corté la comunicación?

B Darse cuenta si se cortó o no la comunicación es muy fácil. Simplemente fíjese si aparece el símbolo de conectado a la izquierda de la hora en la barra de tareas. Si está, es que sigue utilizando el teléfono. Si no, es que ya cortó. Si sigue con dudas, levante el teléfono y fíjese si hay tono.

Ya que estamos, repasemos cómo desconectarse:

### Paso a Paso

1) Doble clic en el icono de conexión ( ).
2) Elija **Desconectar**.

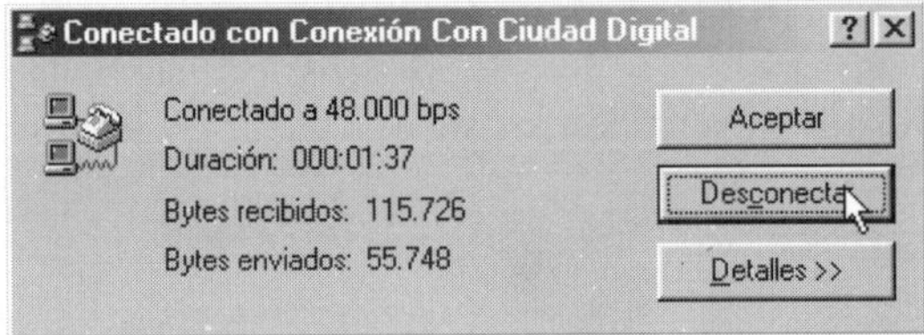


Observará que cuando hace doble clic sobre el ícono de conexión, aparecen varios datos de ésta. **Conectado a** le da la velocidad de conexión, medida en bps (bits por segundo); **Duración** muestra el tiempo que hace que se encuentra conectado; por último, **Bytes recibidos** y **Bytes en-**

**viados** indican el volumen de información que se transfirió.

Además, cuando la lucecita de arriba del ícono se prende, significa que se está enviando información, mientras que si pasa lo mismo con la de abajo, se está recibiendo. Gracias a los módems *full-duplex* (todos lo son en la actualidad), se pueden realizar las dos operaciones al mismo tiempo.

## 106. ¿Cómo sé si el mensaje llegó a destino y fue leído por el destinatario?

Desafortunadamente, una de las falencias del correo electrónico (al igual que el estándar) es que nunca se puede estar seguro de que la otra persona recibió y leyó la carta, al menos hasta que ésta le responda.

Si usted envió un mensaje, éste pasó a la bandeja de Elementos enviados; y se volvió a conectar tiempo después sin recibir ningún mensaje de error, significa que su mensaje, al menos, llegó al servidor de correo del proveedor del destinatario. De ahí en más nada podrá hacer (salvo llamar a la otra persona y preguntar, claro).

Es por eso que es una buena costumbre el contestar los mensajes en el momento en que llegan, aunque sea con un par de líneas. De esa manera, la otra persona sabe que su mensaje llegó, recibe una respuesta y le quita a usted un peso de encima.

## 107. ¿Cuánto tarda en llegar un mensaje?

Tal vez la ventaja más interesante que tiene el correo electrónico frente al común es que los mensajes llegan **casi inmediatamente**.

¿Cómo es esto? Cuando usted llama por teléfono a un familiar residente en el exterior, su voz tarda fracciones de segundo en escucharse de un continente a otro (un segundo de retardo, a lo sumo). De la misma manera, teniendo en cuenta que la información se transmite por la vía telefónica, tarda sólo el tiempo necesario para enviar todos los datos del mensaje de una máquina a otra. Sólo tardará más un mensaje si éste posee archivos adjuntos.

Tal vez se demore un poco más si la Red está congestionada o el servidor tarda un poco hasta procesar el mensaje.

## 108. ¿Puedo mandar un mensaje “anónimo”?

Si bien se puede, al igual que sucede con el correo común, no debe hacerlo para “molestar” a las personas. Sólo en casos específicos, cuando no desee que se conozca la procedencia de su mensaje.

Un sitio que ofrece esto es Anonymizer (**www.anonymizer.com**). Allí, usted simplemente completa la dirección de correo del destinatario (**`To`**), el Asunto del mensaje (**`Subject`**) y el texto en sí (**`Message`**). Luego, presione el botón **`Send Anonymously`** para enviar el mensaje anónimamente.

También tiene la opción de usar un **formulario seguro**, para que nadie pueda interceptar y leer su mensaje.

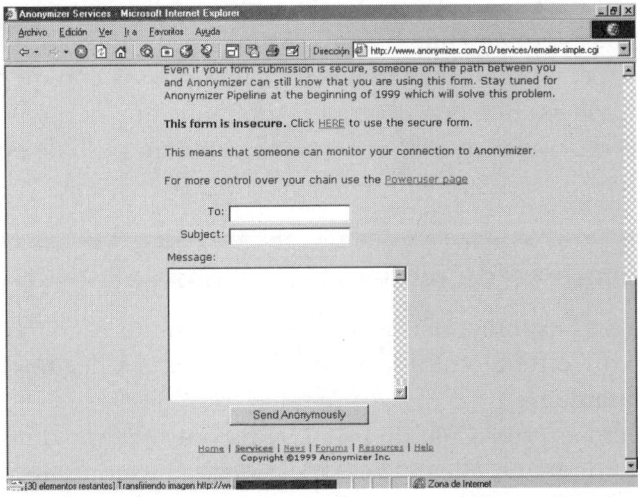


*Uno de los tantos sitios que ofrecen enviar mensajes anónimos. Cuidado con el fin que le dé a este servicio.*

## 109. Escribí un mensaje todo en mayúsculas y el destinatario se ofendió, ¿por qué?

Aparte de las reglas técnicas para enviar mensajes (acentos, caracteres), existen otras del tipo "moral".

La ***nettiquete*** conlleva ciertas reglas de Internet, para la buena convivencia entre usuarios. Una de esas reglas es no enviar mensajes íntegramente en mayúsculas. Esto es el equivalente electrónico a "gritar" o hablar fuerte. No es lo mismo LEER ESTO que esto. ¿Se entendió?

Aparte de ésta, la nettiquete tiene otras reglas, como:

- Enviar siempre mensajes con texto puro. No enviar HTML ni otras yerbas, a menos que sepamos que el destinatario los puede recibir.

- No enviar archivos adosados de más de 150 KB sin pedir permiso con anterioridad.
- No enviar mensajes en mayúsculas, esto equivale a gritar y es común que la gente se ofenda al recibir algo así (por si no quedó claro en el párrafo anterior).
- No suscribir a listas de correo a gente que no lo desea (esto puede ser publicidad, listas de chistes o similares, anuncios de actualizaciones de sitios web y mucho más).

- No reenviar cadenas de mensajes de *"caridad para una niña de 7 años que padece un cáncer terminal"* (¿se fijó cuántas niñas de 7 años que viven en EE. UU. padecen de cáncer terminal y su última voluntad es hacer una cadena de e-mails?), *"No abra tal mensaje porque es un virus"* o *"una maldición caerá*

*sobre ti si no reenvías este mensaje"* (no hay nada que temer, no existe tal maldición, ¿o sí?).

- Esperar a que nos contesten. Si enviamos un mensaje y no nos contestan, no enviar cincuenta mensajes más preguntando qué pasa. Es probable que la otra persona todavía no se haya conectado o no haya tenido tiempo. Esperar una semana por lo menos antes de volver a hacer una pregunta a alguien que no nos contestó un mensaje.

Si bien la *nettiquete* ayuda a la buena comunicación entre las personas en Internet, tampoco hay que ser tan exagerados. Un toque de originalidad a sus mensajes nunca está de más.

## 110. ¿Cómo puedo conocer gente con intereses similares con la que cartearme?

Algunas páginas web se encargan de formar "amigos por correspondencia" (e-mail en este caso). **Amused amigos (www.amused.com/penpal.html)** es un buen ejemplo.

Allí, la gente deja algunos de sus datos personales, su dirección de correo y una descripción de cómo son y a quién buscan. De esa manera, usted puede conocer gente de todo el mundo, y (si quiere) darse a conocer.

El procedimiento es muy simple: diríjase a la página con su explorador, lea los mensajes que dejaron las personas y, si desea, ingrese el suyo completando el correspondiente formulario. Si le agrada alguien, mándele un e-mail especificando que sacó su dirección de ese sitio.

En definitiva, un lugar ideal para conocer gente con quien intercambiar mensajes. Así, tendrá compañeros con quien aprender a usar el correo electrónico.

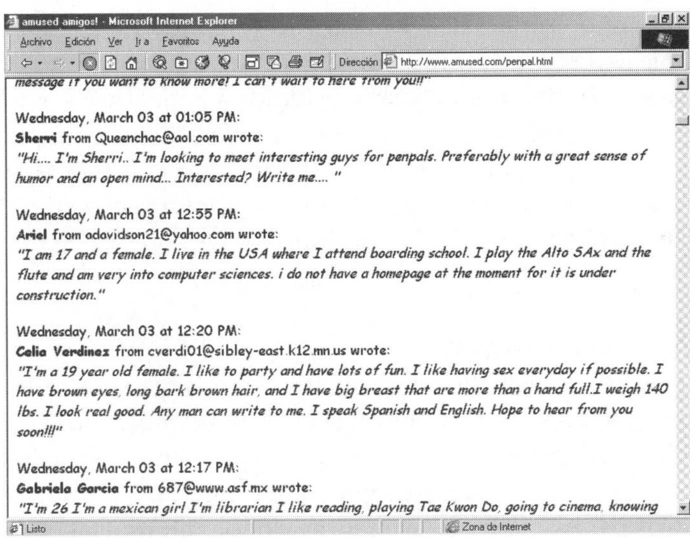


*Amused Amigos, un excelente sitio donde conocer gente con quien cartearse.*

Respondiendo a esta necesidad de conocer gente con quien cartearse, se inauguró una sub-sección dentro de PC Users Responde, llamada "Contactos electrónicos". Allí, decenas de personas al mes nos cuentan quiénes son, cúales son sus hobbies y a quién desearían conocer. Para aparecer, no tiene más que enviar un mensaje a **pcusers@mponline.com.ar**, poniendo "Contactos electrónicos" en el asunto del mismo. Así de fácil.

## 111. ¿Qué otros servicios similares al correo electrónico existen?

Si bien el correo electrónico es uno de los servicios más utilizados en Internet, existen otros (también gratuitos) que son muy usados. Estos vienen a cubrir las falencias del e-mail. Veamos cuáles son los principales.

### Chat

El chat (charla en inglés) es un servicio muy popularizado de Internet, que permite tener conversaciones escritas en tiempo real (uno escribe algo y el otro le responde en el momento). Gracias a ello, es posible conocer y "charlar" con gente de todas partes del mundo, de manera rápida y sencilla. En el chat, la gente se anima a decir cosas que no diría frente a otras personas, dado que las inhibiciones de estar frente a frente desaparecen. Para poder utilizarlo, son necesarios programas como el Mirc o Microsoft Chat (incluido con Internet Explorer).

## Videoconferencias

Gracias a las videoconferencias, es posible verse y hablarse con personas de todo el mundo. Este revolucionario servicio tiene una gran cantidad de usos, como, por ejemplo, el de aprender idiomas hablando y viendo los gestos de personas de otros países. Para poder realizar videoconferencias, es necesario poseer una pequeña cámara especialmente diseñada, cuyo precio ronda los 180 pesos. Sin embargo, sin ella es igualmente posible hablar con otras personas. Algunos de los programas que lo permiten es el Internet Phone y el Microsoft NetMeeting (incluido con Internet Explorer).

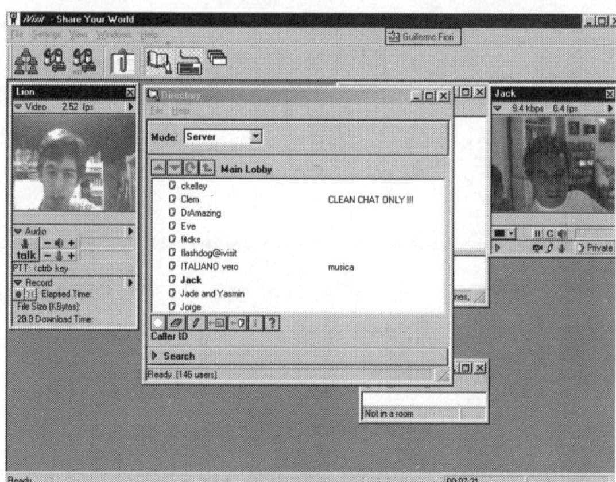


## ICQ

El ICQ (*I Seek You*, yo te busco) es el mejor y más popular de los programas denominados *pagers*. Le hace saber cuándo sus amigos o contactos se encuentran conectados al mismo tiempo que usted, permitiéndole enviarles mensajes, archivos, direcciones de Internet, chatear con ellos o hasta jugar juegos en línea. El ICQ, si bien no reemplaza al e-mail, lo complementa de una manera espectacular, haciendo que a veces sea más eficiente enviar a una persona un mensaje por éste que un correo electrónico. Además, usarlo es muy fácil. Puede conseguirlo en **www.icq.com**.

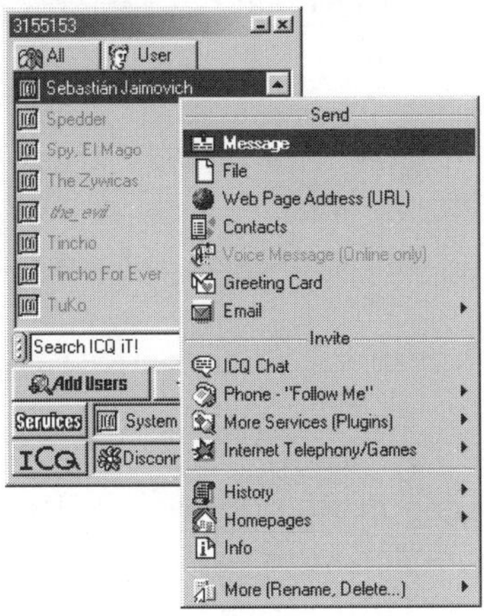


Si le interesa conocer más sobre estos servicios, puede consultar revistas PC Users anteriores. La nota de tapa sobre Chat apareció en el número 87; la de videoconferencias en la Extra 13, y sobre el ICQ en la PC Users 82.

## Con lo que aprendió en este capítulo, usted conoce:

- Que los emoticons sirven para representar sentimientos en los mensajes.
- Que como promedio debe comprobar su casilla 3 veces al día.
- Cómo darse cuenta si cortó o no la comunicación.
- Que puede saber si el mensaje llegó a destino pero no si fue leído.
- Que un mensaje llega casi inmediatamente.
- Que puede enviar un mensaje "anónimo".
- Cuáles son las reglas de la *nettiquete.*
- Dónde conocer gente con intereses similares para cartearse por e-mail.
- Qué otros servicios de Internet existen para la comunicación entre personas.

Si usted siguió capítulo a capítulo el libro y ya llegó a este punto, significa que es ya un "erudito" del correo electrónico. Le recomiendo guardar el libro para futuras referencias. ¡FELICITACIONES!

# INFORMACIÓN ÚTIL

## GUÍA VISUAL DEL OUTLOOK EXPRESS

## LOS MEJORES SITIOS WEB

## ATAJOS DE TECLADO

## CATÁLOGO DE LIBROS

## ENCUESTA

## Guía visual de la pantalla principal de outlook express

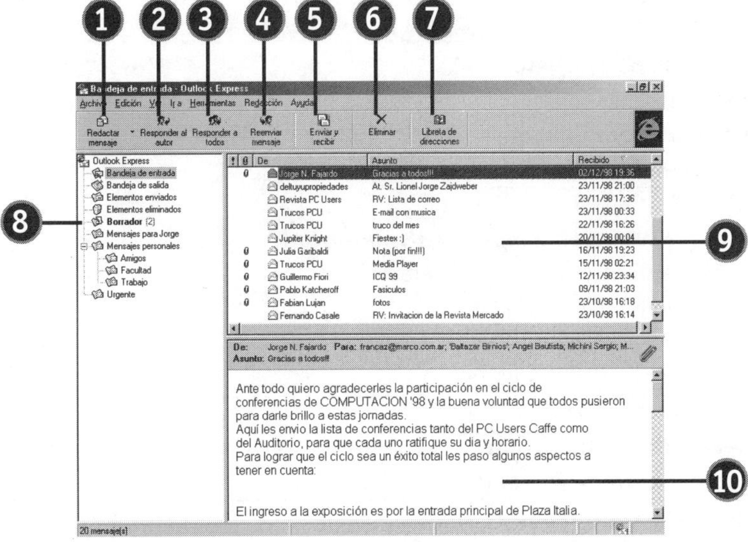


1. Crear nuevos mensajes.
2. Responder al autor del mensaje seleccionado.
3. Responder a todo el grupo de destinatarios.
4. Reenviar el mensaje seleccionado a otra persona.
5. Envíar todos los mensajes que se encuentren en la bandeja de salida y recibir los nuevos que le hayan enviado.
6. Llevar a la carpeta "Elementos eliminados" el mensaje seleccionado.
7. Abrir la Libreta de direcciones.
8. Árbol de bandejas y carpetas del programa. Haga clic sobre alguna para abrirla.
9. Lista de mensajes que se encuentran en esa carpeta.
10. Visualización del mensaje seleccionado.

## Los mejores sitios sobre correo electrónico

A Beginner's Guide to Effective Email
***www.webfoot.com/advice/email.top.html?Yahoo***
Guía de e-mail para novatos.

CelebrityEmail
***www.celebrityemail.com***
Envíe e-mails a los famosos.

EMAIL FAQ Farm
***www.tezcat.com/web/zeppo/faqs/email.html***
Preguntas frecuentes sobre correo electrónico

E-MAIL! Newbie-U's
***www.newbie-u.com/email/***
Correo electrónico para novatos.

Everything e-mail
***www.everythingemail.com***
Todo sobre el correo electrónico.

Glosario Básico de Internet
***labor3.etsea.udl.es/Glosaint.html#hostname***
Definiciones de todos los términos usados en Internet.

Netiquette Home Page
***www.albion.com/netiquette***
Todo sobre la Netiquette.

WebInbox
***www.webinbox.com***
Un servicio similar a Mailstart.com.

What is
***www.whatis.com***
Miles de pregunas a what is? (¿qué es?).

# Outlook Express

## Generales

| *Para...* | *Presione...* |
|---|---|
| Abrir temas de Ayuda | F1 |
| Enviar y recibir correo | CTRL+M |

## Ir, ver y marcar

| *Para...* | *Presione...* |
|---|---|
| Seleccionar todos los mensajes | CTRL+A |
| Ir a la Bandeja de entrada | CTRL+I |
| Ir al siguiente mensaje de la lista | CTRL+> o ALT+FLECHA A LA DERECHA |
| Ir al mensaje anterior de la lista | CTRL+< o ALT+FLECHA A LA IZQUIERDA |
| Ir al siguiente mensaje de correo no leído | CTRL+U |
| Desplazarse entre las listas | TAB |
| Actualizar los mensajes | F5 |
| Ver las propiedades del mensaje seleccionado | ALT+ENTRAR |
| Mostrar u ocultar la lista de carpetas | CTRL+L |
| Marcar un mensaje como leído | CTRL+ENTER o CTRL+Q |

## Manejo de mensajes

| *Para...* | *Presione...* |
|---|---|
| Abrir el mensaje seleccionado | CTRL+O o ENTER |
| Redactar un nuevo mensaje | CTRL+N |
| Responder al autor de un mensaje | CTRL+R |
| Reenviar un mensaje | CTRL+F |
| Responder a todos | CTRL+SHIFT+R |
| Eliminar un mensaje | SUPR o CTRL+D |
| Imprimir el mensaje seleccionado | CTRL+P |

# Ventana de mensajes

| *Para...* | *Presione...* |
|---|---|
| Cerrar un mensaje | ESC |
| Buscar texto en un mensaje | F3 o CTRL+SHIFT+F |
| Comprobar nombres | CTRL+K o ALT+K |
| Comprobar la ortografía | F7 |
| Insertar firma | CTRL+SHIFT+S |
| Enviar un mensaje | CTRL+ENTER o ALT+S |

# Edición de texto

| *Para...* | *Presione...* |
|---|---|
| Deshacer | CTRL+Z |
| Repetir | CTRL+Y |
| Cortar | CTRL+X |
| Copiar | CTRL+C |
| Pegar | CTRL+V |
| Seleccionar todo | CTRL+E |

# Libreta de direcciones

| *Para...* | *Presione...* |
|---|---|
| Nuevo contacto | CTRL+N |
| Nuevo grupo | CTRL+G |
| Propiedades del contacto o grupo | ALT+ENTER |
| Buscar | CTRL+F |

excel

Visite nuestro sitio en la Web
**www.mp.com.ar/libros**

### 110 preguntas sobre Windows 98

**$13,90**

Ricardo Goldberger, especialista de la revista PC Users, responde a las dudas más frecuentes de nuestros lectores (FAQs, Frequently Asked Questions) de manera práctica y precisa.

COLECCIÓN: PC USERS RESPONDE

### Guía de funciones de Excel (Vol.1)

**$13,90**

Claudio Sánchez, el especialista en Excel de la revista PC Users, explica en sólo 2 volúmenes las 327 funciones de Excel. Además, incluye las funciones del complemento "Herramientas para Análisis" de Excel.

COLECCIÓN: PC USERS EXPRESS

### Estudiar con la PC

**$13,90**

Un libro destinado a todos los estudiantes o profesores que quieren mejorar la elaboración, la organización y la presentación de sus trabajos. Con todos los recursos que ofrece Internet para investigar y buscar información.

COLECCIÓN: PC USERS EXPRESS

### LINUX, Manual de referencia

**$19,90**

Súmese al "proyecto Linux", el sistema operativo de distribución libre y gratuita. Lo que empezó como un simple hobby hoy hace temblar a Microsoft.

**CD-ROM:** versión completa de RED HAT LINUX.

COLECCIÓN: COMPUMAGAZINE

### 10 proyectos con Word

**$13,90**

Frente a la PC, la teoría se queda corta. Por eso, para aprender a utilizar Word al 100% se necesita tener problemas concretos. Desde el texto más simple, hasta una jugosa macro y trabajos escritos en equipo.

COLECCIÓN: PC USERS EXPRESS

### Visual FoxPro 6.0

**$19,90**

Introduce al lector en la programación por eventos y orientada a objetos, a través del lenguaje más poderoso para aplicaciones de gestión. Dirigido también a quienes vienen de una plataforma xBase, como Fox, Clipper o Dbase.

COLECCIÓN: COMPUMAGAZINE

**Proyectos con macros en Excel**

**$13,90**

La mejor manera de dar solución a un tema difícil de abordar. Esta propuesta de nuestro especialista da las soluciones para el manejo de las técnicas de programación en Office y Excel, con ejemplos claros.

COLECCIÓN: PC USERS EXPRESS

**Access para PyMEs**

**$16,90**

El manejo a fondo de Access permite integrar datos, generar métodos de búsqueda y elaborar informes completos de una base de datos, de modo que la información de una empresa se optimice.

COLECCIÓN: CM PYMES

**Macros en Office**

**$13,90**

Asómese al universo de las macros y comience a descubrir el poder del editor de Visual Basic, accesible desde Word, Excel o PowerPoint. Opciones avanzadas, técnicas, recursos y soluciones integradas con bases de datos.

COLECCIÓN: CM SOLUCIONES

**Creación de aplicaciones multimedia con Visual Basic**

**$19,90**

Todos los secretos para crear aplicaciones multimedia. Desde cero hasta un proyecto completo con imágenes, sonido, video y animación.

**CD-ROM**: soft de diseño, sonido, utilitarios, etc.

COLECCIÓN: PC USERS

**51 proyectos con Photoshop**

**$17,90**

En este libro nos ocupamos de brindar 51 proyectos listos para su aplicación, prácticos y explicados paso a paso, para lograr los resultados de un diseñador gráfico profesional.

COLECCIÓN: PC USERS EXPRESS

**Primeros pasos en TANGO**

**$19,90**

Domine el famoso programa de gestión administrativa. Con ejemplos reales y la legislación argentina.

**CD-ROM:** versión educativa de Tango Gestión, autotests y tutoriales.

COLECCIÓN: COMPUMAGAZINE

Visite nuestro sitio en la Web
**www.mp.com.ar/libros**

# .os mejores libros de computación

## Entregue este cupón a su canillita

ELLIDO Y NOMBRE ..............................

RECCIÓN .............................. LOCALIDAD ..............................

.............................. PROVINCIA .............................. PAÍS ..............................

.ÉFONO .............................. FAX ..............................

ULOS SOLICITADOS: ..............................

..............................

..............................

..............................

JUNTO CHEQUE/GIRO Nº .............................. C/BANCO .............................. A FAVOR DE MP EDICIONES S.A.

BÍTESE DE MI TARJETA DE CRÉDITO EL IMPORTE $ .............................. A FAVOR DE MP EDICIONES S.A.

ASTERCARD ☐ AMERICAN EXPRESS ☐ VISA ☐ VTO. / /

MERO DE TARJETA .............................. CÓDIGO DE SEGURIDAD ..............................

RMA DEL TITULAR .............................. FIRMA DEL SOLICITANTE ..............................

MBRE DEL VENDEDOR ..............................

QUETE Nº: ☐☐ ☐☐☐ ☐☐☐
D L V

MP

mplete este cupón y envíelo por fax al (011) 4954-1791 o por correo a:
Ediciones S.A. Moreno 2062 (1094) Capital Federal o llamando al (011) 4954-1884.

# ¡Nos interesa conocer su opinión!

Queremos ofrecerle cada vez mejores libros. Ayúdenos completando esta encuesta (puede fotocopiarla).

## Datos personales

Nombre y Apellido .............................................Edad ..............

Dirección .....................................................................

Correo electrónico .......................................... Ocupación ...........

## ¿Cuál es su nivel de usuario?

Principiante ⬭ Intermedio ⬭

Avanzado ⬭ Programador ⬭

## ¿Dónde compró el libro?

Internet ⬭ Quiosco ⬭ Librería o casa de computación ⬭

## ¿Cómo se decidió a comprarlo?

Ya posee otros libros de nuestra editorial ⬭

Por publicidad en medios gráficos ⬭

Por publicidad en nuestras revistas (PC Users, COMPUMAGAZINE) ⬭

Por recomendación de otra persona ⬭

Porque lo vio en el quiosco y le gustó ⬭

## ¿Qué le pareció el libro?

Excelente ⬭ Muy Bueno ⬭

Bueno ⬭ Regular ⬭ Malo ⬭

## Escriba sus sugerencias para la próxima edición

.....................................................................

.....................................................................

.....................................................................

.....................................................................

.....................................................................

## ¿Qué otros temas le gustaría ver publicados?

.....................................................................

.....................................................................

.....................................................................

.....................................................................

.....................................................................

*Entre todas las encuestas recibidas sortearemos 10 colecciones completas de fascículos.*